rowohlts monographien
begründet von Kurt Kusenberg
herausgegeben von
Beate Kusenberg und Klaus Schröter

Hermann Hesse

mit Selbstzeugnissen
und Bilddokumenten
dargestellt von
Bernhard Zeller

Rowohlt

Dieser Band wurde eigens für «rowohlts monographien» geschrieben
Den Anhang besorgte Helmut Riege
(Neubearbeitung der Bibliographie: 1984)
Herausgeber: Kurt Kusenberg
Umschlagentwurf: Werner Rebhuhn

Veröffentlicht im Rowohlt Taschenbuch Verlag GmbH,
Reinbek bei Hamburg, August 1963
Copyright © 1963 by Rowohlt Taschenbuch Verlag GmbH,
Reinbek bei Hamburg
Alle Rechte an dieser Ausgabe vorbehalten
Gesetzt aus der Linotype-Aldus-Buchschrift
und der Palatino (D. Stempel AG)
Gesamtherstellung Clausen & Bosse, Leck
Printed in Germany
780-ISBN 3 499 50085 x

199.–207. Tausend März 1985

Inhalt

Der Nobel-Preisträger (1946)

HERKUNFT UND KINDHEIT

Um meine Geschichte zu erzählen, muß ich weit vorn anfangen. Ich müßte, wäre es mir möglich, noch viel weiter zurückgehen, bis in die allerersten Jahre meiner Kindheit und noch weit über sie hinaus in die Ferne meiner Herkunft zurück. Auch die Geschichte Hermann Hesses, der mit diesen Worten den *Demian* beginnt, soll sie erzählt werden, *weit vorn anfangen,* denn Herkunft, Kindheit und Jugend haben sein Dichten und Denken ein Leben hindurch stets von neuem beschäftigt. *Es ist den Dichtern gegeben, daß sie sich mehr als andere Menschen ihres frühesten Lebens erinnern,* schrieb er bereits in *Eine Stunde hinter Mitternacht* und ist nicht müde geworden, vom Erwachen der Kinderseele, von den Erlebnissen seiner Jugend mit all ihren Konflikten und Entwicklungsnöten zu erzählen. Wenige Dichter haben die kindliche Psyche so ernst genommen, bei wenigen stehen Probleme der Erziehung und Bildung so sehr im Zentrum ihres Werkes.

Immer wieder träumt sich Hesse, auch im hohen Alter noch, zurück in die kleine heimatliche Welt, jene heile Welt, aus der er einst ausgebrochen, und er beschwört in seinen Dichtungen die Gestalten der Eltern und Großväter, der Lehrer und Freunde, die heimatliche Landschaft mit Brücke, Fluß und alten Giebelhäusern, schildert sie bunter, beschwingter, zarter, als je ein Biograph es vermöchte. Der Achtzigjährige auf dem Krankenlager in Sils Maria wandert in Gedanken durch seine Vaterstadt und versucht, sich Haus um Haus mit aller Genauigkeit zu vergegenwärtigen. *Das Blättern in meinem Bilderbuch, das Aufrufen, Beschauen und Kontrollieren des Schatzes an Bildern, die mein Gehirn auf frühern und frühesten Stufen des Lebens aufgenommen hat,* wird zum bewußt geübten Spiel, bringt Entdeckungen und die Freude des Wiederfindens.

Aber dieses Erinnern an die Jahre der Kindheit und Jugend ist nicht nur gefühlvolles Spiel mit «besonnter Vergangenheit», sondern wichtigster Teil eines Werkes, das sich die dichterische Gestaltung und Durchdringung der eigenen Erlebens- und Erfahrungswelt zur Aufgabe gesetzt hat. *Mein Thema ist das Stück Menschentum und Liebe, das Stück Triebleben und Sublimierungsleben darzustellen, das ich aus meiner Natur heraus kenne, für dessen Richtigkeit, Aufrichtigkeit, Erlebtheit ich einstehen kann.* Das Werk Hesses bedeutet Selbstdarstellung und Selbstanalyse, Auseinandersetzung mit sich und Kreisen um sich; es ist ein einziges großes, dichterisches wie menschliches Selbstbekenntnis, das in der Literatur unseres Jahrhunderts wenig Vergleiche kennt. Sehr bewußt bleibt Hesses Dichten in den Bezirken des eigenen Ichs, des eigenen Erlebens. Er schreibt keine historischen, keine zeitgeschichtlichen Romane, sucht nicht Weite und Welt und will nicht kraft freier Phantasie im Stück neuer Wirklichkeit aufbauen. Es geht ihm nicht um die Problematik der modernen Welt, um so mehr aber um die Probleme des Menschen in dieser Welt. Durch die Beschäftigung mit dem eigenen Subjekt, der Erhellung persönlichster Lebensschichten, erweitert er jedoch über das Autobiographische hinaus die Bereiche der inneren Wirklichkeit und erschließt in der eigenen zugleich ein Stück der allgemeinen

Das Geburtshaus in Calw

geistigen und seelischen Situation seiner Zeit.

Hesse hat keine Tagebücher und keine Lebenserinnerungen hinterlassen, und er hat, sieht man von dem *Kurzgefaßten Lebenslauf,* der *Kindheit des Zauberers* und kleinen autobiographischen Skizzen ab, auch keine zusammenhängende Darstellung des eigenen Lebens geschrieben. Aber Zeugnisse der Selbstdarstellung sind neben Tausenden von Briefen die vielen Betrachtungen, Gedenkblätter und Essays, die Rundbriefe, das *Bilderbuch* und die *Traumfährte.* Von eigenem Erleben erzählen *Kurgast* und *Nürnberger Reise,* und in vertieftem Sinn sind auch die meisten der Gedichte und der größeren epischen Dichtungen Fragmente eines großen Selbstporträts, Bruchstücke eigener Konfession. Kaum bedürfte es zusätzlicher Quellen. Die äußere und innere Geschichte des Dichters erschließt sich aus seinem Werk selbst, ja, sie ist mit ihm identisch.

Hermann Hesse wurde 1877 in Calw, einer kleinen Stadt im nördli-

Großvater
Dr. Carl Hermann Hesse

chen Schwarzwald, der Vater Johannes Hesse 1847 als Sohn eines Arztes in Estland, die Mutter Marie Gundert 1842 als Missionarstochter in Indien geboren. Die Hesse waren ein baltendeutsches, die Gundert ein schwäbisches Geschlecht, doch hatte der Großvater Gundert eine Welsch-Schweizerin zur Frau. Der Dienst in der Basler Mission hatte die Familien zusammengeführt. Missionare waren Hermann Gundert, der Vater, und Charles Isenberg, der erste, früh verstorbene Mann von Marie Gundert gewesen, und zur Arbeit in der Mission hatte auch Johannes Hesse seine nah baltische Heimat verlassen. Im Nachwort zu dem Dokumentenband *Kindheit und Jugend vor 1900* hat Ninon Hesse die Geschichte der Hesse-Vorfahren genau geschildert.

Hermann Hesse trägt den Vornamen seiner beiden Großväter. Beide gewannen Einfluß auf ihn, wenn er auch den baltischen Großvater, der 1896 im Alter von 94 Jahren starb, nie persönlich kennenlernte. ... *die schönsten Geschichten, die ich als Kind gehört habe, waren die, die mein Vater uns von ihm und von seiner Heimat Weißenstein erzählte. Ich habe den Großvater, sein Städtchen und sein Haus, seinen Garten mit dem Ahorn und den grünen Bänken nie mit Augen gesehen, aber ich kenne sie genauer als viele Städte und Länder, die ich wirklich gesehen habe. Und obwohl ich nie ein Freund des historischen Denkens war und mich nie mit der Geschichte meiner Herkunft befaßt habe, ist dieser prachtvolle Großvater mir stets ein nah vertrauter Mensch gewesen.* Dr. Carl Hermann Hesse, dessen Vorfahren aus Lübeck stammten, war Kreisarzt und kaiserlich-russischer Staatsrat. Monika Hunnius, seine Nichte, hat in ihren Erinnerungen von ihm erzählt und ihn als eine höchst originelle, fröhlich-tätige, gesellige und fromme Persönlichkeit

9

geschildert. In *Ein paar Erinnerungen an Ärzte* hat Hesse am Ende seines Lebens dieses Großvaters, dessen Memoiren er in Abschrift besaß, nochmals besonders gedacht. *Er ist jung, feurig, lustig, fromm und burschikos geblieben bis ins höchste Alter, ist mit 83 Jahren noch auf einen seiner Bäume gestiegen, um einen Ast abzusägen, und samt der Säge abgestürzt, doch ohne Schaden zu nehmen. Er hat seiner Stadt Weißenstein ein Waisenhaus gegründet, hat Feste mit Rheinwein gefeiert und Stegreifreden in Versen gehalten, aber auch Erbauungsstunden, hat allen Armen gegeben – er hieß «der Doktor, der alles wegschenkt» ... Bis ins hohe Alter hat dieser Mann Lebenskraft, Lebensfreude, Gottvertrauen, Autorität und Liebe ausgestrahlt.*

Auch der schwäbische Großvater Dr. Hermann Gundert, der gleich seinen Vorfahren und anderen Gliedern der Gundertschen Familie einen sehr achtbaren Rang in der württembergischen Kirchengeschichte einnimmt, war zum Bengelschen Pietismus bekehrt worden. Nicht ohne schwere innere Krise mag diese Wendung erfolgt sein, denn der hochbegabte junge Theologe, der sich für Goethe begeisterte und der *mit sauber geschnittener Gänsekielfeder den Klavierauszug der «Zauberflöte» abschrieb,* war im Seminar von Maulbronn noch persönlicher Schüler von David Friedrich Strauß gewesen. In dem kleinen Gedächtnisblatt *Großväterliches* gab der Enkel ein Gedicht dieses Großvaters bekannt, das er 1833 als neunzehnjähriger Student geschrieben hat. *Der Kundige erkennt leicht, daß es ein von Hegel und Indien beeinflußter, aber auch mit Hölderlin vertrauter Geist ist, der in dieser Dichtung um Ausdruck ringt. Der Autor dieser begabten Verse hat später keine solchen Gedichte mehr geschrieben. Diese jugendlich-genialischen Verse sind in der aufgewühltesten und gefährdetsten Zeit seines Lebens entstanden, kurz vor der endgültigen «Bekehrung» des Jünglings, die den enthusiastischen Pantheisten zum Entschluß brachte, sein Leben fortan der Heidenmission in Indien zu widmen.* 1836 kam er als Missionar an die Malabar-Küste, wurde zu einem Pionier der pietistischen Indien-Mission und verbrachte Jahre und Jahrzehnte in den heißen Ländern des Ostens. Dort lernte er auch seine Frau Julie Dubois kennen, eine asketisch strenge junge Calvinistin aus einem Winzergeschlecht bei Neuchâtel, die zeitlebens französisch sprach und mit brennendem Eifer missionierte. Nach seiner Rückkehr aus Indien übernahm Gundert die Leitung des Calwer Verlagsvereins. Er redigierte Missionszeitschriften und bearbeitete, kundig zahlreicher europäischer und asiatischer Sprachen, in 35 Jahren das große Lexikon der Malajalam-Sprache, das noch heute zu den grundlegenden Werken indischer Sprachforschung gehört. *Der Großvater stak in einem Wald von Geheimnissen, wie sein Gesicht in einem weißen Bartwald stak, aus seinen Augen floß Welttrauer und floß heitere Weisheit, je nachdem, einsames Wissen und göttliche Schelmerei,* erzählt Hesse in der *Kindheit des Zauberers,* und an anderer Stelle sagt er: *In diesem Großvater, bei dessen Tode ich sechzehnjährig war, habe ich nicht nur einen weisen und unbeschadet seiner großen Gelehrsamkeit sehr menschenkundigen alten Mann kennengelernt, sondern auch einen Nachklang, eine unter Frömmigkeit und Dienst am Reich Gottes etwas verborgene, aber doch sehr lebendig gebliebene Erbschaft von der wunderlich aus materieller Enge und geistiger Großartigkeit gemischten Schwabenwelt, die in den schwäbischen Lateinschulen, in den evangelischen Klosterseminaren und im berühmten Tübinger «Stift» sich gegen zwei Jahrhunderte lang erhalten und immerzu mit wertvoller Tradition bereichert und ausgedehnt hat. Dies ist nicht bloß die Welt der schwäbischen Pfarrhäuser und Schulen, zu der auch Männer von großem Geist und vorbildlicher Seelenzucht wie Bengel, Oetinger, Blumhardt gehört haben, sondern in der auch Hölderlin, Hegel, Mörike großgeworden sind.*

Anders war der Vater. *Er stand allein . . . abseits stand er, einsam, ein Leidender und Suchender, gelehrt und gütig, ohne Falsch und voll Eifer im Dienst der Wahrheit . . . Nie verließ ihn die Güte, nie die Klugheit . . . Mein Vater sprach mit der Mutter nicht in indischen Sprachen, sondern sprach englisch und ein reines, klares, schönes, leise baltisch gefärbtes Deutsch. Diese Sprache war es, mit der er mich anzog und gewann und unterrichtete, ihm strebte ich zuzeiten voll Bewunderung und Eifer nach, allzu eifrig, obwohl ich wußte, daß meine Wurzeln tiefer im Boden der Mutter wuchsen, im Dunkeläugigen und Geheimnisvollen. Meine Mutter war voll Musik, mein Vater nicht, er konnte nicht singen.* Schwer erkämpft war einst sein Entschluß, nach dem Besuch der vornehmen, berühmten Ritter- und Domschule zu Reval sich in der geistig so andersgearteten Welt Basels für den Missionsdienst auszubilden. Aber Johannes Hesse unterwarf sich, und so kam auch er nach Indien, studierte Leben und Sprache der Badaga und wurde schon nach kurzer Zeit an das Prediger-Seminar nach Mangalur berufen. Doch sein zarter Körper hielt dem tropischen Klima nicht stand. Nach kaum dreijähriger

Der Vater: Johannes Hesse

Missionstätigkeit mußte er 1873 nach Europa zurück und wurde nun Dr. Gundert in Calw als Gehilfe für seine literarischen Arbeiten zugeteilt. Bereits im Herbst 1874 heiratet er dessen Tochter Marie, die seit dem Tode ihres ersten Mannes mit ihren beiden Söhnen Theodor und Karl im Haus des Vaters in Calw lebte. In die so völlig andere, schwäbische Mentalität hat sich Johannes Hesse nie ganz eingelebt, so gut er sich auch mit seiner Frau und mit Hermann Gundert verstand. *Er war ein Balte, ein Deutschrusse, und hat bis zu seinem Tode von den Mundarten, die um ihn herum und auch von seiner Frau und seinen Kindern gesprochen wurden, nichts angenommen, sondern sprach in unser Schwäbisch und Schweizerdeutsch hinein sein reines, gepflegtes, schönes Hochdeutsch. Dieses Hochdeutsch, obwohl es für manche Einheimische unser Haus an Vertraulichkeit und Behagen einbüßen ließ, liebten wir sehr und waren stolz darauf, wir liebten es ebenso wie die schlanke, gebrechlich zarte Gestalt, die hohe edle Stirn und den reinen, oft leidenden, aber stets offenen, wahrhaftigen und zu gutem Benehmen und Ritterlichkeit verpflichtenden, an das Bessere im andern appellierenden Blick des Vaters.*

Marie Hesse-Gundert war klein und beweglich. Sie besaß das französische Temperament ihrer Mutter. Sechs Kinder gingen aus ihrer zwei-

Die Mutter: Marie Hesse,
geb. Gundert,
verw. Isenberg

ten Ehe hervor. Zwei davon verstarben früh. Vierzig Jahre lang hat sie Tagebücher geführt, und diese Aufzeichnungen, von ihrer Tochter in einem Auswahlband veröffentlicht, vermitteln ein sehr charakteristisches Bild von der geistig lebendigen, gütigen und glaubensstarken Frau. Die Tagebücher enthalten auch die frühesten Nachrichten über Hermann Hesse, der zwei Jahre nach seiner Schwester Adele als zweites Kind zur Welt kam. «Am Montag, 2. Juli 1877, nach schwerem Tag, schenkt Gott in seiner Gnade abends halb sieben Uhr das heißersehnte Kind, unsern Hermann, ein sehr großes, schweres, schönes Kind, das gleich Hunger hat, die hellen, blauen Augen nach der Helle dreht und den Kopf selbständig dem Licht zuwendet, ein Prachtexemplar von einem gesunden, kräftigen Burschen.»

Meine Geburt geschah in früher Abendstunde an einem warmen Tag im Juli, und die Temperatur jener Stunde ist es, welche ich unbewußt mein Leben lang geliebt und gesucht und, wenn sie fehlte, schmerzlich entbehrt habe.

Die elterliche und die großelterliche Welt, in die der Junge hineinwuchs, atmete Enge und Weite zugleich. Sehr einfach waren die äußeren Verhältnisse. Mit Pfennigen mußte gerechnet werden, auch wenn man den

Basel mit der alten Rheinbrücke

materiellen Dingen wenig Wert beimaß und bedürfnislos zu leben verstand. Im Rückblick hat sich dem Hesse der späten Jahre die Welt der Kindheit, die neben ihren Sicherheiten auch ihre großen Fragwürdigkeiten hatte, verklärt. *Die gütige Weisheit des Großvaters, die unerschöpfliche Phantasie und Liebeskraft unsrer Mutter und die verfeinerte Leidensfähigkeit und das empfindliche Gewissen unsres Vaters, sie haben uns erzogen,* schrieb er 1946 an die Schwester Adele, und an anderer Stelle heißt es: *Viele Welten kreuzten ihre Strahlen in diesem* (dem elterlichen) *Hause. Hier wurde gebetet und in der Bibel gelesen, hier wurde studiert und indische Philologie getrieben, hier wurde viel gute Musik gemacht, hier wußte man von Buddha und Lao Tse, Gäste kamen aus vielen Ländern, den Hauch von Fremde und Ausland an den Kleidern, mit absonderlichen Koffern aus Leder und aus Bastgeflecht und dem Klang fremder Sprachen, Arme wurden hier gespeist und Feste gefeiert, Wissenschaft und Märchen wohnten nah beisammen ... Es war eine Welt mit ausgesprochen deutscher und protestantischer Prägung, aber mit Ausblicken und Beziehungen über die ganze Erde hin, und es war eine ganze, in sich einige, heile, gesunde Welt ... Diese Welt war reich und mannigfaltig, aber sie war geordnet, sie war genau zentriert, und sie gehörte uns, wie uns Luft und Sonnenschein, Regen und Wind gehörten.*

Im Frühjahr 1881 wurde Johannes Hesse als Herausgeber des Missionsmagazins nach Basel berufen. Auch sollte er im Missionshaus deutschen Sprach- und Literaturunterricht geben. *Heimat war mir Schwaben und war mir Basel am Rheine,* schreibt Hesse später und be-

richtet in seinen kurzen Basler Erinnerungen: *Von 1881 bis 1886 lebten wir dann in Basel und wohnten am Müllerweg, dem Spalenringweg gegenüber, zwischen beiden lief damals die Elsässer Bahnlinie hindurch ... Das Land begann schon ganz in der Nähe unsres Hauses, ein Bauernhof, gegen Allschwil hin gelegen, und eine Kiesgrube in seiner Nähe bot Gelegenheit zu ländlichen Spielen. Und die große, für mich Kleinen endlos große Schützenmatte, damals unbebaut vom Schützenhaus bis zur «Neuen Welt» hinaus, war mein Schmetterlings-Jagdgebiet und der Schauplatz unserer Indianerspiele.*

Im *Hermann Lauscher*, in dem Kapitel *Meine Kindheit*, und dann in der Geschichte *Der Bettler* hat Hesse diese Basler Jahre eindringlich und mit Liebe geschildert und erzählt von Spielen und dem ersten Schulbesuch im Knabenhaus der Mission, von den Gängen zum Münster, von Kinderängsten und ersten Konflikten mit der elterlichen Autorität. Besonders dankbar erinnert er sich der mütterlichen Erzählkunst. *Woher haben die Mütter diese gewaltige und heitere Kunst, diese Bildnerseele, diesen unermüdlichen Zauberborn der Lippen? Ich sehe dich noch, meine Mutter, mit dem schönen Haupt zu mir geneigt, schlank, schmiegsam und geduldig, mit den unvergleichlichen Braunaugen!*

Der junge Hesse war ein phantasiereiches Kind, voll Energie und Temperament, und die differenzierte geistig-seelische Erbschaft, die ihm von Eltern und Ahnen mitgegeben war, machte sich früh spürbar. *«... der Bursche hat ein Leben, eine Riesenstärke, einen mächtigen Willen und wirklich auch eine Art ganz erstaunlichen Verstand für seine vier Jahre. Wo will's hinaus? Es zehrt mir ordentlich am Leben dieses innere*

15

Kämpfen gegen seinen hohen Tyrannengeist, sein leidenschaftliches Stürmen und Drängen ...» schreibt die Mutter und notiert sich in ihrem Tagebuch am 27. März 1882: «Hermännle hatte morgens heimlich die Schule geschwänzt, wofür ich ihn ins Gastzimmer einsperrte. Er sagte nachher: ‹Das hilft Euch nicht viel, wenn Ihr mich dahin tut, ich kann da zum Fenster hinaussehn u. mich unterhalten›. Neulich sang er Abends im Bett lang eigene Melodie u. eigene Dichtung und als Dadi hineinkam sagte er: ‹Gelt, ich singe so schön wie die Sirenen und bin auch so bös wie sie?›» ... In einem Brief von Johannes Hesse vom 14. November 1883 lesen wir: «Hermann, der im Knabenhaus fast für ein Tugendmuster gilt, ist zuweilen kaum zu haben. So demütigend es für uns wäre, ich besinne mich doch ernstlich, ob wir ihn nicht in eine Anstalt oder in ein fremdes Haus geben sollten. Wir sind zu nervös, zu schwach für ihn, das ganze Hauswesen nicht genug diszipliniert und re-

Die Nagoldbrücke in Calw

Der Vierjährige

gelmäßig. Gaben hat er scheint's zu allem: er beobachtet den Mond und die Wolken, phantasiert lang auf dem Harmonium, malt mit Bleistift oder Feder ganz wunderbare Zeichnungen, singt wenn er will ganz ordentlich, und an Reimen fehlt es ihm nie.»

1886 trat Johannes Hesse wieder in die Dienste des Calwer Verlagsvereins, dessen Leitung er als Nachfolger Hermann Gunderts später übernehmen sollte. Die Familie kehrte daher im Juli nach Calw zurück, wohnte zunächst wieder zusammen mit dem inzwischen verwitweten Großvater in dem alten, am Bergabhang gelegenen Haus des Verlagsvereins, vertauschte jedoch drei Jahre später die feuchte und ungesunde Wohnung mit einem sonnigen und behaglichen Haus in der Ledergasse. Hesse besuchte nun die Lateinschule des Städtchens, bis er 1890 zur Vorbereitung für das Landexamen an das Gymnasium Göppingen gebracht wurde. In diesen vier Jahren, dem neunten bis dreizehnten seines Lebens, ist Calw für ihn zu der Stadt geworden, die in so vielen seiner Dichtungen als *Gerbersau* verklärt wiederkehrt, zur schönsten Stadt zwischen Bremen und Neapel, zwischen Wien und Singapore.

Ich wußte Bescheid in unsrer Vaterstadt, in den Hühnerhöfen und in den Wäldern, in den Obstgärten und in den Werkstätten der Handwerker, ich kannte die Bäume, Vögel und Schmetterlinge, konnte Lieder

17

singen und durch die Zähne pfeifen, und sonst noch manches, was fürs Leben von Wert ist ... *Wenn ich jetzt,* schreibt er 1918, *wieder eine Viertelstunde auf der Brückenbrüstung sitze, über die ich als Knabe tausendmal meine Angelschnur hinabhängen hatte, dann fühle ich tief und mit einer wunderlichen Ergriffenheit, wie schön und merkwürdig dies Erlebnis für mich war: einmal eine Heimat gehabt zu haben! Einmal an einem kleinen Ort der Erde alle Häuser und ihre Fenster und alle Leute dahinter gekannt zu haben! Einmal an einen bestimmten Ort dieser Erde gebunden gewesen zu sein, wie der Baum mit Wurzeln und Leben an seinen Ort gebunden ist.* Und wieder 30 Jahre später, im Geleitwort zu dem Band *Gerbersau,* der alle die Geschichten und Erzählungen enthält, die in Calw und in Schwaben spielen, erklärt der Dichter: *Je mehr das Alter mich einspinnt, je unwahrscheinlicher es wird, daß ich die Heimat der Kinder- und Jünglingsjahre noch einmal wiedersehe, desto fester bewähren die Bilder, die ich von Calw und von Schwaben in mir trage, ihre Gültigkeit und Frische. Wenn ich als Dichter vom Wald oder vom Fluß, vom Wiesental, vom Kastanienschatten oder Tannenduft spreche, so ist es der Wald um Calw, ist es die Calwer Nagold, sind es die Tannenwälder und die Kastanien von Calw, die gemeint sind, und auch Marktplatz, Brücke und Kapelle, Bischofstraße und Ledergasse, Brühl und Hirsauer Wiesenweg sind überall in meinen Büchern, auch in denen, die nicht ausdrücklich sich schwäbisch geben, wiederzuerkennen, denn alle diese Bilder, und hundert andre, haben einst dem Knaben als Urbilder Hilfe geleistet, und nicht irgendeinem Begriff von «Vaterland», sondern eben diesen Bildern bin ich zeitlebens treu und dankbar geblieben, sie haben mich und mein Weltbild formen helfen, und sie leuchten mir heute noch inniger und schöner als je in der Jugendzeit.*

Weniger glücklich sind die Erinnerungen an die Schulerlebnisse dieser Zeit. *In den acht Jahren, welche ich in den niederen Schulen zubrachte, fand ich nur einen einzigen Lehrer, den ich liebte und dem ich dankbar sein kann.* Alle anderen Lehrer waren gefürchtet und gehaßt, wurden belächelt oder verachtet. Die Schule galt als eine feindliche Macht, gegen die anzukämpfen jedes Mittel recht und billig war. Bei jenem Herrn Schmid aber, der Hesse gegen Ende der Calwer Schulzeit in die Anfangsgründe der griechischen Sprache einwies, erlebte er *neben der Furcht die Ehrfurcht* und erfuhr, *daß man einen Menschen lieben und verehren kann, auch wenn man ihn gerade zum Gegner hat.* Er verliebte sich in das Griechische und war insgeheim stolz, die Sprache lernen zu dürfen, *welche man nicht lernte, um Geld zu verdienen oder um die Welt reisen zu können, sondern nur um mit Sokrates, Plato und Homer bekannt zu werden.*

Bereits zu jener Zeit füllten Verse, Gedichte und Geschichten so manches Schulheft. Das Reimen, ob in deutscher oder lateinischer Sprache, fiel dem jungen Hesse leicht, und in seinem *Kurzgefaßten Lebenslauf* erklärt er: *Von meinem dreizehnten Jahr an war mir das eine klar, daß ich entweder ein Dichter oder gar nichts werden wolle.* Jahrzehnte später, bei einem Gang durch das nächtliche Tuttlingen, erinnerte er sich des Augenblicks, der ihn vielleicht zum Dichter werden ließ. *Dies war so: in unserm Schullesebuch, das wir als zwölfjährige Lateinschüler*

Familie Hesse: Hermann, der Vater, Marulla, die Mutter, Adele und Hans (1889)

hatten, standen die üblichen Gedichte und Geschichten, die Anekdoten von Friedrich dem Großen und Eberhard im Barte, und alles las ich gern, aber mitten zwischen diesen Sachen stand etwas anderes, etwas Wunderbares, ganz und gar Verzaubertes, das Schönste, was mir je im Leben begegnet war. Es war ein Gedicht von Hölderlin, das Fragment «Die Nacht». Oh, diese wenigen Verse, wie oft habe ich sie damals gelesen, und wie wunderbar und heimlich Glut und auch Bangigkeit weckend war dies Gefühl: das ist Dichtung! Das ist ein Dichter! Wie klang da, für mein Ohr zum erstenmal, die Sprache meiner Mutter und meines Vaters so tief, so heilig, so gewaltig, wie schlug aus diesen unglaublichen Versen, die für mich Knaben ohne eigentlichen Inhalt waren, die Magie des Sehertums, das Geheimnis der Dichtung mir entgegen!

> – die Nacht kommt,
> Voll mit Sternen, und wohl wenig bekümmert um uns
> Glänzt die Erstaunende dort, die Fremdlingin unter den Menschen,
> Über Gebirgeshöhn traurig und prächtig herauf.

Nie mehr, so viel und so begeistert ich auch als Jüngling las, haben Dichterworte mich so völlig bezaubert, wie diese damals den Knaben ...

JUGENDKRISEN

Am 1. Februar 1890 brachte Marie Hesse ihren Sohn nach Göppingen. *Es geschah dies zum Teil aus erzieherischen Gründen, denn ich war damals ein schwieriger und sehr unartiger Sohn geworden, und die Eltern wurden nicht mehr fertig mit mir. Außerdem aber war es notwendig, daß ich möglichst gut auf das «Landexamen» vorbereitet werde. Diese staatliche Prüfung, die jedes Jahr im Sommer für das ganze Land Württemberg stattfand, war sehr wichtig, denn wer sie bestand, der bekam eine Freistelle in einem der theologischen «Seminare», und konnte als Stipendiat studieren. Diese Laufbahn war auch für mich vorgesehen. Nun gab es einige Schulen im Lande, an denen die Vorbereitung auf diese Prüfung ganz speziell betrieben wurde, und auf eine von diesen Schulen wurde ich also geschickt. Es war die Lateinschule in Göppingen, wo seit Jahren der alte Rektor Bauer als Einpauker fürs Landexamen wirkte, im ganzen Lande berühmt und Jahr für Jahr von einem Rudel strebsamer Schüler umgeben, die ihm aus allen Landesteilen zugesandt wurden.*

Bis zum Sommer 1891 gehörte Hermann Hesse zu den Göppinger Landexamenskandidaten. Er wohnte bei einer strengen Pensionsmutter und fand wenig Gefallen an der etwas nüchternen Industriestadt. Fruchtbar und auch menschlich wichtig wurde der Unterricht bei dem alten Rektor Bauer. Mit Anhänglichkeit und Verehrung erinnert er sich seiner noch nach Jahrzehnten. *Der sonderbare, beinah abschreckend aussehende, mit zahllosen Originalitäten und Schrulligkeiten ausgestattete alte Mann, der hinter seinen schmalen grünlichen Augengläsern hervor so lauernd und schwermütig blickte, der unsre enge, überfüllte Schulstube beständig aus seiner langen Pfeife vollrauchte, wurde mir für einige Zeit zum Führer, zum Vorbild, zum Richter, zum verehrten Halbgott ... Ich, der ich stets ein empfindlicher und auch kritischer Schüler gewesen war und mich gegen jede Abhängigkeit und Untertanenschaft bis aufs Blut zu wehren pflegte, war von diesem geheimnisvollen Alten eingefangen und völlig bezaubert worden, einfach dadurch, daß er an die höchsten Strebungen und Ideale in mir appellierte, daß er meine Unreife, meine Unarten, meine Minderwertigkeiten scheinbar gar nicht sah, daß er das Höchste in mir voraussetzte und die höchste Leistung als selbstverständlich betrachtete ... Oft sprach er lateinisch mit mir, meinen Namen übersetzte er mit Chattus ... Das Eigene und Seltene an diesem Lehrer aber war seine Fähigkeit, nicht bloß die Geistigeren unter seinen Schülern herauszuspüren und ihrem Idealismus Nahrung und Halt zu geben, sondern auch dem Alter seiner Schüler, ihrer Knabenhaftigkeit, ihrer Spielsucht gerecht zu werden. Denn Bauer war nicht bloß ein verehrter Sokrates, er war außerdem auch ein geschickter und höchst origineller Schulmeister, der es verstand, seinen dreizehnjährigen Buben die Schule immer wieder schmackhaft zu machen.*

In seinen Briefen, lebendigen, anschaulichen Jungenbriefen an die Eltern, erzählt er gerne von diesem Lehrer, bei dem nicht nur Schillers «Wallenstein» ins Lateinische übersetzt werden mußte – *was wirklich unsre Klasse stark in Anspruch nimmt* –, sondern der auch den großen

*Der Zwölfjährige.
(Ausschnitt
aus dem vorigen Bild)*

Zapfenstreich auf die Schulbänke trommeln lehrte und dabei Hesse zum Kapellmeister ernannte. Auch in lustigen Versen schildert Hesse den Eltern seinen Göppinger Schulalltag, und einmal berichtet er von einem kleinen Drama, das er verfaßt hat und das zu Hause vielleicht aufgeführt werden könnte. *Ein Weihnachtsabend* ist der Titel dieses «Trauerspiels in einem Aufzug», einer rührseligen Geschichte, in der ein Bettelkind überraschend am Weihnachtsabend zu einer mutterlosen Familie kommt.

Die kurze Periode der Göppinger Schulzeit, der einzigen, in der Hesse ein guter Schüler war und seine Lehrer verehrte, fand mit dem Landexamen im Juli 1891 den erhofften Erfolg. Hesse bestand die gefürchtete Prüfung und rückte, wie so mancher der Gundertschen Ahnen vor ihm, zusammen mit rund drei Dutzend Seminaristen im Herbst 1891 in das Seminar in Maulbronn ein.

Die niederen evangelisch-theologischen Seminare sind württembergische Bildungseinrichtungen von besonderer Eigenart und innerhalb

Deutschlands fast ohne Vergleich, mögen sich auch mancherlei Parallelen etwa mit Schulpforta, der einstigen Meißner Fürstenschule oder verschiedenen katholischen Seminaren nachweisen lassen. Ihre Geschichte führt zurück bis in das Zeitalter der Reformation. Unmittelbar nach dem Augsburger Religionsfrieden begann Herzog Christoph, einer der bedeutendsten württembergischen Fürsten, das Kirchen- und Schulwesen seines Landes zu ordnen und neu aufzubauen. Die folgenreichste Neuerung war die Verwandlung der vierzehn württembergischen Mannsklöster zu protestantischen Klosterschulen, an denen vierzehn- bis achtzehnjährige Knaben des Landes als Stipendiaten zum Studium der evangelischen Theologie vorbereitet werden sollten. Diese Neuordnung, 1565 durch Landtagsbeschluß feierlich bestätigt, trug ungeahnte Früchte, denn der Einfluß der Seminare, deren Zahl zwar im Laufe der Jahrhunderte auf vier Internate in Maulbronn und Schöntal, Blaubeuren und Urach zusammenschmolz, reicht weit über den der anderen Schulen Württembergs hinaus. Die besondere, in manchem zweifellos sehr einseitige Prägung der württembergischen Geistigkeit ist zu einem wesentlichen Teil durch die Seminare und dann durch das evangelisch-theologische Stift an der Universität Tübingen, das die Seminaristen aufnahm, erfolgt. Johannes Kepler wie Hölderlin, Eduard Mörike und Robert Mayer, waren gleich so vielen anderen, die als Dichter oder Gelehrte Namen und Ruhm erzielten, durch die Seminare gegangen. Die meisten Theologen, eine Großzahl von Lehrern und Professoren, aber auch von höheren Beamten des früheren Herzogtums und Königreichs Württemberg haben entscheidende Jahre ihrer Schulzeit, die damals wie heute den vier Oberklassen eines humanistischen Gymnasiums entsprach, in der Seminargemeinschaft verbracht. Die streng gesiebte, ausschließlich nach intellektueller Leistung getroffene Auswahl der Schüler, die Stärke der Tradition, die nicht zuletzt in einer einfachen, fast klösterlichen Lebensform zum Ausdruck kam, das humanistisch-protestantische Bildungsideal, getragen von einem sehr gediegenen altsprachlichen Unterricht, gaben den Internaten ihren eigentümlichen Charakter, ihre bildende Kraft und ihre Autorität. Zweifellos war diese Ausbildung in vielen Punkten einseitig und starr, aber im Festhalten am Überlieferten, im Verzicht auf voreilige Experimente lag ein wichtiges Stück ihrer Macht.

Hermann Hesse, der bis zu seinem vierzehnten Lebensjahr das Basler Bürgerrecht besaß und für die Aufnahme ins Seminar erst das württembergische Bürgerrecht erwerben mußte, war nicht viel länger als ein

Kloster Maulbronn: der Brunnen im Kreuzgang

halbes Jahr Seminarist in Maulbronn. Aber das Erleben dieser kurzen Zeit genügte, um seinem literarischen Schaffen einen besonders charakteristischen Zug, vielleicht darf man sagen, seine Maulbronner Note zu geben. Eine erste, recht kritische, in manchen Details sehr wahrheitsgetreue Schilderung seines Seminar- und Jugendlebens enthält die 1906 erschienene Erzählung *Unterm Rad*. In *Begegnungen mit Vergangenem* schreibt Hesse darüber sehr viel später einmal: *Es war die Zeit, die ich, auch da noch unsicher genug und weit vom wirklichen Verstehen und Überwundenhaben entfernt, zehn Jahre später in der Erzählung «Unterm Rad» zum erstenmal zu beschwören versucht habe. In der Geschichte und Gestalt des kleinen Hans Giebenrath, zu dem als Mit- und Gegenspieler sein Freund Heilner gehört, wollte ich die Krise jener Entwicklungsjahre darstellen und mich von der Erinnerung an sie befreien, und um bei diesem Versuche das, was mir an Überlegenheit und Reife fehlte, zu ersetzen, spielte ich ein wenig den Ankläger und Kritiker jenen Mächten gegenüber, denen Giebenrath erliegt und denen einst ich selber beinahe erlegen wäre: der Schule, der Theologie, der Tradition und Autorität. Wie gesagt, es war ein verfrühtes Unternehmen, auf das ich mich mit meinem Schülerroman einließ, und es ist dann auch nur sehr teilweise geglückt . . . aber . . . das Buch enthielt doch ein Stück wirklich erlebten und erlittenen Lebens . . .*

Schönheit und Zauber des alten Zisterzienser-Klosters Maulbronn, einer der herrlichsten und besterhaltenen Klosteranlagen Deutschlands, werden in manchen Skizzen und Erzählungen der späteren Jahre beschworen. Als Mariabronn lebt das Kloster in *Narziß und Goldmund* wieder auf, und ohne das Urbild Maulbronn ist das Kastalien des *Glasperlenspiels* nicht denkbar. *Es ist mir manchmal ein sympathischer Gedanke, daß inmitten des zerrütteten Deutschland und Europa da und dort solche Zellen des Aufbaus bestehen wie die Klosterschulen*, schreibt Hesse nach dem Zweiten Weltkrieg an den Maulbronner Ephorus, den Leiter des Seminars.

Wer das Kloster besuchen will, tritt durch ein malerisches, die hohe Mauer öffnendes Tor auf einen weiten und sehr stillen Platz. Ein Brunnen läuft dort, und es stehen alte ernste Bäume da und zu beiden Seiten alte steinerne und feste Häuser und im Hintergrunde die Stirnseite der Hauptkirche mit einer spätromanischen Vorhalle, Paradies genannt, von einer graziösen, entzückenden Schönheit ohnegleichen. Auf dem mächtigen Dach der Kirche reitet ein nadelspitzes, humoristisches Türmchen, von dem man nicht begreift, wie es eine Glocke tragen soll. Der unversehrte Kreuzgang, selber ein schönes Werk, enthält als Kleinod eine köstliche Brunnenkapelle, das Herrenrefektorium mit kräftig edlem Kreuzgewölbe, weiter Oratorium, Parlatorium, Laienrefektorium, Abtwohnung und zwei Kirchen schließen sich massig aneinander. Malerische Mauern, Erker, Tore, Gärtchen, eine Mühle, Wohnhäuser umkränzen behaglich und heiter die wuchtigen alten Bauwerke. Einem Wunder gleicht die Brunnenkapelle. Ich . . . sah im klaren Schatten des gewölbten Raumes die drei Brunnenschalen übereinander schweben und das singende Wasser fiel in acht feinen Strahlen von der ersten in die zweite Schale, und in acht feinen klingenden Strahlen von der zweiten

Kloster Maulbronn: Kirche und Paradies

in die riesige dritte, und das Gewölbe spielte in ewig holdem Spiel mit den lebendigen Tönen, heut wie gestern, heut wie damals, und stand herrlich in sich begnügt und vollkommen als ein Bild von der Zeitlosigkeit des Schönen.

Die Tatsache, daß Hesse eines Tages dem Seminar entlaufen ist, hat dazu verführt, die Maulbronner Zeit zu ausschließlich als eine Periode schwerer seelischer Konflikte zu sehen. Für die ersten Monate trifft das Gegenteil zu. Der junge Hesse, das beweisen die zahlreichen, nun von Ninon Hesse veröffentlichten Briefe an die Eltern, hat sich erstaunlich rasch und gut eingelebt. Mit sichtlicher Lust zu fabulieren, gewandt und anschaulich beschreibt er den Seminarbetrieb, erzählt er von den Lehrern und Schulaufgaben, von seinen Kameraden und nicht zuletzt von der täglichen Kost. Auch dem Großvater in Weißenstein berichtet er eingehend und schildert ihm in köstlichen Versen den Maulbronner Tageslauf. Mit einem Dutzend Kameraden bewohnt er die Stube Hellas und bezeichnet sich voll Stolz als Hellene. Forum, Athen, Sparta, Akropolis und Germania sind die Namen der übrigen Zimmer. Früh um 6 Uhr 30 wird geweckt. 6 Uhr 50 eilt man zum «Prezieren», der Frühandacht, die von einem der beiden Repetenten – so die Namen der noch unständigen Lehrer – gehalten wird. Der Unterricht beginnt regelmäßig um 7 Uhr 45. Die Lektionen dauern bis 12 Uhr und werden um 14 Uhr fortgesetzt. Nach dem Abendessen um 19 Uhr 30 ist Zeit für die sogenannte «Dormentrekreation», dann schließt der Tag mit dem gemeinsamen Abendgebet. Die Zahl der wöchentlichen Unterrichtsstunden beträgt 41, dazu kommen die Arguments- und die Arbeitsstunden. Die Freizeit ist knapp, nur an den Sonntagen bleiben einige Stunden für größere Ausflüge.

Der Unterricht macht Hesse Spaß; auch von seinen Lehrern, den Musik- und Turnlehrer ausgenommen, erzählt er sehr angetan. *Homer ist prächtig*, heißt es einmal und an anderer Stelle: *Es macht mir Spaß, Ovid in deutsche Hexameter zu übertragen.* Besonders gern schreibt er Aufsätze. *Heute morgen hatte ich die Freude, meinen Aufsatz «Kurzer Lebensabriß mit genauerer Detailschilderung», als den besten der Promotion vorlesen zu hören,* berichtet er stolz schon in der ersten Woche. Etwas später teilt er mit, er habe einen Aufsatz mit der zweifelhaften Bemerkung: *Sie besitzen Phantasie* zurückbekommen und fährt dann fort: *Gegenwärtig zerbreche ich mir den Kopf am Aufsatz «Eine genaue Charakteristik Abrahams an der Hand von Gen. 12–15 und 21–24, soll zeigen, wie dieser Erzvater das rechte Werkzeug Gottes zur Gründung des aus allen Heiden auserwählten Gottesvolkes sein konnte».* Nicht eben leicht. *Wir haben nur eine Woche Zeit dazu.* Vergnügen machen ihm Deklamationen, ja, er gründet mit einigen Kameraden ein kleines «klassisches Museum». *Wir haben gegenwärtig zehn Mitglieder. Wir lesen klassische Schiller-Stücke mit verteilten Rollen, deklamieren eigene und andere Gedichte, versuchen uns in kritischen Vorträgen etc. . . . Auf nächsten Sonntag habe ich dem Verein einen Aufsatz über Goethe versprochen.* Später wird Schillers «Parasit» und die «Aeneis»-Übersetzung von Voß gemeinsam gelesen. *Es sind immer die schönsten und ruhigsten Abende.* Dann beschäftigt er sich mit Schillers Prosa, liest mit Genuß Klopstocks Oden und fragt die Eltern, ob ihm die Lektüre des «Messias» genehmigt werde. Um seinen Stil zu verbessern, beschafft er sich in der Bibliothek das «Handbuch der Deutschen Prosa» von Kurz.

Von einer nächtlichen Prügelei mit einem Stubenkameraden berichtet er ebenso nach Hause wie von den dramatischen Hilfsaktionen bei einem Brand im Pfründheim neben dem Kloster, und in wortgewandten kleinen Skizzen charakterisiert er sehr treffend einzelne seiner Mitschüler. Mit nicht wenigen davon, so mit Otto Hartmann, mit Schall, mit Häcker oder Zeller, bleibt er ein Leben hindurch in freundschaftlicher Verbindung. *Ich bin froh, vergnügt, zufrieden! Es herrscht im Seminar ein Ton, der mich sehr anspricht. Vor allem ist es das offene Verhältnis zwischen Zöglingen und Lehrern, dann aber auch das nette Verhältnis der Zöglinge untereinander ... alles zusammen bildet ein festes, schönes Band zwischen Allen und nirgends findet man einen Zwang ... dann das großartige Kloster! In einem der feierlichen Kreuzgänge mit einem Anderen über Sprachliches, Religiöses, über Kunst etc. zu disputieren, hat einen besonderen Reiz ...*

Dieser Brief trägt das Datum des 24. Februar 1892. Zwei Wochen später, am 7. März, läuft Hesse ohne sichtlichen äußeren Anlaß oder zureichenden Grund, ohne Geld, ohne Mantel nach dem Mittagessen auf und davon. Bei der Nachmittagslektion wird er vermißt, und als er im Laufe der folgenden Stunden nicht zurückkehrt, beginnt die Promotion, in Gruppen aufgeteilt, die umliegenden Wälder abzusuchen. Professor Paulus, der den Ephorus im Amt vertritt, telegrafiert nach Calw: «Hermann fehlt seit 2 Uhr. Bitte um etwaige Auskunft.» Dann werden die Gendarmerieposten, die Schultheißen der benachbarten Dörfer, das Oberamt verständigt, aber die Suchaktion bleibt ohne Erfolg. Spät am Abend teilt Paulus den Eltern die Ergebnislosigkeit aller Bemühungen mit, und in der Frühe des nächsten Tages muß er telegrafieren: «Alle Schritte gethan, bis jetzt ohne Erfolg.» Erst gegen Mittag kehrt Hesse müde, erschöpft, hungrig, von einem Landjäger begleitet, ins Seminar zurück. *Dank für Deine lieben Worte!* schreibt er am Tag darauf dem Vater, *so verachtet Ihr also den leichtsinnigen Träumer nicht, der Euch so in Sorge brachte? Eine Erzählung der näheren Umstände wird Euch Onkel* (Friedrich Gundert) *geben können. Ich kam in den 23 Stunden in Württemberg, Baden und Hessen herum. Außer der Nacht vom Abend 8 Uhr bis morgens 1/2 5 Uhr, die ich auf freiem Feld bei 7 Grad minus zubrachte, war ich die ganze Zeit auf den Füßen. Bitte erlaubt mir, die Geigenstunden aufzugeben, sonst kann ich dem Seminarleben gar keine schöne Seite mehr abgewinnen ... Bitte liebt mich nach wie vorher. In Eile, Hermann.*

Die Lehrer sind verständnisvoll und behandeln ihn schonend. Doch der geheiligten Seminarordnung muß Genüge getan werden, und so bestraft man den Ausreißer, «wegen unerlaubten Entweichens aus der Anstalt», mit acht Stunden Karzer. Am 12. März schreibt er den Eltern: *Ich sitze eben meine Strafe ab bei Wasser und Brot; sie fing um 1/2 1 Uhr an und dauert noch bis 1/2 9 Uhr ... ich vertiefe mich eben in Homer, in eine prächtige Stelle der «Odyssee», E. 260 ff. Es geht mir ordentlich, d. h. ich bin furchtbar schwach und müd, körperlich und geistig, beginne mich aber allmählich zu erholen.* Nicht ohne Genugtuung beendet er den Brief mit der Bemerkung: *Eben lese ich an der Wand des Carcers: Karl Isenberg, 28. Mai, 1885.*

Erst in dem folgenden Brief vom 20. März werden die innere Not und die depressive Stimmung deutlich. *Ich bin so müde, so kraft- und willenlos ... ich bin nicht krank, nur eine neue, ganz ungewohnte Schwäche fesselt mich ... meine Füße sind immer eiskalt, während es ganz innen im Kopf brennt,* und er zitiert Herweghs Lied, *ich möchte hingehen wie das Abendrot.* Die meisten Freunde, zum Teil von ihren Eltern dazu gedrängt, ziehen sich nun von ihm zurück. Er vereinsamt und leidet schwer unter der Isolierung. Nach den Osterferien, die er reizbar, verdrossen, verschlossen in Calw verbringt, kehrt er zwar wieder nach

Maulbronn zurück, aber da sich die Krise verschlimmert, muß die Ausbildung unterbrochen werden. Im Mai 1892 holt ihn der Vater zurück, und er wird zur Wiederherstellung seiner Gesundheit bis Ende des Jahres beurlaubt.

Mit der Flucht aus Maulbronn, die zunächst nicht viel anderes als die Kurzschlußreaktion eines sensiblen, phantasievollen und leicht erregbaren jungen Menschen war, begann eine Zeit schwerer seelischer Konflikte, die sich in Nervenkrisen äußerten, im Grunde aber ein verzweifelter Kampf um Selbstbehauptung waren, um Verteidigung des eigenen Ichs und des früh bewußt gewordenen Dichtertums gegenüber den starren religiösen Traditionen der Familie und gegenüber all den mächtigen und so gesicherten Autoritäten, von denen er sich umstellt sah. *Mehr als vier Jahre lang ging alles unweigerlich schief, was man mit mir unternehmen wollte, keine Schule wollte mich behalten, in keiner Lehre hielt ich lange aus. Jeder Versuch, einen brauchbaren Menschen aus mir zu machen, endete mit Mißerfolg, mehrmals mit Schande und Skandal, mit Flucht oder mit Ausweisung . . .*

Im Mai 1892 wurde Hesse zu Christoph Blumhardt gebracht, einem der Familie befreundeten Theologen, der als Nachfolger seines berühmten Vaters die Anstalt Bad Boll leitete, als Exorzist bekannt war und mit Gebetsheilungen Erfolg hatte. Zunächst ging alles gut, und Blumhardt nahm sich des jungen Kollegensohnes freundlich an. Doch eine neue Krise, ausgelöst vermutlich durch die Enttäuschung einer unglücklichen Liebesschwärmerei, führt zu einem Selbstmordversuch. Blumhardt gibt sich geschlagen und bittet die Eltern, den Sohn, auf den er keinen Einfluß mehr habe, abzuholen. Die Anstalt Stetten im Remstal, nahe bei Stuttgart, wird zur nächsten Station dieses Unglücksjahres. Hesse hat im Garten mitzuarbeiten und hilft beim Unterricht schwachsinniger Kinder. Äußerlich nimmt er sich zusammen, und die Berichte Pfarrer Schalls, des Anstaltsleiters, klingen im allgemeinen hoffnungsvoll. Im Innern aber hadert er mit Gott und der Welt, fühlt sich ausgestoßen, verlassen und stößt verzweifelte, trotzige und rebellische Anklagen aus. Sein Wunsch, wenn auch nicht ins Seminar, so doch aufs Gymnasium geschickt zu werden, wird schließlich erfüllt. Am 5. Oktober 1892 verläßt er Stetten, verbringt einige gedrückte Wochen in der Knabenanstalt in Basel und kommt am 2. November in die Pension zu Präzeptor Geiger nach Bad Cannstatt, um nunmehr das dortige Gymnasium zu besuchen. Nach knapp einem Jahr scheitert auch dieser neue Schulversuch. Hesse treibt sich in Wirtshäusern herum und macht Schulden, aber er sitzt auch bis tief in die Nacht in seiner geliebten Mansarde, liest Heine, Gogol, Turgenjev und Eichendorffs «Taugenichts». Zwischen ausgelassener Lustigkeit, Weltschmerz und moralischem Katzenjammer schwankt das Barometer der Stimmungen hin und her. Doch wird in diesem Cannstatter Jahr, das zwar mit Mißklang endet, immerhin aber die Einjährigen-Qualifikation erreichen läßt, schon leise spürbar, daß Hesse an sich selbst zu arbeiten beginnt. Nicht zuletzt gewinnt er in dem jungen Lehrer Dr. Kapff einen Menschen, der Verständnis für ihn empfindet und dem er sich in den folgenden Jahren am meisten aufschließt.

Heinrich Perrot

Im Oktober 1893 wird mit der Buchhandlung Mayer in Eßlingen ein Lehrvertrag abgeschlossen. Aber bereits nach drei Tagen entläuft der neue Lehrling. Ekel ergreife ihn, er habe keine Lust, keine Kraft, keinen Mut zu allem, was aus ihm gemacht werden soll, erklärt er dem Vater, der ihn nun ins elterliche Haus zurückholt und einige qualvolle Monate bei sich selbst beschäftigt. Aber das Verhältnis zwischen beiden ist schwer gestört. Eine Verständigung scheint kaum mehr möglich. Aus eigenem Willen entschließt er sich jedoch, im Frühsommer 1894 als Praktikant in die mechanische Werkstatt der Calwer Turmuhrenfabrik Heinrich Perrot einzutreten.

Erst in diesem Jahr, in dem er von Juni 1894 bis September 1895 tagtäglich am Schraubstock und an der Drehbank steht, feilt, bohrt, fräst, mit dem Lötkolben hantiert und gelegentlich auch einmal im Kirchengebälk herumklettert, um beim Aufhängen von Glocken zu helfen, in dem er gleich seinem Hans Giebenrath so manchen Spott als «Landexamensschlosser» ertragen muß, gelingt es Hesse, aus eigener Anstrengung die Krise zu überwinden. Zeugnis für diesen inneren Wandel sind vor allem einige Briefe an die einstigen Seminarfreunde Theodor Rümelin und Wilhelm Lang sowie Briefe an den Cannstatter Lehrer und Freund Dr. Kapff. Nicht frei von Selbstbewußtsein, legt er ihm im Mai 1895 in einem großen Brief Rechenschaft über die Entwicklung der letzten Jahre ab. *Jetzt erst habe ich allmählich wieder Ruhe und Heiterkeit gefunden, bin geistig gesund geworden ... die böse Zeit voll Zorn und Haß und Selbstmordgedanken liegt hinter mir, immerhin hat sie mein dichterisches Ich ausgebildet; die tollste Sturm- und Drang-Zeit ist glücklich überstanden.* Sein Dichten, das wird in diesem weitschweifenden Brief ergreifend deutlich, steht im Mittelpunkt seines ganzen Denkens. Der Vater, mit eigenen literarischen Arbeiten beschäftigt, interessiere sich

29

nicht dafür. Immerhin verdanke er ihm viel, vor allem Hinweise auf gute Lektüre.

In diesem Jahr der inneren Einsamkeit überfällt Hesse der Rausch des Lesens, und er beginnt der große Leser zu werden, der er zeitlebens geblieben ist. Die Bibliothek der Eltern und des gelehrten Großvaters mit ihren reichen Schätzen steht offen, und der Junge verwendet jede Stunde der Freizeit zum Lesen, ja, beginnt bereits mit einem recht bewußten Studium der Literatur. Die Lektüre soll seinen eigenen Stil üben, hofft er doch *ein ordentlicher Prosaist zu werden*. Und so liest er Goethe und die Romantiker, verschlingt Dickens und Sterne, Swift und Fielding, Cervantes und Grimmelshausen, Ibsen und Zola und immer wieder mit besonderer Liebe Korolenko. Daneben schreibt er Gedichte, zahllose Verse im Stile Eichendorffs und Geibels. Einzelnes davon teilt er Kapff und den einstigen Maulbronner Freunden mit und bittet um kritische Beurteilung. So etwa das Gedicht *Makuscha*, das im Frühjahr 1895 entstand und als eines der ersten veröffentlichten Gedichte ein Jahr später im «Deutschen Dichterheim» erschien. Die erste Strophe lautet:

> *Es war ein Traum. – Vor mir unendlich lag*
> *Das bleiche Meer, verlassen war der Strand;*
> *Der Sturm hat ausgetobt, trüb scheint der Tag*
> *Und Wolkenzüge flattern über's Land.*

Die praktische Lehre bei Meister Perrot, dessen Waldensernamen später einmal der Erfinder der Mechanik des Glasperlenspiels erhalten sollte, ist nach vierzehn Monaten abgeschlossen. Hesse ist ein «praktischer Mensch» geworden und betrachtet die Lehrzeit nicht als verloren, auch wenn er sich nun im Einverständnis mit den Eltern zu einem kaufmännischen Beruf entschließt und sich nach einer Lehrstelle im Buchhandel umsieht. Auf eine Anzeige im «Schwäbischen Merkur» hin meldet sich die Buchhandlung Heckenhauer in Tübingen und bietet eine Stelle für dreijährige Ausbildung im Sortiment, Antiquariat und Verlag.

DER BUCHHÄNDLER

Als Buchhändlerlehrling, nicht als Student, kommt Hesse am 17. Oktober 1895 nach Tübingen. Gegenüber der Stiftskirche, unweit der alten Universität, liegt die Buchhandlung Heckenhauer, in der er nun vier Jahre lang, zunächst als Lehrling, im letzten Jahr als zweiter Sortimentsgehilfe, täglich seine zehn bis zwölf Stunden am Stehpult oder hinter dem Ladentisch steht. Früh um 1/2 8 Uhr beginnt die Arbeit und dauert, von einer einstündigen Mittagspause unterbrochen, bis abends 1/2 8 Uhr. Wie jeder andere Lehrling hat er Bücher zu verpacken und auszutragen, Prospekte zu verschicken, Fakturen zu ordnen, Zeitschriften zu expedieren, die Antiquariatsbestände zu sichten, alte Bücher zu kollationieren und gelegentlich Werbepostkarten an sämtliche evangelischen Pfarrämter Württembergs zu adressieren. Er studiert Messe-Kataloge und

Tübingen am Neckar

wird mit der Zeit auch mit den Geheimnissen buchhändlerischer Buchführung vertraut. Das Schwergewicht des Heckenhauerschen Geschäfts liegt auf den Fächern Theologie, Philologie und Jus. Es besitzt ein umfangreiches, geräumiges Lager und eine eigene Buchbinderei.

Als Geschäftsführer amtiert Carl August Sonnewald. Hesse hat zunächst wenig mit ihm zu tun. *Ich habe heillosen Respekt vor ihm,* schreibt er nach Hause und bemerkt, *er ist sehr gebildet, spricht aber Schwäbisch.* Eigentlicher Herr im Hause und sein Stolz ist der Prokurist Heinrich Hermes, ein damals etwa vierzigjähriger, kenntnisreicher und beredter Mann. Dazu kommen vier weitere Angestellte und zwei

Austräger. Hesses unmittelbarer Vorgesetzter ist ein Herr Straubing. Der neue Beruf läßt zunächst keine Langeweile aufkommen. Hesse findet ihn recht interessant und ist von seiner Arbeit befriedigt. Allerdings stellen sich bald die Kopfschmerzen wieder ein. Das lange Stehen ermüdet und er kommt in der Regel am Abend sehr erschöpft nach Hause.

Die Stadt gefällt mir wohl, berichtet er bereits am Tage seines Eintreffens den Eltern, *besonders, daß ich nicht drin, sondern vor derselben draußen wohne. Eng und winkelig, mittelalterlich romantisch, voll Richter'scher Bildchen, aber auch etwas dunstig und schmutzig. Das Schloß ist prächtig. Vor allem der Schloßberg und die Alleen sind herrlich.*

Während seiner ganzen Tübinger Zeit bewohnt Hesse in der Herrenberger Straße 28 außerhalb der eigentlichen Altstadt ein nüchternes, ödes Erdgeschoßzimmer. Frau Leopold, eine gesprächige Dekanswitwe, ist seine Quartierwirtin. *Sie ist wie aus einem Dickens'schen Roman exzerpiert, beweglich, hinterlistig, sorglich, zum Platzen voll von alten und neuen Geschichten und dabei voll Gutmütigkeit und Liebe.*

Vom ersten selbstverdienten Geld kaufte er sich einen schneeweißen Gipsabguß des Hermes von Praxiteles und begann sein Zimmer, dessen künstlerische Zierde zunächst nur aus einem großen Farbdruck des Königs Karl von Württemberg bestand, mit Bildern auszuschmücken. An die Wände wurden, *teils in großen Photographien, teils in kleinen Ausschnitten aus illustrierten Zeitschriften oder aus Verlagskatalogen mehr als hundert Bildnisse von Männern angenagelt, die ich aus irgendeinem Grund bewunderte, und die Sammlung wuchs während jener Jahre beständig; ich erinnere mich noch wohl, wie ich seufzend die etwas teuren Preise für eine Photographie des jungen Gerhart Hauptmann bezahlte, dessen «Hannele» ich damals gelesen hatte.* Auch zwei Bilder von Nietzsche und die größte Wiedergabe eines Chopin-Bildnisses fanden Aufnahme. *Außerdem war eine halbe Stubenwand, über dem Sofa, auf studentische Art mit einer Anordnung symmetrisch aufgehängter Tabakspfeifen dekoriert.*

Die Tübinger Jahre bilden eine Zeit strenger Selbsterziehung. Nicht in Kollegs und Seminaren, im privaten Studium der knappen Abendstunden versucht Hesse, sich mit zäher Energie seine eigene geistige Welt aufzubauen. *Ich habe,* schreibt er im November 1895 an Kapff, *doch Tage oder wenigstens Stunden, wo mir mein bis jetzt etwas verfehltes Leben, ernster, tiefer, aber zielbewußter und daher glücklicher vorkommt, als seit langer Zeit,* und in einem Brief an die Eltern aus demselben Monat heißt es: *So sehr es mich manchmal nach den Quellen des Wissens zieht, so gerne ich mich zuweilen mit dem bunten Schwarm in die Aula wanderte, im ganzen scheint mir das akademische Treiben doch nicht ganz ideal, sondern eng und lückenhaft wie alles Irdische ... Es muß jeder selber sorgen, daß er lernt und wird, daß er frei wird und sich das Auge bewahrt für's Wahre und Edle.* Die freigeistig glaubenslose Periode seines Lebens hält er für überwunden, und wenn er sich auch nicht zu einem christlichen Gottesglauben bekennen kann, so beseelt ihn doch ein *Glaube an eine ewige Reinheit und Kraft, an eine unvertilgbare sittliche Weltordnung, die das Herz zugleich klein und groß* macht ... *Mir ist dieser Glaube von der Ästhetik, meiner Neigung gemäß ausgegangen.*

Nicht ohne eine Art von Erbauung liest er Mendelssohns «Phädon» und die heiligen Schriften der Bibel, besonders gerne das 1. Buch Mose, dann Jeremias, Prediger und die Psalmen. Vor allem die poetischen Stellen des Alten Testaments ziehen ihn an, und in einem Brief an die Eltern vom 23. Oktober 1895 schreibt er, *nichts habe ihm jemals so ans Herz gegriffen wie die letzten Worte im Kapitel des Predigers: «...wenn der Mandelbaum blühet und alle Lust vergehet – denn der Mensch fahret dahin und die Klageleute gehen umher auf der Gasse.»*

Mein tägliches Gebet ist, daß ich meine eigne innere Welt mir wahre, daß ich nicht verkümm're, heißt es in einem Brief an Kapff, und ihm klagt er im April 1896 auch seine Einsamkeit. Seit mindestens zwei bis drei Monaten sei er Abend für Abend, Sonntag für Sonntag allein. *Seltsam, daß ich seit meiner Schulzeit immer zur Einsamkeit verdammt war, die mir endlich zur Freundin geworden ist. Ich finde keinen Freund, vielleicht wohl weil ich zu stolz bin und nicht werben mag, und seit drei Jahren bin ich gewöhnt, allein zu denken, allein zu singen.*

Aussagen dieser Art sind von Stimmungen abhängig und nicht ganz wörtlich zu nehmen; sie widersprechen auch brieflichen Äußerungen derselben Zeit. Wir wissen, daß Hesse in Tübingen manche der einstigen Schulkameraden aus Göppingen und Maulbronn wiedertraf, daß er ins Stift und zuweilen zu studentischen Kommersen eingeladen war, als Gast an den offenen Abenden im Haus Professor Haerings teilnahm und bald auch in dem Theologiestudenten Eberhard Goes einen Freund gewann, mit dem er während seines ersten Tübinger Jahrs gelegentlich zusammenkam. Dennoch war er Außenseiter und Einzelgänger. Schon seine Stellung als Lehrling und die dadurch sehr beschränkte Freizeit mußte beim Umgang mit den alten und nun so viel freieren Freunden bedrückend sein. Er beginnt sich mehr und mehr zurückzuziehen und mit seinen abendlichen Stunden zu geizen. *Jede Stunde scheint mir verloren, die ich nicht über guten Büchern oder Zeitschriften hinbringe ... Die versäumten Augenblicke haben mir nie schwerer gewogen als jetzt.* Die Welt der Bücher, der Dichtung, in die er sich vergräbt, ersetzen Freunde und Geselligkeit, und ohne Lehrer, ohne nähere Bekannte, ohne viel sonstige persönliche Anregung, baut er sich sein eigenes geistiges Reich auf. *Die Tagesarbeit ermüdet wohl, weckt aber auch das Verlangen, den Staub abzuwaschen und verdoppelt den Reiz geistigen Genusses ... Eigentlich ist es doch die private Arbeit, die mir das Leben wert macht, mein bischen Studieren.* Er resigniert nicht, die Widerstände reizen, ja, er erklärt, daß er bei gänzlicher Freiheit kaum mehr studieren werde.

Im Mittelpunkt dieses autodidaktischen Studiums steht die Lektüre Goethes. Berauscht und besessen liest Hesse lange Zeit kaum etwas anderes als Goethe. *Merkwürdig hat sich mein Lernen und Urteil erleichtert, seit ich mich zu Goethe schlug und damit einen bestimmten Standpunkt für die Beurteilung gewann. Ein Gefühl der Sicherheit* gibt ihm Goethe, Goethe *erzieht,* Goethe *lehrt Harmonie.* Er verliebt sich in «Reinecke Fuchs»; «Wilhelm Meister» und «Dichtung und Wahrheit»,

Der Einundzwanzigjährige

nicht jedoch der «Faust», werden ihm zum literarischen Evangelium. Auch mit Goethes Leben, seinen Briefen, den Gesprächen mit Eckermann, beschäftigt er sich, und von Goethe ausgehend mit Lessing, mit Schiller, mit der griechischen Mythologie, mit Vergil und Homer. *Unter allen deutschen Dichtern ist Goethe derjenige, dem ich am meisten verdanke, der mich am meisten beschäftigt, bedrängt, ermuntert, zu Nachfolge oder Widerspruch gezwungen hat,* bekannte Hesse 1932 in seinem Aufsatz *Dank an Goethe.*

Am 2. Oktober 1898, soeben zum Buchhandlungsgehilfen avanciert und damit finanziell erstmals auf eigenen Beinen stehend, schreibt er den Eltern: *Mich betrübt, außer allem großen Unrecht, das ich Euch abzubitten habe, im Grunde nur das, daß ich schließlich in einem kauf-*

männischen Beruf mündete, nachdem ich einen besseren mir selbst verdarb. Je ruhiger ich werde und je mehr ich mich bemühe, meinem Berufe Liebe und Fleiß zu widmen, desto gewisser wird mir seine relative Niedrigkeit – es ist eben Kauf und Verkauf ... Abends flüchte ich mich vom Äußren der Bücher in's Innere und betreibe planmäßig literaturhistorische und überhaupt geistesgeschichtliche Studien, die wie ich hoffe, sich später werden verwerten lassen.

Es ist die Welt der Romantiker, die ihn nun gefangen hält. Er liest Brentano, Eichendorff, Tieck, Schleiermacher und Schlegel, studiert ihre Briefe, trachtet danach, sich in den Literaturgeschichten Überblicke zu verschaffen, und wird vor allem von Novalis bezaubert. Ich halte ihn für den edelsten Dichter der ganzen neueren deutschen Poesie, darum daß er nie ein Wort geschrieben hat, das bloß Wort und Zierat, Phrase ward. Diese völlig einseitig betriebene literarische Selbstbildung – auch die einst so geliebte Geige wird nur mehr selten angerührt – versetzt den einsamen und in sich versponnenen Leser immer tiefer in ein wirklichkeitsfernes Traumreich. Er konstruiert sich ein ästhetisches Weltbild, eine Art poetischen Pantheismus, und mag er auch den besorgten Eltern in Briefen zugestehen, daß der Glaube der Christen eine starke, lebendige Macht bedeute, so ist doch sein Glaube die Welt der Schönheit, die sich in den Werken der Dichter offenbart. Schon im Oktober 1897 erklärt er: Ich bin schlechterdings seit langem des festen Glaubens, daß die Moral für Künstler durch die Ästhetik ersetzt wird. Dieser gefährliche und gefährdende, zunächst auch noch reichlich unausgegorene Ästhetizismus bildet den geistigen Hintergrund von Hesses ersten Dichtungen. Er beherrscht vor allem Eine Stunde hinter Mitternacht, auch noch Teile des Hermann Lauscher und wird erst im Peter Camenzind allmählich überwunden.

Hinter der Lektüre, im gleichsam geheiligten Innenraum der abendlichen Arbeitsstunden, stehen die eigenen dichterischen Versuche. Nicht allzuviel hat sich davon erhalten, immerhin glückt es Hesse nun ab und zu, einige seiner Gedichte in Zeitschriften unterzubringen, und er ist stolz, von den ersten kleinen Honoraren berichten zu können. Das Gedicht Madonna, 1896 im 5. Heft des «Deutschen Dichterheims», einem in Wien erscheinenden «Organ für Dichtkunst und Kritik», veröffentlicht, ist wahrscheinlich sein erstes gedrucktes Gedicht. In den folgenden Heften und Jahrgängen dieser Zeitschrift finden sich weitere. Manche davon wurden später in die Romantischen Lieder übernommen, doch scheint Hesse sehr viel mehr Gedichte eingesandt zu haben, als publiziert wurden. Dies beweist die recht originelle Briefschalter-Ecke des «Dichterheims», in der zu abgelehnten Beiträgen Stellung genommen wurde. Hier heißt es zum Beispiel einmal: «H-n H-e in T-n: Wer wird aber auch so menschenhasserisch sein? In zwanzig Zeilen gleich zweimal ‹Ekel› über die ‹Menge› zu empfinden und auszusprechen! ... Schade um die zwei hübschen Schlußstrophen, die eine gelungenere Einleitung und Fortsetzung verdienen würden!»

Charakteristisch für Hesses damaliges Denken sind seine Bemerkungen über Chopin, die er den Eltern im September 1897 mitteilt, nachdem sie, begreiflicherweise, gewisses Mißfallen an seinem Chopin-Gedicht

geäußert hatten. *Was für Nietzsche Wagner war, ist für mich Chopin –
oder noch mehr. Mit diesen warmen, lebendigen Melodien, mit dieser
pikanten, lasciven, nervösen Harmonie, mit dieser ganzen so ungemein
intimen Musik Chopins, hängt alles Wesentliche meines geistigen und
seelischen Lebens zusammen. Und dann bestaune ich an Chopin eben
immer wieder die Vornehmheit, die Zurückhaltung, die vollendete Souveränität seines Wesens. An ihm ist alles adlig, wenn auch manches de-
generiert.*

Kapff gegenüber bezeichnet Hesse seine dichterischen Versuche einmal etwas selbstironisch als *lyrische Nippes und Stoßseufzer*. Wie ernst
es ihm aber damit war, beweisen seine intensiven Bemühungen um die
Gesetze der Sprache, um Prosodie und Poetik. Es ist eine *eigenartig rei-
zende Beschäftigung, den Gesetzen sprachlichen Wohlklangs, den jeder
exakten Forschung entrückten Rätseln der inneren Rhythmik nachzu-
gehen, bis auf jene geheimnisvollen Gebiete, wo dunkel und ahnend im
ewigen Werden das liegt, was ich «Gesetze der Stimmung» nennen
möchte.*

Als erste selbständige Veröffentlichung erschien im Herbst 1898 im
Verlag E. Pierson in Dresden, bei dem so manche junge Dichter ihre
Erstlinge mehr oder weniger auf Selbstkosten verlegt haben, das Bänd-
chen *Romantische Lieder*. Die Auflage betrug 600 Exemplare; bis zum
Januar 1900 waren erst 54 verkauft. Novalis gab das Motto:

> Seht, der Fremdling ist hier, der aus demselben Land
> Sich verbannt fühlt wie ihr, traurige Stunden sind
> Ihm geworden; es neigte
> Früh der fröhliche Tag sich ihm.

An die Schönheit ist der Titel des ersten Gedichts, dessen dritte Strophe lautet:

> *Tänze und Gefahren sanken
> In den dunklen Fluß der Zeit,
> Ohne Nähen, ohne Schranken
> Wölbt sich meine Einsamkeit.
> Grün und Gold und Himmel schwand;
> Überm Ufer meiner kranken
> Seele liegt mein Heimwehland.*

Bilder und Töne der Sehnsucht, des Heimwehs, einer müden Trauer
und Schwermut herrschen in diesen Gedichten vor. Es sind Träume eines einsamen und empfindsamen Herzens, das sich in der Welt nicht
zurechtfindet und sich nun der Klage und dem Verzicht ergibt. Die
Form der Gedichte läßt eine starke Begabung und artistisches Können,
vor allem ein bereits sehr ausgeprägtes Gefühl für Sprachmelodie und
Rhythmus erkennen, und mögen unschwer Vorbilder nachgewiesen
werden können, so zeigen doch einzelne Gedichte und Strophen schon
den durchaus eigenen Klang. Der Mutter gegenüber, die das Manuskript
gelesen und sorgenvoll Kritik geäußert hatte, rechtfertigt sich Hesse in
dem Brief vom 2. Dezember 1898: *Die «romantischen Lieder» tragen*

schon im Titel ein ästhetisches und ein persönliches Bekenntnis. Ich nehme es als Abschluß einer Periode und glaube, daß auf mein ferneres Dichten von ihnen aus kein Schluß zulässig ist. Das Manuskript ist seit Frühjahr fertig, – eben seither bin ich einsamer, stiller, klarer geworden ... Die Redaktion, die Aufnahme einzelner und Weglassung anderer Lieder glaubte ich, nach sehr langem Besinnen, von nichts Persönlichem abhängig machen zu dürfen. Das Büchlein sollte kein Kunterbunt, sondern ein Ganzes, eine Reihe von Tönungen und Variationen desselben romantischen Grundmotivs werden.

Eine Stunde hinter Mitternacht heißt ein Gedicht der Romantischen Lieder. Dieser Titel gab dem zweiten Buch Hesses, einer Sammlung von neun kurzen Prosastücken den Namen, das von W. Drugulin sorgfältig gesetzt und gedruckt, im Sommer 1899 im Verlag Eugen Diederichs in Leipzig erschien. Hesse verdankte die Annahme des Manuskripts wohl hauptsächlich der Befürwortung von Helene Voigt-Diederichs, der jungen Frau des Verlegers. Sie hatte sich im November 1897 eines Gedichtes wegen, das ihr gefiel, an ihn gewandt und eine Korrespondenz begonnen, die für Hesses Entwicklung in diesen Tübinger Jahren sehr kennzeichnend ist. Immer wieder schickte er der «bekannt-unbekannten» Freundin auch Gedichte, und der briefliche Dialog bezeugt, trotz der so verschiedenartigen Herkunft beider, gemeinsame Neigungen und Interessen. Zu einer persönlichen Begegnung ist es allerdings nie gekommen.

Diederichs versprach sich vom geschäftlichen Erfolg des Buches Eine Stunde hinter Mitternacht wenig, von seinem literarischen Wert aber war er überzeugt. Er schlug eine Auflage von 600 Stück vor und erklärte: «Daß ich sechshundert absetze, darauf rechne auch ich nicht, aber ich hoffe, daß es schon durch die Ausstattung allein auffallen wird und der unbekannte Name des Autors dadurch paralysiert wird.»

Im Geleitwort zu einer späteren Ausgabe des Buches schrieb Hesse 1940: Was den Titel meines ersten Prosabuches betrifft, so war seine Bedeutung mir selbst wohl klar, nicht aber den meisten Lesern. Das Reich, in dem ich lebte, das Traumland meiner dichterischen Stunden und Tage, wollte ich damit andeuten, das geheimnisvoll irgendwo zwischen Zeit und Raum lag, und ursprünglich sollte es «Eine Meile hinter Mitternacht» heißen, doch klang mir das gar zu unmittelbar an die «Drei Meilen hinter Weihnachten», des Märchens, an. So kam ich auf die «Stunde hinter Mitternacht» ... In den Prosastudien ... hatte ich mir ein Künstler-Traumreich, eine Schönheitsinsel geschaffen, sein Dichtertum war ein Rückzug aus den Stürmen und Niederungen der Tageswelt in die Nacht, den Traum und die schöne Einsamkeit, und es fehlte dem Buch nicht an ästhetenhaften Zügen.

Rilke hat in einer Besprechung lobend auf das Buch hingewiesen: «An seinen besten Stellen ist es notwendig und eigenartig. Seine Ehrfurcht ist aufrichtig und tief. Seine Liebe ist groß und alle Gefühle darin sind fromm: es steht am Rande der Kunst ...» Die Abhängigkeit von Maeterlinck, die Wilhelm von Scholz vermerkte, wurde von Hesse anerkannt. Er gab zu, daß die Gefahr einer etwas kränklichen Form der «Introversion» damals auch für ihn und seine Dichtungen bestanden habe. Das Freiexemplar des Buches, das er der Mutter geschickt hatte, forderte er erbittert zurück. Er fand kein Verständnis, nur Bedenken bei ihr, deren Welt eine andere war: «Deinen Brief habe ich mich nun entschlossen, nicht und niemals zu beantworten.»

Während der beiden letzten Tübinger Jahre schloß sich Hesse einem kleinen Freundeskreis an, der sich «petit cénacle» nannte und zu dem außer ihm drei Studenten der Jurisprudenz gehörten. Einer davon ist Ludwig Finckh, ein *begabter, recht wohlhabender, aber in seltener Weise bescheidener und liebenswürdiger Mensch. Er hat literarische, aber zumeist künstlerische Interessen ... Einige Verse und Skizzen von ihm haben ungemein viel Zartheit, Duft und Stimmung ...* Carlo Hamelehle, der zweite, ist *leidenschaftlich voll von Fragen ohne Antwort, Jurist und Philosoph,* und Oskar Rupp, *ein ruhiger, sehr fleißiger, abgeklärter Mensch; er hört mehr zu als er spricht, und fehlt einem doch, wenn er nicht da ist. Wir 4 kommen ziemlich jede Woche einen Abend von ¹/₂8 bis 11 Uhr beim Bier zusammen, gar nicht studentisch und doch fröhlich.* Später stoßen noch Schöning und Otto Erich Faber zu dem Kreis. Am nächsten steht ihm Finckh, der bald die Jurisprudenz an den Nagel hängt und Medizin studiert.

Am 31. August 1899 bescheinigte Sonnewald seinem Gehilfen Hesse, daß er sich «stets fleißig, treu und ehrlich erwiesen» und «gediegene Kenntnisse» erworben habe und daß ihm «sein bescheidenes Auftreten und sein redlicher Charakter ... die Wege in ganz besonderem Maße ebnen» werde. Hesse verließ Tübingen, aber bevor er nach Calw zurückkehrte und dann von dort aus eine neue Stelle antrat, verbrachte er im August 1899 zusammen mit den Freunden des «petit cénacle» einige frohe und ausgelassene Ferientage im nahen Kirchheim am Fuß der Schwäbischen Alb. Dort lernte er «Lulu», die junge Julie Hellmann, eine Nichte des Kronenwirts, kennen. Sie wurde von der Freundesrunde umschwärmt und bedichtet, und Hesse fühlte, *wie er selbst statt Ab-*

*schied zu nehmen und zu reisen, sich mit jeder Stunde enger vom Netz
dieses Liebesmärchens umstricken ließ.* Ludwig Finckh hat später die
Tage geschildert und in dem den Geist E. T. A. Hoffmanns beschwören-
den Lulu-Kapitel des *Hermann Lauscher* wie auch in einigen Gedichten
hat die wehmütig-heitere Kirchheimer Episode ihre poetische Verklä-
rung gefunden.

*Ich hatte keinen anderen Wunsch, als wieder nach Basel zu kommen; es
schien dort etwas auf mich zu warten, und ich gab mir alle Mühe, als
junger Buchhandlungsgehilfe eine Stelle in Basel zu finden. Es gelang,
und im Herbst 1899 kam ich wieder in Basel an, mit Nietzsches Werken
(soweit sie damals erschienen waren) und mit Böcklins gerahmter To-
teninsel in der Kiste, die meine Besitztümer enthielt. Ich war kein Kind
mehr und glaubte mit dem Basel der Kindheit und dem Missionshaus
und seiner Atmosphäre nichts mehr zu tun zu haben; ich hatte schon
ein kleines Heft Gedichte veröffentlicht, hatte Schopenhauer gelesen
und war für Nietzsche begeistert. Basel war für mich jetzt vor allem die
Stadt Nietzsches, Jacob Burckhardts und Böcklins.*

Nicht die Zentren neuen literarischen Lebens, Berlin und München,
zogen Hesse an, sondern die Stadt alter Geschichte und hoher Kultur.
Die sehr bewußt getroffene Entscheidung, die fast mehr der Antiquar
als der Dichter vollzogen zu haben scheint, wurde bestimmend für sein
künftiges Schicksal.

Beruflich ändert sich zunächst nicht viel. Als Sortimentsgehilfe sieht
sich Hesse wieder hinter Schreibpult und Ladentisch gestellt. Er expe-
diert Journale, ordnet Buchlager und Karteien, frankiert Post und führt
die kleine Ladenkasse. Zusammen mit fünf Kollegen und einem Lehrling gehörte er nun zur Belegschaft der Reich'schen Buchhandlung.

Basel ist ihm zwar von Kinderjahren her noch in manchem vertraut,
doch nun erschließt ihm die Stadt eine neue Welt und weitet seinen

Blick. Verbindungen der Eltern öffnen ihm die Türen zu einigen der bedeutendsten Familien.

... an einem der ersten Basler Sonntage suchte ich nun, recht schüchtern, das Haus des Historikers und damaligen Staatsarchivars R. Wakkernagel auf, den «hinteren Württemberger Hof» am Brunngäßli, wohin mich mein Vater empfohlen hatte. Ich wurde dort, und bald darauf auch bei Jakob Wackernagel in der Gartengasse, überaus freundlich empfangen, und bald hatte ich neben meiner Arbeit und meinen Kollegen einen lebhaften Verkehr mit mehreren Basler Familien, die alle der Universität nahestanden und wo ich auch die meisten jüngeren Gelehrten kennenlernte. Am häufigsten sah ich Joël, Wölfflin, Mez und Bertholet, auch Joh. Haller.

Hier aber war alles getränkt vom Geist, vom Einfluß und Vorbild eines Mannes, der einige Jahrzehnte lang dem geistigen Basel als Lehrer und in kulturellen Dingen als arbiter elegantiarum gedient hatte. Er hieß Jacob Burckhardt und war erst vor wenigen Jahren gestorben. Ich war auch damals schon sein Leser, gewiß, ich hatte schon in Tübingen die «Kultur der Renaissance» gelesen und in Basel den «Konstantin», aber ich war noch allzutief von Nietzsche bezaubert, um seinem direkten Einfluß ganz offen zu stehen. Desto stärker war der indirekte: ich lebte, ein lernbegieriger und aufnahmebereiter junger Mensch, inmitten eines Kreises von Menschen, deren Wissen und Interessen, deren Lektüre und Reisen, deren Denkart, Geschichtsauffassung und Konversation von nichts und niemand so stark beeinflußt und geformt waren wie von J. Burckhardt.

Gegen Ende seines Lebens hat Hesse einmal bekannt, daß zu den drei starken und lebenslänglich nachwirkenden Einflüssen, die ihn *erzogen, geprägt und gebildet* hätten, *der christliche und nahezu völlig un-nationalistische Geist* des elterlichen Hauses, die *Lektüre der großen Chinesen* und nicht zuletzt der *Einfluß des einzigen Historikers, dem ich je mit Vertrauen, Ehrfurcht und dankbarer Jüngerschaft zugetan war: Jacob Burckhardt,* gehörten.

Im Hause des Archivars und Stadtgeschichtsschreibers Wackernagel findet Hesse ein Stück Heimat, und dort wie bei den Musikabenden der Familie La Roche lernt er die lebendige Geistigkeit alter Kultur und eine höhere Art gepflegter Geselligkeit kennen. Zugleich erschließt ihm Basel die Welt der bildenden Kunst und öffnet die Augen für das sinnenhaft Schöne. Fast täglich geht er zum Münster, viele Stunden verbringt er in der Kunsthalle und schreibt den Eltern: *Überhaupt hat das stetige Umgebensein von Werken der bildenden Kunst mir unsäglich wohl getan, – als hätte ein ganzer Teil meines Innern bisher geschlafen und spürte nun den aufweckenden Sonnenschein auf den Lidern ... Die letzten Jahre einseitigster Bücherarbeit und literarische Genüsse hatten mich nach dem sinnlich Schönen arg durstig gemacht ... Mein Tisch und Bett liegt voll kleiner Kunstblätter, Reproduktionen von Renaissance-Bildern, mit deren Beschneiden und Aufziehen ich den ganzen Tag zubrachte.*

Die besondere Liebe gilt den Werken Böcklins; immer wieder besucht er den Böcklin-Saal des Museums, beeindruckt vor allem von dem Bild

«Vita somnium breve». *Es befriedigt ebensosehr meinen sehr modernen Farbensinn, wie meine altmodische Freude am Bedeutsam-Allegorischen.*

Langsam bildet sich ein neues Verhältnis zur Wirklichkeit. Hesse wird seiner selbst sicherer. Sein eigenes Bewußtsein klärt sich, und am 12. Dezember 1899 schreibt er an Finckh: *Wir haben unser Ziel gefunden, mit heißen Opfern. Du weißt, ich bin hier in Basel in einem Antiquariat und verkaufe alte, kostbare Bücher. Aber ich bin daran, neue zu schreiben, die noch keiner geschrieben hat. Die Romantik ist verflogen und Lulu glänzt nur noch wie ein heiliger Stern am Himmel. Auch ich habe Freunde gefunden, und Du mußt bald einmal zu uns herüber kommen nach Basel, nach Riehen, zu Wackernagels, zu Laroches, auf der Rheinbrücke stehen und den Strom rauschen hören.*

Ich stehe hier zwischen Beruf, Privatarbeit und Geselligkeit in einem recht glücklichen, aber sehr ausgefüllten und angespannten Leben, heißt es in einem Brief an die Eltern, und nach dem ersten Basler Jahr teilt er ihnen mit: *Dann aber ist mein inneres Leben, zusammen mit meinen literarischen Plänen, allmählich zu einer Klarheit und Zielbewußtheit gekommen, die mir über alles weghilft. So hemmend und schmerzlich ich es auch oft empfinde, ich habe bis jetzt kein an Gedanken, Selbstbetrachtung, Entschlüssen und Abschlüssen so reiches Jahr gehabt, wie das vergangene ... Mir liegt vor allem daran, nach so viel Hast und Zersplitterung wieder einmal zu einem wohligen Lebens- und Jugendgefühl zu kommen und meine etwas verstaubte, auch vergewaltigte Existenz von innen und außen abzubürsten und zu sonnen, was ich körperlich und geistig nötiger habe als ich mir selber zugestehen mag.*

Das Erlebnis der Kunst und Geschichte verbindet sich mit einem neuen Erleben der Natur. Natur und Tradition bleiben seitdem die großen helfenden Mächte, die sein Leben geleiten. Hesse erwandert sich die Schweiz, zuerst vor allem die Gegend um den Vierwaldstätter See. Sonntägliche Ausflüge führen in den Jura, den südlichen Schwarzwald, größere Fahrten und Wanderungen im Sommer wie Winter ins Berner Oberland nach Grindelwald und zum Gotthard. Besonders aber liebt er es, auf dem See bei Vitznau und Brunnen zu rudern, stundenlang im Nachen zu liegen, das Spiel der Farben zu beobachten und den Schmetterlingen und Wolken nachzuträumen. *Ich kreuze den ganzen Tag im Boot auf der Fläche und in den Buchten umher. Ein leichtes Kielboot, für die Ruhepausen eine Zigarre und ein Band Plato, sowie Rute und Angelzeug, das ist meine Ausrüstung.* Die politischen und sozialen Probleme der Gegenwart berühren ihn nicht, Politik und Gesellschaft glaubt er negieren zu können, und sein Wunsch ist es, fern *dem ganzen Schwindel unseres modernen Lebens* irgendwo in einem italienischen Nest als unabhängiger Privatmann leben zu können. Mit einer etwas ironischen Mischung von Selbstbewußtsein und Koketterie schreibt er im Januar 1903 an den Schweizer Schriftsteller Paul Ilg: *Daß ich vom politischen Denken und Wirken völlig unbefleckt bin, versteht sich von selbst; ich habe nie eine Zeitung gelesen.*

Im März 1901 reiste Hesse nach Italien. *Es war meine erste italienische Reise, auf die ich mich lange gefreut und auf die ich lange gespart hatte. Zuerst war ich über Mailand nach Florenz gefahren, hatte ein paar Wochen in Toskana zugebracht, Bologna und Ravenna besucht und war nun nach einem kurzen Aufenthalt in Padua nach Venedig gekommen ... Wie schmal ging es da zu, wie abhängig war ich vom Soldo, wie ängstlich rechnete ich den Rest meiner italienischen Tage mir oft am Rest meiner kleinen Barschaft vor! Aber es ging doch immer noch eine Woche, und je sparsamer ich lebte, desto vergnügter war ich eigentlich, da ich dabei Venedig weit besser kennenlernte als die wohlsituierten Gondelfahrer.*

Die abendlichen Stunden gehören der Literatur, nun vornehmlich der Lektüre kunstgeschichtlicher Werke und dem eigenen Schreiben und Dichten. Kleinere Aufsätze, Gedichte und Rezensionen werden da und dort veröffentlicht. Hesse tritt mit Hans Trog, einem Redakteur der «Allgemeinen Schweizer Zeitung» in Verbindung, und 1901 erscheinen im Verlag der Reich'schen Buchhandlung, in der er tätig ist, die *Hinterlassenen Schriften und Gedichte von Hermann Lauscher*. Das schmale, von Hesse in der Maske des Herausgebers dargebotene Bändchen zählt 84 Seiten und wird nur in kleinster Auflage gedruckt. Doch wird das Buch, vermehrt um die Stücke *Lulu* und *Schlaflose Nächte*, unter dem Titel *Hermann Lauscher* 1907 erneut vorgelegt. Der *Lauscher*, der, wie Hesse später einmal sagte, *ein Versuch war, mir ein Stück Welt und Wirklichkeit zu erobern und den Gefahren einer teils weltscheuen, teils hochmütigen Vereinsamung zu entkommen*, bedeutet einen Schritt über *Eine Stunde hinter Mitternacht* hinaus. Viele der Formen, Themen und Töne, die sich im späteren Werk entfalten und zu vollem Klang kommen, finden sich hier zum erstenmal. Mit Recht wurde der *Lauscher* ein Bekenntnisbuch genannt, denn er enthält außer der schon erwähnten Schilderung der Basler Kinderzeit als wichtigstes Stück das *Tagebuch 1900*. Diese Aufzeichnungen, am 7. April beginnend und bis zum Herbst führend, geben ein ungeschminktes Bild von Hesses labiler seelischer Verfassung zu jener Zeit, sie sind Zeugnisse leidenschaftlicher Selbsterforschung, aber auch bereits fortschreitender künstlerischer Gestaltungskraft. Zwischen dem hohen, stolzen Bild der Elisabeth, einer Tochter La Roche, die er aus der Ferne scheu verehrt, und dem «Klub der Entgleisten», der sich in den Basler Schenken herumtreibt, zwischen schwermütigen Träumen um Vergänglichkeit und einer überwachen, sich selbstquälerisch sezierenden Bewußtheit schwankt das Pendel hin und her. Auflösen möchte er seine *ganze schwerblütige Art* und *als Seifenblase ins Blaue blasen*. Aber noch sind die blassen, welken, herbstlichen Farben und Töne bestimmend; der Dichter träumt von der schönen Frau, die auf dem *Veilchenstraußflügel* die *Nocturne in Es-Dur von Chopin* spielt, erschauert in Weltschmerz und Weltmüdigkeit und erinnert sich *an den großen Wechsel, an die Unsicherheit des Grundes, auf dem wir bauen, an den Tod, an die unzähligen mühsamen Wege, die wir unnützerweise gegangen sind.* Der Kult des Ästhetizismus, das Spiel mit Ironie und Weltverachtung, typisch für diese fin de siècle-Stimmung, sind noch nicht überwunden. Und doch weiß Hesse – schon klingt zum erstenmal das Stufenmotiv an –, *wenn irgendwo, so liegt für mich Lust und Sinn des Lebens im Fortschreiten, im immer bewußteren Klarlegen und Durchdringen der Wesenheit und Gesetze des Schönen.*

Einzelne Skizzen des Tagebuchs sind von großer formaler Schönheit und zeigen bereits den Meister stimmungsvoller Naturschilderungen. Hesses Sprache ist sinnlicher geworden, und man spürt, wie sehr er sich darum bemüht. *Kann man sich einen sprachlichen Pointillisten denken?* fragt er sich . . . *was ist Blaugrün? Was ist Perlblau? Wie läßt sich das leise Überwiegen etwa des Gelb, des Kobaltblau, des Violett aussprechen? – und doch liegt in diesem leisen Überwiegen das ganze süße Geheimnis einer Stimmung, einer beglückenden Kombination beschlossen.* In *Drei Zeichnungen*, zarten lyrischen Impressionen in Prosa, die 1901 am Vierwaldstätter See entstanden, doch erst Jahre später veröffentlicht wurden, finden sich auch schon die beliebten Motive Schmetterling und Wolke.

Hesse, der mit seinen Dichtungen nur den Einzelnen, nicht die Menge ansprechen wollte und auf Publizität wenig Wert legte, pflegte bis ins hohe Alter bestimmte Gedichte selbst handschriftlich zu vervielfältigen und sie einem kleinen Kreis von Freunden zu übergeben. Zum erstenmal begegnet diese Übung während der Basler Zeit. Von zwei in *diesem Jahr vollendeten Dichtungen, wird nur eine der Öffentlichkeit übergeben*, schreibt er in einem Brief an seinen nächsten Bekannten, *die andere* (es handelt sich um die Gedichte *Notturni*) *handschriftlich einer ganz kleinen Zahl, namentlich eingeladener Gönner überreicht . . . Diese intime Art der Mitteilung . . . gewährt mir den Vorteil, meine Dichtung unberührt von vermittelnder Mechanik, der Spekulation des Handels und dem Geschwätz der Presse entzogen und nur von wohlgesinnten gelesen zu wissen.*

Im Juli 1900 hatte sich Hesse beim Bezirksamt in Lörrach zur Musterung zu stellen. Er wird wegen hochgradiger Kurzsichtigkeit für dienstunfähig erklärt und dem Landsturm zugeteilt. Dieser Bescheid bedeutete eine Erleichterung. Es drängte ihn nicht im mindesten zu Militärdienst

Mit den Eltern (1899)

und Waffenübungen. Aber die Schwäche der Augen – «beidseitiger Bügelmuskelkrampf, linkes Auge geschwächt», lautete im Juli 1902 die amtliche Diagnose – wurde zu einem quälenden Leiden, das ihn durch das ganze Leben begleitete und sich nur zu häufig mit starken Nerven- und Kopfschmerzen verband, Schmerzen, an denen auch der Vater zeitlebens gelitten hatte.

Um etwas mehr Freiheit für seine literarischen Arbeiten zu haben, kündigt Hesse seine Stelle in der Reich'schen Buchhandlung und tritt nach einem längeren Aufenthalt in Calw am 1. September 1901 in das Antiquariat des Herrn Wattenwyl im Pfluggäßlein ein. Der altmodische, schwerfällige Geschäftsbetrieb bei einem Manne, der mehr Liebhaber als Kaufmann ist, stört ihn keineswegs. Zudem findet er in dem ihm vorgesetzten Antiquar Julius Baur nicht nur einen der kundigsten und bedeutendsten Vertreter seines Fachs, sondern einen *der reinsten, gutartigsten, wahrhaftigsten und liebenswertesten Menschen*, den er je kennenlernen sollte. Gleichsam dem Dichter unbewußt ging Baur, wie später in den *Beschwörungen* mitgeteilt wird, in die Gestalt des Fährmanns Vasudeva in *Siddhartha* ein.

Das Monatsgehalt, das Hesse in diesem Antiquariat bezog, betrug nicht mehr als 100 Franken. Davon das Leben zu fristen war unmöglich, aber durch die Honorare, die er nun für seine Gedichte und für Aufsätze über seine italienische Reise von verschiedenen Zeitschriften und Zeitungen erhielt, gelang es, ohne Schulden durchzukommen. Daher schlug er auch nach längerem Zögern im März 1902 das an sich verlockende Angebot einer Assistentenstelle am Buchgewerbemuseum in Leipzig aus. *Die größere Bewegungsfreiheit und das Leben in der ... so heimisch gewordenen Schweiz*, schienen ihm die Vorteile der Leipziger Stelle nicht aufzuwiegen. Kontakte zu den Literaten seiner Zeit interessierten ihn nicht, selbst zu den Schriftstellern der Neuromantik suchte er keine persönliche Verbindung. Näher als die Zeitgenossen standen ihm, dem Rückwärtsgewandten, die Dichter der deutschen Romantik und die italienischen Novellisten der Renaissance.

In demselben Jahr 1902 erscheint als dritter Band der von Carl Busse in der Grote'schen Verlagsbuchhandlung Berlin herausgegebenen Reihe «Neue Deutsche Lyriker» eine größere Gedichtsammlung Hesses. Die Gedichte, nahezu 200 an der Zahl, sind thematisch geordnet. *Von Wanderungen, Buch der Liebe, Irrweg, An die Schönheit, Süden, Zum Frieden* lauten die Gruppentitel. In seinem wohlwollenden, werbenden Vorwort schreibt Busse, daß die neuromantische Richtung der gegenwärtigen Literatur mit Hesse eines ihrer stärksten und eigentümlichsten Talente gewonnen habe und daß, mag man auch bei Lenau oder Verlaine verwandte Stücke finden, der Dichter seine poetische Sonderart wahre. Zu den stärksten, ja, erstaunlichsten Gedichten dieser frühen, in sich sehr ungleichen Sammlung gehört das später von Schoeck vertonte erste *Ravenna*-Gedicht.

> *Ich bin auch in Ravenna gewesen.*
> *Ist eine kleine tote Stadt,*
> *Die Kirchen und viel Ruinen hat,*
> *Man kann davon in den Büchern lesen.*

Du gehst hindurch und schaust dich um,
Die Straßen sind so trüb und naß
Und sind so tausendjährig stumm
Und überall wächst Moos und Gras.

Das ist wie alte Lieder sind –
Man hört sie an und keiner lacht
Und jeder lauscht und jeder sinnt
Hernach daran bis in die Nacht.

Der Gedichtband ist der Mutter gewidmet. Aber sie sollte das Erscheinen des Buches nicht mehr erleben. Am 24. April 1902 erlag sie einem langen und schweren Leiden. *Wenn ich mich klar besinne,* schrieb Hesse ein Jahr nach ihrem Tode, *so verdanke ich das Beste, was ich geistig besitze, unserer lieben Mutter, die ich immer und immer wieder lebendig um mich fühle.*

Eines Tages erhielt Hesse völlig überraschend einen Brief von Samuel Fischer mit der Bitte, ihm Beiträge für seinen Verlag anzubieten. Paul Ilg hatte den einflußreichen Verleger moderner Dichtung auf den *Hermann Lauscher* aufmerksam gemacht. In seiner Antwort erklärte Hesse am 2. Februar 1903: *Daß meine Schriften rein persönliche Versuche sind, intime Dinge in moderner Form auszusprechen, daß sie daher zu erheblichen Bucherfolgen wohl nicht geeignet sind, brauche ich wohl kaum zu betonen. Ich schreibe nicht sehr viel und nur aus persönlichstem Bedürfnis.* Im Augenblick kann er Fischer nichts schicken, aber er verspricht ihm *eine kleine Prosadichtung,* an der er seit einiger Zeit arbeitet. Es ist der *Peter Camenzind,* der 1903 als Vorabdruck in der «Neuen Rundschau», 1904 als Buch erscheint und den Namen des unbekannten Autors schlagartig berühmt macht, ihm mit dem Signum des gewichtigen Verlags den Eintritt in die große Literatur eröffnet.

Mit der Geschichte des Bauernburschen Camenzind aus Nimikon überwand Hesse die depressive Schwermut der Lauscher-Zeit. Ein gesünderer, robusterer, jüngerer Dichter führt gleichsam die Feder. Mögen das Natürliche und Naive auch ein wenig überbetont sein und die Kritik an Zeit, Gesellschaft und Zivilisation auf recht schwachen Beinen stehen, die ursprüngliche Kraft der Naturschilderungen, von Bergen, Wolken und Meer, der mächtige Rhythmus der Sprache und das Ethos des Buches verfehlten ihre Wirkung nicht und verhalfen ihm zu einem für den Autor ganz unerwartet starken Erfolg. *Ich hatte,* sagte Camenzind-Hesse, *wie man weiß, den Wunsch, in einer größeren Dichtung den heutigen Menschen das großzügige, stumme Leben der Natur nahe zu bringen und lieb zu machen. Ich wollte sie lehren, auf den Herzschlag der Erde zu hören, am Leben des Ganzen teilzunehmen und im Drang ihrer kleinen Geschicke nicht zu vergessen, daß wir nicht Götter und von uns selbst geschaffen, sondern Kinder und Teile der Erde und des kosmischen Ganzen sind. Ich wollte daran erinnern, daß gleich den Liedern der Dichter und gleich den Träumen unsrer Nächte und Ströme, Meere, ziehende Wolken und Stürme Symbole und Träger der Sehnsucht sind, welche zwischen Himmel und Erde ihre Flügel ausspannt und deren Ziel die zweifellose Gewißheit vom Bürgerrecht und von der Unsterblichkeit alles Lebenden ist . . .*

Ich wollte aber auch die Menschen lehren, in der brüderlichen Liebe zur Natur Quellen der Freude und Ströme des Lebens zu finden; ich wollte die Kunst des Schauens, des Wanderns und Genießens, die Lust am Gegenwärtigen predigen. Gebirge, Meere und grüne Inseln wollte ich in einer verlockend mächtigen Sprache zu euch reden lassen und wollte euch zwingen, zu sehen, was für ein maßlos vielfältiges, treibendes Leben außerhalb eurer Häuser und Städte täglich blüht und überquillt. Ich wollte erreichen, daß ihr euch schämet, von ausländischen Kriegen, von Mode, Klatsch, Literatur und Künsten mehr zu wissen als vom Frühling, der vor euren Städten sein unbändiges Treiben entfaltet, und als vom Strom, der unter euren Brücken hinfließt, und von den Wäldern und herrlichen Wiesen, durch welche eure Eisenbahn rennt. Ich wollte euch erzählen, welche goldene Kette unvergeßlicher Genüsse ich Einsamer und Schwerlebiger in dieser Welt gefunden hatte, und wollte, daß ihr, die ihr vielleicht glücklicher und froher seid als ich, mit noch größeren Freuden diese Welt entdecket.

In einem Brief an einen Studenten, der über *Peter Camenzind* arbeitete, äußerte sich Hesse 1951 in folgender Weise über seine Jugenddichtung: Camenzind *strebt von der Welt und Gesellschaft zur Natur zurück, er wiederholt im kleinen die halb tapfere, halb sentimentale Revolte Rousseaus, er wird auf diesem Wege zum Dichter.*

Die Erstausgabe

Gaienhofen: mit seiner ersten Frau, Maria, geb. Bernoulli

Aber, und das ist wohl das unterscheidende Merkmal dieses jugendlichen Buches, er gehört dennoch nicht zu den Wandervögeln und Jugendgemeinschaften, im Gegenteil, nirgends würde er schlechter eingeordnet sein als in diesen teils treuherzig-biederen, teils lärmend selbstbewußten Gruppen und Bünden, die bei Lagerfeuern entweder Gitarre spielen oder die Nächte hindurch disputieren. Sein Ziel und Ideal ist es nicht, Bruder in einem Bunde, Mitwisser in einer Verschwörung, Stimme in einem Chor zu sein. Sondern statt Gemeinschaft, Kameraderie und Einordnung sucht er das Gegenteil, er will nicht den Weg Vieler, sondern eigensinnig nur seinen eigenen Weg gehen, er will nicht mitlaufen und sich anpassen, sondern in seiner eigenen Seele Natur und Welt spiegeln und in neuen Bildern erleben. Er ist nicht für das Leben im Kollektiv geschaffen, er ist einsamer König in einem von ihm selbst geschaffenen Traumreich.

Ich glaube, hier haben wir den Anfang des roten Fadens gefunden, der durch mein ganzes Werk geht. Ich bin zwar nicht bei der etwas kauzigen Eremitenhaltung Camenzinds geblieben, ich habe mich im Laufe meiner Entwicklung den Problemen der Zeit nicht entzogen und nie, wie meine politischen Kritiker meinen, im elfenbeinernen Turme gelebt – aber das erste und brennendste meiner Probleme war nie der Staat, die Gesellschaft oder die Kirche, sondern der einzelne Mensch, die Persönlichkeit, das einmalige, nicht normierte Individuum.

Als Hesse im April 1903 einer Einladung nach Florenz folgte und zum zweitenmal nach Italien fuhr, gehörte zur Reisegesellschaft Maria Bernoulli, eine Baslerin aus dem alten Gelehrtengeschlecht der Bernoulli. Mit ihr, der um neun Jahre Älteren, die mit ihrer Schwester ein Foto-atelier in Basel leitete, schloß Hesse im Sommer 1904 die Ehe und be-gann nun, der Erfolg des *Camenzind* ermöglichte es, das Leben des frei-en Schriftstellers. *Jetzt also war, unter vielen Stürmen und Opfern, mein Ziel erreicht: ich war, so unmöglich es geschienen hatte, doch ein Dichter geworden und hatte, wie es schien, den langen zähen Kampf mit der Welt gewonnen. Die Bitternis der Schul- und Werdejahre, in der ich oft sehr nah am Untergang gewesen war, wurde nun vergessen und belächelt – auch die Angehörigen und Freunde, die bisher an mir verzweifelt waren, lächelten mir jetzt freundlich zu. Ich hatte gesiegt, und wenn ich nun das Dümmste und Wertloseste tat, fand man es ent-zückend, wie auch ich selbst sehr von mir entzückt war. Erst jetzt be-merkte ich, in wie schauerlicher Vereinsamung, Askese und Gefahr ich Jahr um Jahr gelebt hatte, die laue Luft der Anerkennung tat mir wohl, und ich begann ein zufriedener Mann zu werden.*

JAHRE AM BODENSEE

Das Märchen *Iris*, eine der schönsten Erzählungen Hesses, trägt die Widmung *Für Mia*. Es erschien 1918. Hesse hat es also seiner Frau zu-geeignet, zu einer Zeit, da die Ehe mit ihr bereits gescheitert war. In die-sem Märchen wird von dem Knaben Anselm erzählt, der von den vielen Blumen im Garten seiner Mutter am meisten die blaue Schwertlilie liebt, der von ihr träumt und der, als er herangewachsen, eine Frau lie-ben lernt, die den Namen Iris trägt. *Sie war älter, als er sich seine Frau gewünscht hätte. Sie war sehr eigen, und es würde schwierig sein, ne-ben ihr zu leben und seinem gelehrten Ehrgeiz zu folgen, denn von dem mochte sie nichts hören. Auch war sie nicht sehr stark und gesund, und konnte namentlich Gesellschaft und Feste schlecht ertragen. Am lieb-sten lebte sie, mit Blumen und Musik und etwa einem Buch um sich, in einsamer Stille, wartete, ob jemand zu ihr käme, und ließ die Welt ihren Gang gehen. Manchmal war sie so zart und empfindlich, daß alles Fremde ihr weh tat und sie leicht zum Weinen brachte. Dann wieder strahlte sie still und fein in einem einsamen Glück, und wer es sah, der fühlte, wie schwer es sei, dieser schönen seltsamen Frau etwas zu geben und etwas für sie zu bedeuten.*

Hugo Ball hat in seiner schönen Hesse-Biographie das Märchen ge-deutet. Die eigene Frau, die Frau, die so sehr der Mutter glich, hat in der vornehmen, zarten Geschichte im Bild der Iris Gestalt gewonnen.

Die Ehe mit Maria Bernoulli wurde in Basel geschlossen, aber ge-meinsamem Wunsch entsprach es, künftig auf dem Lande zu wohnen und *ein ländliches, einfach-aufrichtiges, natürliches, unstädtisches und unmodisches Leben zu führen. Die Gedanken und Ideale, die uns dabei führten, waren ebenso verwandt mit denen Ruskins und Morris', wie*

mit denen von Tolstoi ... Zunächst suchten wir in der Nähe von Basel
da und dort in hübschen Dörfern, dann trat durch meinen ersten Be-
such bei Emil Strauß in Emmishofen auch der Bodensee in unsern Ge-
sichtskreis, und zuletzt entdeckte, während ich zu Hause in Calw bei
Vater und Schwestern saß und «Unterm Rad» schrieb, meine Frau das
badische Dorf Gaienhofen am Untersee, und darin ein leerstehendes
Bauernhaus, an einem kleinen stillen Platz gegenüber der Dorfkapelle.
Ich war einverstanden, und wir mieteten das Bauernhaus für einen
Mietzins von hundertfünfzig Mark im Jahr, was uns selbst dort und da-
mals wohlfeil erschien ... Das einzige Komfortable im Hause war ein
schöner alter Kachelofen mit «Kunst», von der Küche her heizbar, Was-
ser gab es nicht, das mußte vom Brunnen in der Nähe geholt werden,
Gas oder elektrisches Licht gab es in der ganzen Gegend nicht, und es
war auch nicht ganz einfach, das Dörfchen zu erreichen oder zu verlas-
sen; außer dem Dampfschiff, das nur sehr selten und bei Eis oder Sturm
oft gar nicht fuhr, gab es nur einen Pferdepostwagen, mit dem man in
stundenlanger Fahrt, mit langen Aufenthalten in jedem Zwischendorf,
eine Bahnstation erreichen konnte. Es war aber gerade das, was wir uns
gewünscht hatten, ein verwunschenes, verborgenes Nest ohne Lärm,
mit reiner Luft, mit See und Wald ...

Hesse hatte nur die Hälfte des Hauses gemietet, die andere Hälfte, aus
Scheune und Stall bestehend, behielt sich der Bauer zur eigenen Ver-
wendung vor. Der Wohnteil des Fachwerkhauses bestand unten aus einer Küche und zwei Stuben. Im oberen Stock befand sich das Studierzimmer mit Wänden voll Büchern, einem Stehpult und dem großen
Schreibtisch, der in München eigens angefertigt wurde. Von hier aus
ging der Blick auf den See.

Etwas, was kein späteres Haus mehr zu geben hatte, macht dieses
Bauernhaus mir lieb und einzigartig: Es war das Erste! Es war die erste
Zuflucht meiner jungen Ehe, die erste legitime Werkstatt meines Beru-
fes, hier zum erstenmal hatte ich das Gefühl von Seßhaftigkeit, und
eben darum auch zuweilen das Gefühl der Gefangenschaft, des Verhaf-
tetseins an Grenzen und Ordnungen; hier zum erstenmal ließ ich mich
auf den hübschen Traum ein, mir an einem Orte eigener Wahl etwas
wie Heimat schaffen und erwerben zu können.

Weniger die Erzählbände der Gaienhofener Jahre als einige verstreut
erschienene Skizzen, die erst 1926 im *Bilderbuch* unter dem Titel *Bodensee* zusammengefaßt wurden, lassen in das damalige Leben und seine Problematik Einblick gewinnen. Kaum verheiratet und seßhaft geworden, fühlt sich Hesse *im Philisterland* und befällt ihn Unbehagen
über das *bequeme Hinleben.* Die neue Sicherheit erscheint ihm fragwürdig, Erreichtes wird wieder zum Wunsch, und es kann Stunden geben, in denen er Mantel, Hut und Stock nimmt, um ziellos in die Nacht
hinauszulaufen.

In einer dieser Skizzen schildert er einen der Gaienhofener Abende,
erzählt, wie er an seinem Arbeitstisch sitzt, in einem alten Quartband
eine Übersetzung Ossians liest, während die Frau im Nebenzimmer Kla-

Abend über dem Bodensee (Untersee)

1907

vier spielt. *Sie spielt kleine verwehende Stücke von Schumann. Die leis-gleitenden Töne kommen zusammen mit dem rötlichen Kerzenlicht durch die weitoffene Tür herein.* Dann aber spielt sie Chopin. *Glaszarte, scheue Töne, verwischte und traumwandelnde Takte, wundersam geschlungene, elegante Figuren, und die Akkorde erregend, wie verzerrt, Harmonie und Dissonanz nicht mehr zu unterscheiden. Alles auf der Grenze, alles ungewiß, nachtwandlerisch taumelnd, und mitten hindurch mit dünnem Fluß eine süße, milde, kinderselig reine Melodie . . . Es ist schön, es ist schmeichelnd und wohlig, an einem sicheren Tisch zu sitzen, ein sicheres Dach über sich, einen zuverlässigen Wein in der Kanne, eine wohlgefüllte große Lampe brennend, und nebenan bei offener Türe eine Frau am Klavier, Chopin-Stücke und Kerzenlicht . . . Plötzlich steigt mir wie eine Seifenblase die Frage auf: Bist du eigentlich glücklich?*

Gefühle und Stimmungen dieser Art liegen tief in Hesses Wesen begründet. Sie werden zwar erst im Laufe der Gaienhofener Zeit zu schwer lastenden Gewichten, sind aber als leise Bedrohung schon in den Anfängen spürbar. Allerdings ist sich der Dichter auch bewußt: . . . *wenn ich heute nicht gearbeitet und mich gemüht hätte und ein kleines Stück vorwärts gekommen wäre, so sänke morgen oder übermorgen dieser ganze Tag, dies gegenwärtige Heute, unrettbar ins Bodenlose, zu den vielen begrabenen Tagen, von denen ich nichts mehr weiß.* Das Dauergewinnen, ein Gedanke, der nach Jahrzehnten im Gedicht und Werk der reifen Jahre wiederkehrt, bestimmt schon jetzt die Pflicht des Tages. So gerne Hesse mit seinen Sehnsüchten, Gefühlen und Träumen spielte und ihnen nachsann, die Wirklichkeit seines Lebens war Tätigkeit. Bis ins hohe Alter blieb er ein fleißiger, pflichtgetreuer Arbeiter.

Das alte Bauernhaus neben der Kapelle bewohnte Hesse drei Jahre. Hier wurde ihm am 9. Dezember 1905 als erstes Kind der Sohn Bruno geboren, und hier sind viele seiner Gedichte und Erzählungen entstanden. Dann aber mußte die Wohnung, die ohnehin nur primitiven Bedürfnissen genügte, verlassen werden, und da sich kein passendes Haus fand, beschloß Hesse – in Fragen dieser Art sehr von seiner Frau abhängig –, Land zu kaufen und ein eigenes zu bauen. *Vielleicht stand dahinter nichts als häuslicher Bürgersinn, obwohl der bei uns beiden nie stark gewesen war . . . oder aber spukte auch da so ein Bauerntum-Ideal mit hinein? Ich fühlte mich meiner Bauernideale zwar niemals sicher, auch schon damals nicht, aber von Tolstoi her und auch von Jeremias Gotthelf her, und gespeist aus einer damals in Deutschland ziemlich lebhaften Regung von Stadtflucht und Landleben mit moralisch-künstlerischer Begründung lebten nun eben diese hübschen, aber unklar formulierten Glaubensartikel in unsern Köpfen . . .*

Wir wählten einen Platz weit außerhalb des Dorfes, mit freier Aussicht über den Untersee. Man sah das Schweizer Ufer, die Reichenau, den Konstanzer Münsterturm und dahinter ferne Berge. Das Haus war bequemer und größer als das verlassene, es war Raum darin für Kinder, Magd, Gast . . .

Beinahe wichtiger als das Haus wurde mir der Garten. Einen eigenen Garten hatte ich noch nie gehabt, und aus meinen ländlichen Grundsät-

zen ergab sich von selbst, daß ich ihn selber anlegen, bepflanzen und pflegen mußte, und das habe ich denn auch manche Jahre lang getan. Ich ... pflanzte Bäume, Kastanien, eine Linde, eine Katalpe, eine Buchenhecke und eine Menge von Beerensträuchern und schönen Obstbäumen ... Daneben legte ich eine Dahlienzucht an, und eine lange Allee, wo zu beiden Seiten des Weges einige hundert Sonnenblumen von exemplarischer Größe wuchsen und zu ihren Füßen viele Tausend von Kapuzinern in allen Tönen von Rot und Gelb.

Ganz in der Nähe ließ sich Ludwig Finckh, der Freund aus den Tübinger Tagen, der es inzwischen mit seinem Hesse gewidmeten «Rosendoktor» zu poetischem Lorbeer gebracht, als Arzt nieder. Sein erstes Häuschen allerdings brannte, kaum erbaut, bis auf den Grund nieder, noch während er sich auf der Hochzeitsreise befand. Hesse leistete beim Wiederaufbau Hilfe, und beide unternahmen mit Boot und Angelrute, im Aussehen Landstreichern nicht unähnlich, manche Fahrten und Streifzüge auf dem See und an den Ufern entlang. Auch mit anderen Dichtern am Bodensee, so mit Emanuel von Bodman und Wilhelm von Scholz, bestanden freund-nachbarliche Beziehungen, und das Hesse-Haus wurde immer häufiger auch von Literaten, die von fernher kamen, aufgesucht. Stefan Zweig, der sich beim ersten Besuch an der niederen Tür so den Kopf anschlägt, daß er sich zuerst eine Viertelstunde hinle-

Hesse auf der Terrasse seines Hauses in Gaienhofen.
Scherenschnitt von Otto Blümel

gen muß, bevor er sprechen kann, Martin Lang, der Pfarrersohn von der Schwäbischen Alb, mit dem gedichtet, Schmetterlinge gefangen, pokuliert und im Garten gearbeitet wird, Wilhelm Schussen und Bruno Frank zählen zu den Gästen; Wilhelm Schäfer, Emil Strauß, Jakob Schaffner, Alfons Paquet und nicht wenige andere Schriftsteller und Dichter gehören zu dem rasch wachsenden Kreis der Freunde, Kollegen und Bekannten. Eines Tages erscheint auch der alte Christian Wagner aus Warmbronn, ein einfacher Bauer, der ganz ungewöhnliche Gedichte schrieb und dem man doch mit dem Prädikat des «Bauerndichter» so wenig gerecht wird. Hesse hat später seine Gedichte herausgegeben und geschrieben: *Für die, welche tiefer lauschen, war dieser einsame Sonderling nicht nur ein Dichter, dem je und je ein kleines herrliches Stück gelang, sondern auch ein Zeuge und Vertreter eines Geistes, einer besonderen Art deutschen Wesens und Denkens, die zur Zeit wenig geachtet ist, deren Auswirkung aber noch in der Zukunft liegt. Er gehört zu der Gemeinde, deren Bekenntnis man am besten und knappsten etwa in der wundervollen Vorrede Adalbert Stifters zu den «Bunten Steinen» ausgesprochen findet.*

Gute Freundschaft schloß Hesse vor allem mit Malern und Musikern. Bis heute ist ja die Höri, jenes reizvolle Stück Landschaft am Untersee, zu dem auch Gaienhofen gehört, ein Gebiet, das die Maler zum Bleiben

verlockt. Max Bucherer, schon von Basel her bekannt, wohnte eine Zeitlang in Gaienhofen, und nach seinem Weggang bezogen die Maler Otto Blümel und Ludwig Renner die freigewordene Wohnung. Mit Fritz Widmann wanderte Hesse durch Oberitalien, mit Hans Sturzenegger, dessen Atelier in Belair bei Schaffhausen so manches heitere Fest sieht, reist er nach Indien. Auch Albert Welti, Cuno Amiet und Gustav Gamper lernt er kennen, und später gehört besonders Ernst Morgenthaler zum engsten Kreis der Malerfreunde.

Aber auch Musiker sind häufig zu Gast. Eine starke Liebe zur Musik besaß Hesse von Jugend an. Dem Neunjährigen hatten die Eltern einst die erste Geige geschenkt, die er gerne spielte und die ihn seitdem begleitete. Eine ausgezeichnete Pianistin war seine Frau. Schon in der ersten Gaienhofer Zeit lernte er Dr. Alfred Schlenker kennen. *Er war Zahnarzt in Konstanz und gehörte zu einem intimen Kreise jugendlich-idealistischer, frei und hochgesinnter, kunsthungriger Menschen in der sympathischen kleinen Stadt, vor allem zu den Liebhabern und Förderern der Musik. Zu den schönsten Stunden, die ich ihm verdanke, gehörte jene, in der er mir einst den damals etwa zwanzigjährigen Othmar Schoeck zuführte. Er war mit ihm, und bald mit andern Schweizer Musikern unsrer Generation befreundet, besonders mit Fritz Brun und Volkmar Andreae. Schlenker, der glänzend Klavier spielte und auch selbst komponierte, bat Hesse um den Text für eine Oper ... Und so entstand der Operntext «Die Flüchtlinge», hingeworfen mit einer ahnungslosen Frechheit, wie man sie nur in der sorglosen Jugend und in der anregenden Luft einer lebhaften Freundschaft besitzt.*

Othmar Schoeck, mit dem sich Hesse damals rasch und herzlich befreundete und der ihn des öfteren in Gaienhofen besuchte, wurde *durch mehrere Jahre der Türhüter und Schatzbewahrer einer Welt, die ich auf keine andere Art so unmittelbar und frei hätte durchschweifen können ... Ich habe für Schoeck*, bemerkt Hesse in seinen Erinnerungen an ihn, *in jenen ersten Jahren unsrer Freundschaft, aus dem Bedürfnis des Beschenkten nach Betätigung seiner Dankbarkeit, sogar den Text zu einer romantischen Oper geschrieben, und bedaure weder, daß ich das getan habe noch daß er den Text nicht brauchen konnte.*

... was mich an Schoeck erfreute und mir ihn so wertvoll machte, war das Nebeneinander und die Spannung von Gegensätzen in seinem Wesen, das Beieinander von Robustheit und Leidensfähigkeit, das Verständnis für die naivsten Freuden gepaart mit dem Verständnis fürs Geistige, die hohe und nicht schmerzlose Differenzierung der Persönlichkeit, die sinnliche Potenz im Verein oder auch im Kampf mit der geistigen.

Bald lernte Hesse auch die Dirigenten Volkmar Andreae und Fritz Brun, dann die Kammersängerin Ilona Durigo und etwas später auch Busoni und Edwin Fischer näher kennen. Schoeck wie Fischer und Andreae und viele andere haben Gedichte von ihm vertont. Man fuhr zu Konzerten und Opernaufführungen nach Zürich und begleitete Andreae im April 1911 zur Erstaufführung der H-moll-Messe nach Mailand. *Die Freundschaften und Begegnungen mit Komponisten, Dirigenten, Virtuosen, Sängern und Sängerinnen*, heißt es in einem späteren

In Gaienhofen

Rückblick, *gehörten unentbehrlich mit zu meinem musikalischen Leben*
... Die Musik gewann starken Einfluß auf Inhalt, Sprache und Klang
seiner Dichtung. *Mir steht, als heimlichem Lyriker, der Wunsch nach
einer Melodie vielleicht zuletzt doch höher, als der nach Durchdringung
großer Stoffe,* schreibt Hesse 1910 an Theodor Heuss.

Hesse ist im Laufe seines Lebens mit vielen Dichtern und Schriftstellern in Berührung, zuweilen auch in näheren Kontakt gekommen, aber
unter den Freunden überwogen die Maler und Musiker. Ihnen hat er
sich am meisten aufgeschlossen, ihre Verbindung am ehesten gesucht.

Dies war in Gaienhofen nicht anders als in Bern oder später in Montagnola.

Für den Schriftsteller Hesse bilden die Gaienhofener Jahre eine Zeit rasch wachsender Erfolge und allgemeiner Anerkennung. Im Herbst 1904 wird ihm der «Bauernfeldpreis», dotiert mit 1000 Kronen, zuerkannt. Der Schwäbische Schiller-Verein ernennt ihn zum korrespondierenden Mitglied. Die Literarhistoriker meinen ihn bei den Neu-Romantikern unterbringen, die Schwaben neben Isolde Kurz, Cäsar Flaischlen, Schussen und Finckh einordnen zu können; es bildet sich die erste «Hesse-Gemeinde», und sein Name wird, wie er ironisch, aber doch nicht ganz ohne Selbstgefühl, dem Vater und den Schwestern mitteilt, in Meyers kleinem Konversationslexikon aufgenommen.

Dem *Camenzind*, der hymnische Besprechungen und eine Auflage nach der anderen erlebte, folgte die schon erwähnte Schülergeschichte *Unterm Rad*. Das Manuskript, zum großen Teil noch 1903 und 1904 während längerer Besuche in Calw geschrieben, wurde in Gaienhofen vollendet und erschien, nach Vorabdrucken in der «Neuen Zürcher Zeitung» und im «Kunstwart», 1906 im Verlag S. Fischer. Das Buch, das ebenfalls schnell zahlreiche Auflagen erreichte, gehört in die Reihe der damals in Mode gekommenen, meist tragisch endenden Schüler- und Jugendromane und steht dem «Freund Hein» von Emil Strauß, Friedrich Huchs «Mao», ja, in gewisser Weise auch den «Verwirrungen des Zöglings Törleß» von Musil nahe.

In den beiden Jahren darauf folgen die Bände *Diesseits* und *Nachbarn*, Sammlungen von Erzählungen, denen sich 1912 als dritter Band dieser Art das Buch *Umwege* beigesellt. Die meisten Geschichten dieser Bücher waren zuvor da und dort in Zeitschriften erschienen, manche wurden später überarbeitet.

Nicht die interessante, kunstvoll geschürzte oder phantasiereiche Handlung, nicht das Geschehen an sich, sondern die weiche, zart gestimmte Atmosphäre, die melodienreiche, sensible, impressionistisch getönte Prosa geben diesen Erzählungen ihre unverwechselbare Eigenart. Erinnerungen an Erlebnisse der Jugend, mit Sehnsucht und leiser Ironie verklärt, bilden ihren Inhalt. Aber ob subtile seelische Vorgänge wiedergegeben – das Erwachen der Liebe des Knaben und Jünglings, die erste Begegnung mit dem Tode – oder ob Natur und Landschaft geschildert werden, die Geschichten wahren bei aller Empfindsamkeit die präzise und klare Kontur erlebten Lebens. *Die Marmorsäge* und *Heumond, Der Lateinschüler, In der alten Sonne* oder *Schön ist die Jugend*, um nur einige der Titel zu nennen, entstammen so gut wie alle dem engen Umkreis einer einfachen, ländlichen, kleinbürgerlichen Welt. Aber diese Welt der Präzeptoren und Handwerker ist echt, ist ohne falsches Pathos und ohne falsche Sentimentalität getroffen. Hesses «Schauen hält eine eigene Mitte zwischen der Kontemplation eines Mystikers und dem Scharfblick eines Amerikaners» bemerkte einmal Walter Benjamin nach der Lektüre des Buches *Diesseits*.

Weiter greifend, aber weniger gelungen und zeitgebundener als viele der kleinen Erzählungen und Skizzen ist der Roman *Gertrud*, der 1909 zuerst in «Velhagen & Klasings Monatsheften» erschien. Die in Ichform erzählte Lebensgeschichte des Musikers Kuhn, der als Kind einen Unfall erleidet, als Krüppel zum Künstler heranreift, das Mädchen, das er liebt, an den genialischen Freund verliert, aber nach dessen frühem Tode der Witwe in einer stillen Freundschaft verbunden bleibt, ist das einzige Werk Hesses, das er selbst als Roman bezeichnet hat. Die gefühlvolle Dichtung von Entsagung und Einsamkeit fand ein unterschiedliches Echo. *Neben kritiklosem Lob äußert sich stark auch jene Revanche der Presse, die einen Autor so lange als Genie ausgeschrien hat, bis sie müde wird und ihn plötzlich für einen Trottel erklärt,* schreibt Hesse an Conrad Haußmann, und ihm gegenüber bemerkt er auch: *Daß Gertrud selbst als Person zu sehr im Halblicht bleibt, mag stimmen, sie war für mich weniger ein Charakter als ein Symbol und zugleich das Stimulans, dessen Kuhn zu seiner ganzen Entwicklung bedurfte.* 1910 erschien zum Ärger Fischers bei Albert Langen in München eine etwas veränderte Buchfassung. Eine beiden Veröffentlichungen vorhergehende, als Fragment überlieferte und erst in dem Band *Prosa aus dem Nachlaß* publizierte erste Fassung zeigt die Geschichte inhaltlich wie formal noch in einer wesentlich anderen Gestalt.

Begeistert äußerte sich Olaf Gulbransson: «Heute Abend ist Deine Gertrud mir durch Haut und Adern in schweren heißen Wallungen gegangen ...» telegrafiert er dem Freund und schickt ihm eine Zeichnung, die er beim Vorlesen des Romans gemacht hat.

Naturverbundene Lyrik von starkem Stimmungsgehalt, Verse von Frühling und Sommer, von Einsamkeit, schlaflosen Nächten und dem Heimweh nach der verlorenen Jugend enthält das Buch *Unterwegs*. Die strenge Auswahl von Gedichten erschien nur in sehr kleiner Auflage als numerierte Liebhaberausgabe und wurde von dem Freund Otto Blümel im Stil der Zeit mit hübschem Buchschmuck ausgestattet.

> *Wir Kinder im Juli geboren*
> *Lieben den Duft des weißen Jasmin,*
> *Wir wandern an blühenden Gärten hin*
> *Still und in schwere Träume verloren.*

> *Unser Bruder ist der scharlachene Mohn,*
> *Der brennt in flackernden roten Schauern*
> *Im Ährenfeld und auf den heißen Mauern,*
> *Dann treibt seine Blätter der Wind davon.*

Bereits als Buchhändler und Antiquar hat Hesse zuweilen literarische und literaturkritische Beiträge an die Presse geliefert; als freier Schriftsteller war er allein schon aus finanziellen Gründen gezwungen, diese Tätigkeit sehr erheblich auszudehnen. Er wurde bei einer ganzen Reihe von Zeitungen und Zeitschriften literarischer Mitarbeiter und schrieb im Laufe der Jahre zahllose Buchbesprechungen und Literaturberichte. Diese Arbeiten, schon ihrer Quantität nach Zeugnisse unendlichen Fleißes und ständigen Lesens, sind weit zerstreut und nur zu einem Bruchteil im 11. und 12. Band der 1970 erschienenen Gesamtausgabe vereinigt. Bis ins hohe Alter blieb Hesse ein aufmerksamer und kritischer Beobachter der Literatur seiner Zeit, und durch seine Rezensionen und literarischen Berichte hat er stärker, als man vielleicht anzunehmen gewillt ist, auf das literarische Leben Einfluß genommen. Dabei war er nie ein Freund streitbarer literarischer Auseinandersetzung und Polemik. Seine Zensur war die Auswahl; Bücher, die er ablehnte oder die ihm nicht entsprachen, pflegte er in der Regel gar nicht zu rezensieren. Einzelbesprechungen und Sammelreferate Hesses finden sich vor dem Ersten Weltkrieg vor allem in den «Propyläen» und dem «Schwabenspiegel», den «Rheinlanden» und dem «März». Für die «Propyläen», eine literarisch-belletristische Halbwochenschrift, die unter der Schriftleitung von Eduard Engels für die Abonnenten der «Münchner Zeitung» herausgegeben wurde, verfaßte Hesse seit dem Herbst 1904 ziemlich umfangreiche Monatsberichte *Über Neuere Erzählungsliteratur*. In dem einleitenden Aufsatz zu diesen Berichten, in denen er *nicht kritisieren, nicht Worte wägen, sondern jeweils das Beste vom Neuen auswählen und charakterisieren* möchte, spricht er sich überraschend positiv über die erzählende Literatur seiner Zeit aus, kritisiert aber die beliebt gewordenen Versuche, jede Dichtung voreilig zu etikettieren und nach Schulen und Richtungen abzustempeln. *Was hilft es mir zu wissen, daß der und der ein Symbolist, ein Naturalist, ein Schüler Maeterlincks oder ein Freund Stefan George's ist?!* ...

Reger Mitarbeiter, gewisse Zeit auch literarischer Mitredakteur war Hesse bei der Zeitschrift «Die Rheinlande», einer Monatsschrift für «deutsche Art und Kunst», die von dem Freund Wilhelm Schäfer herausgegeben wurde, zwar überwiegend der bildenden Kunst gewidmet war, aber auch literarische Originalbeiträge aufnahm.

Die wichtigste Zeitschrift jedoch, für die Hesse nicht nur gelegentlich Beiträge schrieb, sondern die er zusammen mit Ludwig Thoma, Albert Langen und Kurt Aram (d. i. Hans Fischer) herausgab, war der «März». Albert Langen, der ideenreiche Verleger, der schon 1896 den «Simplicissimus» gegründet hatte, war der Initiator dieser «Halbmonatsschrift für deutsche Kultur» und gab ihr auch den Namen. Er suchte Hesse 1905 in Gaienhofen auf und lud ihn zur Mitarbeit ein. Dieser sagte zu und nahm kurze Zeit später zusammen mit Ludwig Thoma im Langenschen Verlag in München an der Gründung des «März» teil. Mit dem politischen Teil der Zeitschrift hatte Hesse unmittelbar nichts zu tun. Seine Mitarbeit beschränkte sich ausschließlich auf den literarischen Bereich. Doch entsprachen die liberalen und demokratischen Tendenzen des «März» und dessen Bemühungen um Frieden und Völkerverbindung der eigenen politischen Auffassung. *Ein Kampfblatt mit so entschiedener Opposition ist,* so erklärt er einmal dem Vater, *nötig und verdienstlich.* Im Januar 1907 erschien das erste Heft. Bis zum Dezember 1912 zeichnete Hesse als Mitherausgeber der Zeitschrift, die von 1911 an als Wochenschrift geführt und in ihren letzten Jahren während des Weltkriegs von Theodor Heuss geleitet wurde. Viele seiner besten Erzählungen, Aufsätze, Betrachtungen, Glossen und vor allem Buchbesprechungen, Einzelrezensionen wie Sammelreferate über «Neue Erzähler», über «Gedichtbücher», «Romane», über «Billige Bücher» oder «Exzentrische Erzählungen» sind hier erschienen. Mag Hesse aus späte-

Verleger Albert Langen

rer Sicht den Schritt aus dem Künstlertum ins moralische und erzieherische Literatentum hinüber etwas abfällig auch *als einen Dienst ohne inneren Beruf, aber eben aus schlechtem Gewissen* bezeichnet haben, er war ihm zu jener Zeit eine Pflicht, die ernst genommen wurde. Mit hohem Gefühl für Qualität wurden die einzelnen epischen Beiträge ausgewählt, dabei nicht nur Dichter von Rang, sondern auch jüngere und weniger bekannte Talente berücksichtigt und gelegentlich in Übersetzungen manche ausländische Autoren wie Selma Lagerlöf, Strindberg oder Shaw aufgenommen. «Mögen in der Buchproduktion viele dichterische Versuche schnell wieder versunken sein, die erzählerischen Arbeiten, die im ‹März› erschienen, haben noch heute, von wenigen zeitgebundenen abgesehen, ihre Leuchtkraft bewahrt ...» bemerkt Hannsludwig Geiger in seinen Erinnerungen.

Die Redaktionstätigkeit führte Hesse häufig nach München. Er kam mit Ludwig Thoma in engeren Kontakt. Reinhold Geheeb, der Schriftleiter des «Simplicissimus», für den er ebenfalls zahlreiche Gedichte und Betrachtungen schrieb, wurde einer seiner nächsten Freunde, und durch den «März» entstand eine besonders herzliche Freundschaft mit dem schwäbischen Politiker Conrad Haußmann ... *Daß Sie mir gut Freund bleiben wollen, ist mir lieb und tröstlich. Seit Jahren, seit meine Nerven mich regieren und ich das Leben wenig mehr liebe, ist es mir immer wunderlich und wohltuend, wenn trotzdem ein gesünderer, tüchtigerer, froherer Mensch je und je mich gelten läßt und gern hat,* schrieb er ihm am 2. Oktober 1909.

Neben den redaktionellen und literaturkritischen Arbeiten bemüht sich Hesse um Neuausgaben älterer Dichter und um die Veröffentlichung von Anthologien. Diese Tätigkeit, die in den letzten Jahren vor dem Ersten Weltkrieg aufgenommen und im Laufe der Zeit immer mehr verstärkt wird, gilt nicht als untergeordnete Nebenbeschäftigung, sondern bildet ein wesentliches Stück seiner literarischen Lebensarbeit. Ein unscheinbares Bändchen, eine Auswahl von Gedichten Mörikes, des Dichters, dem er sich besonders verwandt fühlt und für dessen Werk er sich im «März» immer wieder einsetzt, gehört zum Anfang der langen Reihe herausgegebener und eingeleiteter Werke. Die erste, gemeinsam mit Emil Strauß und Martin Lang herausgegebene Anthologie, eine Auswahl deutscher Volkslieder, trägt den Titel «Lindenbaum». Rasch hintereinander folgen ähnliche Bände. Die «Lieder deutscher Dichter» enthalten «Eine Auswahl der klassischen deutschen Lyrik von Paul Gerhardt bis Friedrich Hebbel». Gedichte der Romantik sind in der Sammlung «Der Zauberbrunnen» vereint, und in dem «Meisterbuch» der Deutschen Bibliothek findet sich «eine Blütenlese deutscher Prosa und Lyrik der klassischen und romantischen Zeit». Ausgaben von Jean Paul, Eichendorff und Christian Wagner schließen sich an. Allein im Jahre 1913 erschienen sechs verschiedene von Hesse herausgegebene Bücher. Die ganz ungewöhnliche Kenntnis deutscher Literatur, in jahrzehntelangem schöpferischem Lesen erworben, kommt einer Arbeit zugute, die Hesses Wesen besonders entspricht, sieht er doch im Bewahren und Überliefern eine der vornehmsten Pflichten des geistigen Menschen.

Mit einer gewissen Regelmäßigkeit fuhr Hesse in der Zeit vor dem Ersten Weltkrieg von Gaienhofen aus zusammen mit Freunden jeweils im Frühjahr nach Oberitalien. *Zwischen Locarno und Verona, zwischen Basel und Brig, zwischen Florenz und Perugia sind wenig Orte, durch die ich nicht zwei- und dreimal mit staubigen Stiefeln gepilgert bin.* Kuraufenthalte, zu denen ihn sein Gesundheitszustand, vor allem die Augenschmerzen, zwingen, verbringt er in Wartemberg, in Badenweiler und einmal auch in einer Holzhütte des Monte Verità in Ascona. Im Sommer und nicht selten auch im Winter geht die Fahrt in die Schweizer Berge, wohin ihn seine Frau, eine gute und ausdauernde Bergsteigerin und Skiläuferin, begleitet. Daneben drängen sich aber berufliche Reisen zu Vorträgen und Vorlesungen immer mehr in den Vordergrund. Als Hesse im Spätherbst 1903 die erste Aufforderung zu einer Vorlesung erhielt, schrieb er dem Präsidenten des Literarischen Klubs nach Zürich, er sei noch nie in einem Klub gewesen und habe als ein sehr bescheidener *Wald- und Flurpoet* höchstens einmal den Freunden etwas vorgelesen. Wenige Jahre später kann der so rasch Arrivierte sich der Einladungen kaum mehr erwehren. Zwei- oder dreimal im Jahr begibt er sich nun halb reiselustig und froh des Wechsels, halb mißmutig darüber, sein ländliches Idyll für einige Wochen aufgeben zu müssen, in die verschiedensten Städte Deutschlands und der Schweiz, um sich seinen Lesern durch eigene Lesungen vorzustellen. Auch nach Wien, nach Prag, nach Straßburg und Saarbrücken führt gelegentlich die Reise, aber *etwas von Katzenjammer und schlechtem Gewissen kam meistens nach,* und im Grunde wußte Hesse sehr genau, daß Repräsentationen dieser

Art seiner Natur im Innersten widersprachen. *Ich habe die Öffentlichkeit nie geliebt, und es war mir niemals angenehm, in einer Umgebung zu leben, wo man mich als Namen und Marke kannte; mein Leben konnte mir gar nicht privat genug sein, und so habe ich niemals irgendeiner Ansammlung von «Prominenten» beigewohnt...*

Auf einer dieser Reisen besuchte Hesse 1909 in Braunschweig den achtundsiebzigjährigen Wilhelm Raabe, einen Dichter, den er verehrte und liebte. In seinen *Gedenkblättern* hat er von diesem *Besuch bei einem Dichter* erzählt. *Schmal und sehr hoch, in einem langen Schlafrock, stand die friedliche und auch feierliche Gestalt, und von ihrer Höhe blickte ein altes, faltiges, spöttisch-kluges Gesicht zu mir herab, sehr lieb und freundlich und doch ein Fuchsgesicht, schlau, verschlagen, hintergründig, das greise Gesicht eines Weisen, spöttisch ohne Bosheit, wissend, aber gütig, altersklug, aber eigentlich ohne Alter, woran auch die aufrechte Haltung der Gestalt teilhatte, ein Gesicht, ganz anders und doch dem meines Großvaters verwandt, aus derselben Zeit, von derselben herben Reife, von beinahe derselben Würde und Ritterlichkeit, die ein vielfältiges Spiel alter, erprobter Humore überflog und milderte.*

In einem an Otto Hartmann, einen Maulbronner Seminarfreund, gerichteten Brief beklagt sich Hesse am 2. April 1910 über die mehr und mehr anwachsende Arbeit: *... täglich eine Zahl Briefe, jährlich über 300 neue Bücher, dazu die Arbeit am «März», manche Reisen, Krankheit, Frau und Kinder, schließlich der Garten – über dem allem geht viel verloren, was ich tun möchte.* Und in einem Brief an die Schwester Marulla, geschrieben am Weihnachtstag desselben Jahres, heißt es: *Die*

Ludwig
Thoma

Zustände von tiefer Depression, Vereinsamung und Mutlosigkeit, sind mir seit einigen Jahren so gut bekannt, daß ich alles andere, selbst Schmerzen vorziehe.

Die Problematik der Gaienhofener Existenz, spürbar schon in den Bodenseeskizzen der ersten Jahre, im sonstigen Werk jener Zeit aber kaum zu erkennen, beginnt das nach außen so erfolgreiche Leben von innen her zu zermürben.

Im Nebel heißt ein vielzitiertes, schon 1906 geschriebenes Gedicht, das dem Empfinden, das ihn beherrscht, Ausdruck gibt. Seine letzte Strophe lautet:

> *Seltsam, im Nebel zu wandern!*
> *Leben ist Einsamsein.*
> *Kein Mensch kennt den andern,*
> *Jeder ist allein.*

Immer stärker spürt Hesse, daß das Leben in Gaienhofen seinen Sinn erschöpft hat. Unruhe und Zweifel belasten ihn, fremd fühlt er sich im eigenen Hause. Die Frau, die Kinder – 1909 war Heiner, 1911 als dritter Sohn Martin geboren – können ihn nicht halten, die bürgerliche Seßhaftigkeit wird zur Qual. Immer häufiger reist er weg, *die Welt war so weit da draußen.*

Ich hatte mir als junger Mensch das Mannesalter ganz anders vorgestellt. Nun ist es auch wieder ein Warten, Fragen und Unruhigsein, mehr Sehnsucht als Erfüllung. Die Lindenblüten duften, und Wanderburschen, Sammelweiber, Kinder und Liebespaare scheinen alle einem Gesetz zu gehorchen und wohl zu wissen, was sie zu tun haben. Nur ich weiß nicht, was ich zu tun habe ... Beschieden ist mir, der Stimme des Lebens zu folgen, die in mir ruft, ihr zu folgen, auch wenn ich ihren Sinn und ihr Ziel nicht zu erkennen vermag und auch wenn sie mich immer mehr von der fröhlichen Straße hinweg in das Dunkle und Ungewisse führen will.

Hesse beschließt, nach Indien zu fahren. *Die heutigen Psychologen, der Schnoddrigkeit beflissen, nennen so etwas eine «Flucht», und natürlich war es unter andrem auch dies. Es war aber auch ein Versuch, Distanz und Überblick zu gewinnen.* Indien-Reisen waren zu jener Zeit nichts Ungewöhnliches, ja geradezu modern geworden. Melchior Lechter, Waldemar Bonsels, Hermann Graf Keyserling waren dorthin gefahren und haben gleich ihm Bücher darüber geschrieben. Aber für Hesse hatte Indien noch einen anderen Klang, es war die Heimat der Mutter, das Land, in dem der Vater, der Großvater gewirkt hatten und aus dem jener kleine tanzende Götze stammte, der viel bewundert und bestaunt aus dem großväterlichen Glasschrank geblickt und in so mancherlei Träumen des Knaben sein spukhaftes Wesen getrieben hatte.

Zusammen mit dem Maler Hans Sturzenegger reiste Hesse zu Beginn des September 1911 durch das versengte Oberitalien nach Genua und von dort mit dem Dampfer «Prinz Eitel Friedrich» des Norddeutschen Lloyd ohne Pause zur See nach Hinterindien. Aus Colombo auf Ceylon schrieb er an Haußmann: *Seit Genua zum erstenmal an Land. Ceylon ist ganz 1001 Nacht, heiß und bunt und betäubend wie Opium. Die heimatliche Hitze des Sommers wird hier in der Erinnerung zur abendlichen Kühle, die Sonne blendet prall und die Singalesen lächeln kindersanft . . . In Penang schlug uns,* so wird in der *Erinnerung an Indien* berichtet, *zum erstenmal das quellende Leben einer asiatischen Stadt entgegen, zum erstenmal sahen wir das indische Meer zwischen den unzählbaren Koralleninseln spiegeln und blickten mit Erstaunen den bunten Erscheinungen des Gassenlebens in der Hindustadt, der Chinesenstadt, der Malaienstadt nach. Wildes, farbiges Menschengewimmel in den immer vollen Gassen, nächtliches Kerzenmeer, stille Kokospalmen in der See gespiegelt, scheue nackte Kinder, rudernde dunkle Fischer in urweltlichen Booten!* Von Singapore geht es auf einem kleinen holländischen Küstenschiff nach Süd-Sumatra und dann mit einem chinesischen Raddampfer den Batang-Hari hinauf nach Palembang. Mangelnde Sprachkenntnisse und der schlechte eigene Gesundheitszustand lassen Hesse nicht so mit Land und Bevölkerung vertraut werden, wie er es sich gewünscht hatte, und zwingen ihn, auf einen längeren Aufenthalt in Hinterindien und den Besuch von Malabar zu verzichten. *Was ich hauptsächlich suchte, die tropische Natur und einen Eindruck vom asiatischen Volksleben, habe ich gehabt und will damit zufrieden sein.*

Während er von Indern und Malaien etwas enttäuscht ist, überrascht ihn der Eindruck *unbedingter Stärke und Zukunft,* den ihm die Chinesen machen. Auf der Rückreise, an einem der letzten Tage vor der endgültigen Abfahrt, besteigt er auf Ceylon den Pedrotallagalla, den höchsten Berg der Insel. *Diese Urlandschaft sprach stärker zu mir als alles, was ich sonst von Indien gesehen habe. Die Palmen und die Paradiesvögel, die Reisfelder und die Tempel der reichen Küstenstädte, die von Fruchtbarkeit dampfenden Täler der tropischen Niederungen, das alles, und selbst der Urwald, war schön und zauberhaft, aber es war mir immer fremd und merkwürdig, niemals ganz nah und ganz zu eigen. Erst hier oben in der kalten Luft und dem Wolkengebräu der rauhen Höhe wurde mir völlig klar, wie ganz unser Wesen und unsre nördliche Kultur in rauheren und ärmeren Ländern wurzeln. Wir kommen voll Sehnsucht nach dem Süden und Osten, von dunkler, dankbarer Heimatsahnung getrieben, und wir finden hier das Paradies, die Fülle und reiche Üppigkeit aller natürlichen Gaben, wir finden die schlichten, einfachen, kindlichen Menschen des Paradieses. Aber wir selbst sind anders, wir sind hier fremd und ohne Bürgerrecht, wir haben längst das Paradies verloren, und das neue, das wir haben und bauen wollen, ist nicht am Äquator und an den warmen Meeren des Ostens zu finden, das liegt in uns und in unsrer eignen nordländischen Zukunft.*

Zehn Jahre später bekennt Hesse, daß diese Reise, deren unmittelbarer Ertrag in den 1913 als Buch erschienenen Aufzeichnungen *Aus Indien* Niederschlag gefunden hat, ihm weder die erhoffte innere Befreiung noch die geistige Begegnung mit dem wahren Indien gebracht habe.

Mein Weg nach Indien und China ging nicht auf Schiffen und Eisenbahnen, ich mußte die magischen Brücken alle selber finden. Ich mußte auch aufhören, dort die Erlösung von Europa zu suchen, ich mußte aufhören, Europa im Herzen zu befeinden, ich mußte das wahre Europa und den wahren Osten mir im Herzen und Geist zu eigen machen, und das dauerte wieder Jahre um Jahre, Jahre des Leidens, Jahre der Unruhe, Jahre des Krieges, Jahre der Verzweiflung.

Nach der Rückkehr von Indien war Hesse sich klar, daß das Leben in Gaienhofen aufgegeben werden mußte. *Es war schön und lehrreich, und wurde doch am Ende zu einer schweren Sklaverei. Das Bauernspielen war hübsch, solang es ein Spiel war: als es sich zur Gewohnheit und Pflicht ausgewachsen hatte, war die Freude daran vorüber,* schreibt er später, bewußt eines der schwersten Probleme kaum berührend: die Gefahr, in die seine Ehe geraten war. Doch wohin soll man ziehen? Im März 1912 fährt Hesse wieder auf Vortragstournee, diesmal nach Wien, Prag, Brünn und Dresden. *Hauptzweck der Reise ist das Ansehen von Hellerau bei Dresden, das eventuell als späterer Wohnort für uns in Betracht kommt. Außerdem denken wir abwechselnd an Zürich (das aber zu teuer ist), Bern und München,* heißt es in einem Brief vom 11. Februar 1912, und an Haußmann schreibt er resigniert: *Nach Schwaben kann ich nicht, weil meine Frau das nicht will, in der ganzen Sache höre ich vor allem auf sie, sie möchte auch die Kinder zu Schweizern machen. Mir ist es einerlei, da ich das Gefühl habe, daß ich selbst doch nirgends anwachsen kann, so sollen wenigstens Frau und Kinder es versuchen . . . Das Verhältniß zu meiner Familie beschränkt sich seit Jahren mehr und mehr darauf, daß ich mich plage, das Geld für ihren Unterhalt zusammenzubringen . . .*

Die Heimat will ich mir nicht dadurch verderben, daß ich meinen Werktag dahin verlege; Kindheit und Schwarzwald sind für mich Heiligtümer erster Ordnung, die ich nimmer gefährden will . . .

Man entschied sich für Bern und fand in der Nähe der Stadt, in dem Haus des soeben verstorbenen Malers Albert Welti, mit dem Hesse befreundet gewesen war, eine Wohnung, die ganz den Wünschen entsprach. Eine Flucht oder Emigration aus Deutschland, wie später immer wieder behauptet wurde, bedeutete dieser Umzug natürlich nicht. Wohl war die politische Haltung der Schweiz Hesses Anschauungen weit gemäßer als der deutsche Nationalismus der Vorkriegsjahre. Aber politische Gründe spielten für das Verlassen von Gaienhofen keinerlei Rolle. *Dies südwestdeutsch-schweizerische Gebiet ist mir Heimat, und daß durch dies Gebiet mehrere Landesgrenzen und eine Reichsgrenze liefen, bekam ich zwar im kleinen wie im großen oft genug einschneidend zu spüren, doch habe ich diese Grenzen in meinem innersten Gefühl niemals als natürlich empfinden können. Für mich war Heimat zu beiden Seiten des Oberrheins, ob das Land nun Schweiz, Baden oder Württemberg hieß.*

DER ERSTE WELTKRIEG

Im September 1912 bezog Hesse mit seiner Familie die neue Wohnung im Melchenbühlweg. *Ein altes Berner Landhaus, weit vor der Stadt in den Feldern gelegen, mit einem streng symmetrisch angelegten alten*

Bern: alte Bürgerhäuser

*Hesse mit Frau
und Sohn Heiner*

Garten, einem laufenden Brunnen, Hunden und Vieh, einem Wäldchen von Ahornen, Eichen und Buchen. Eine Menge kleiner Stuben mit angegilbtem Getäfel und rissigen alten Tapeten, eine steinerne, sehr herrschaftliche Wendeltreppe, ein hübsches lichtes Sälchen, sonst alles primitiv und bescheiden. An den Wänden hängen die Porträts von ehemaligen Besitzern des Hauses, mit Perücken und Jagdhüten, Ansichten vom Vesuv aus dem 18. Jahrhundert und alte Stiche, Glockenzüge aus Glasperlen und mit gestickten verblaßten Bändern.

Haus und Garten sind ziemlich ähnlich geschildert in meinem Romanfragment «Das Haus der Träume», und der Titel dieser unvollendeten Dichtung ist eine Erinnerung an meinen Freund Albert Welti, der eins seiner merkwürdigsten Bilder so genannt hatte. Wenige Monate nach dem Einzug schreibt er an Haußmann: Bern gefällt mir; wenn ich einmal wieder bessere Tage habe, wird es hier ganz gut zu leben sein. Literarisches Leben gibt es nicht, auch kaum ein künstlerisches, aber gute Musik und liebe Musiker, eine schöne Stadt, ruhige unaufdringliche Menschen, die einem nur langsam entgegenkommen aber sich dann hoffentlich bewähren, kurz alles nicht interessant, aber solid, gerade

68

das Gegenteil von München.

Als *Herrensitz Roßhalde* wird das Haus des Malers Welti zum Schauplatz eines *Romans, in dem Krankheit und Sterben eines liebenswürdigen Knaben zum Gleichnis werden für das Welken und Sterben einer Ehe.* Die Erzählung, erstmals eine dichterische Spiegelung von Schwierigkeiten der eigenen Ehe, erschien 1913 in «Velhagen & Klasings Monatsheften», im Jahre danach als Buch. In der Titelzeichnung von E. R. Weiß findet sich das Gemälde von Johannes Veraguth wiedergegeben, das zum Sinnbild der Dichtung wurde. Es stellt drei Figuren dar, die ohne jede Beziehung nebeneinander sitzen: *Der Mann gebückt und in ein hoffnungsloses Grübeln vergraben, die Frau ergeben wartend in enttäuschter Freudlosigkeit, das Kind hell und arglos in den Blumen spielend . . .*

Beim Erscheinen des Buches schreibt Hesse dem Vater: *Der Roman hat mir viel zu schaffen gemacht und ist für mich ein, wenigstens einstweiliger, Abschied von dem schwersten Problem, das mich praktisch beschäftigt hat. Denn die unglückliche Ehe, von der das Buch handelt, beruht gar nicht auf einer falschen Wahl, sondern tiefer auf dem Problem* der «Künstlerehe» überhaupt, auf der Frage, ob überhaupt ein Künstler oder Denker, ein Mann, der das Leben nicht nur instinktiv leben, sondern vor allem möglichst objektiv betrachten und darstellen will –, ob so einer überhaupt zur Ehe fähig sei. Eine Antwort weiß ich da nicht, aber mein Verhältnis dazu ist in dem Buch möglichst präzisiert; es ist darin eine Sache zu Ende geführt, mit der ich im Leben anders fertig zu werden hoffe ...

Nach 26 Jahren las Hesse *Roßhalde* eines äußeren Anlasses wegen zum erstenmal wieder und fand, daß sich die Erzählung bewährt habe. *Damals, mit diesem Buche, hatte ich die mir mögliche Höhe an Handwerk und Technik erreicht, und bin nie weiter darin gekommen. Dennoch hatte es ja seinen guten Sinn, daß der damalige Krieg mich aus der Entwicklung riß und mich, statt mich zum Meister guter Formen werden zu lassen, in eine Problematik hinein führte, vor der das rein Ästhetische sich nicht halten konnte ...*

Unbeschwerter, gelöster, alte Motive wieder aufnehmend und verfeinernd, sind die *Drei Geschichten aus dem Leben Knulps*, die ebenfalls noch aus der Vorkriegszeit stammen – *Vorfrühling*, die erste der Erzählungen, wurde bereits 1908 in der «Neuen Rundschau» veröffentlicht –, die jedoch erst 1915 in «Fischers Bibliothek zeitgenössischer Romane» erschienen.

Ein Nachfahre des «Taugenichts» ist Knulp, ein Vagabund, der es zu nichts Rechtem gebracht hat, ein «Entgleister», der nicht in die geregelte Ordnung nüchterner Arbeits- und Berufsmenschen paßt. Aber dieser träumende Schlendrian mit seiner Kinderseele verbirgt hinter seiner heiteren Seite, die den Menschen Freude, ihnen Spiel und Vergnügen bringt, einen zweiten Knulp, einen einsamen, heimatlosen Menschen, dem es bestimmt ist zu wandern, sich immer wieder auf und davon zu machen, an keinem Ort Wurzeln zu schlagen. Das Freisein von Bindungen muß mit dem Verzicht auf ein bürgerliches Glück, auf Familie und Häuslichkeit, erkauft werden. Und so wird in übertragenem Sinn und mehr angedeutet als wirklich ausgesprochen auch in dieser frischen, unpathetischen Geschichte die Problematik des Künstlertums berührt, die Spannung zwischen der produktiven, nützlichen Welt der Leistung und dem scheinbar so unnützen, zweckfreien Dasein des Dichters und Künstlers.

Als Knulp, müde und dem Ende nahe, in dichtem Schneetreiben durch die Wälder seiner Heimat irrt, tritt Gott zu ihm, mit dem er über die Zwecklosigkeit seines gescheiterten Lebens zu hadern beginnt. *«Sieh», sprach Gott, «ich hab dich nicht anders brauchen können, als wie du bist. In meinem Namen bist du gewandert und hast den seßhaften Leuten immer wieder ein wenig Heimweh nach Freiheit mitbringen müssen. In meinem Namen hast du Dummheiten gemacht und dich verspotten lassen; ich selber bin in dir verspottet und bin in dir geliebt worden. Du bist ja mein Kind und mein Bruder und ein Stück von mir, und du hast nichts gekostet und nichts gelitten, was ich nicht mit dir erlebt habe.»*

Noch eine andere Geschichte aus der Zeit unmittelbar vor dem Ersten Weltkrieg, sie erschien 1914 in «Westermanns Monatsheften», darf

Fischers Bibliothek
zeitgenössischer Romane

Knulp
Drei Geschichten
aus dem Leben Knulps

von

Hermann Hesse

S. Fischer, Verlag
Berlin

nicht unerwähnt bleiben: die Erzählung *Im Presselschen Gartenhaus*. Die so einfach scheinende Sicherheit, mit der hier von Mörike, von Waiblinger und Hölderlin, vom Stift, von Tübingen und dem Gartenhäuschen auf dem Österberg erzählt wird, wohin die jungen Theologiestudenten den kranken Dichter führen, läßt das hohe Maß künstlerischen Gestaltungsvermögens, das Hesse mit dieser kleinen Dichtung erreicht hat, leicht übersehen. Nicht nur daß die Atmosphäre in ihrer historischen Richtigkeit, daß die Gestalten der drei so gegensätzlichen schwäbischen Dichter mit einer bewundernswerten Einfühlungsgabe erfaßt und dargestellt werden, die genaue Beobachtung erst zeigt die sinnbildhafte Kraft selbst unscheinbarer Vorgänge, das Bedeutsame im Einfachen. Hesse bedient sich hier eines ihm wohlvertrauten historischen Stoffes, um gleichsam in ihm verborgen seine Gedanken über das Wesen des Dichters und Dichtens zum Ausdruck zu bringen.

Beim Ausbruch des Ersten Weltkriegs lebte Hesse bereits zwei Jahre in der Schweiz. Er entzog sich nicht den Pflichten, die ihn als deutschen Staatsbürger betrafen, und bot sich, als er mit dem Landsturm auf dem Berner Konsulat gemustert wurde, als Freiwilliger an. Seine Bewerbung fand Ablehnung, er wurde zurückgestellt, doch etwas später der Deutschen Botschaft in Bern zum Dienst in der Kriegsgefangenenfürsorge zugewiesen.

Während sich die meisten Dichter der kriegführenden Länder, zumal in den ersten Kriegswochen, in Tiraden gegenseitigen Hasses ergingen, veröffentlichte er, immun gegen alle Kriegspsychosen, am 3. November 1914 in der «Neuen Zürcher Zeitung» seinen berühmt gewordenen Aufsatz *O Freunde, nicht diese Töne*. Im Innersten getroffen und erregt, stellt er sich gegen den Wahn nationalistischer Besessenheit, erhebt er seine Stimme und appelliert an Humanität und Vernunft. – An den *Geist, in dem die besten deutschen Denker und Dichter gelebt haben*, zu erinnern und an die *Mahnung zu Gerechtigkeit, Mäßigung, Anstand, Menschenliebe, die er enthält, dazu ist es jetzt mehr Zeit als je . . . die Überwindung des Krieges ist nach wie vor unser edelstes Ziel und die letzte Konsequenz abendländisch-christlicher Gesittung . . . Daß das Leben wert sei, gelebt zu werden, ist der letzte Inhalt und Trost jeder Kunst, obgleich alle Lobpreiser des Lebens noch haben sterben müssen. Daß Liebe höher sei als Haß, Verständnis höher als Zorn, Friede edler als Krieg, das muß ja eben dieser unselige Weltkrieg uns tiefer einbrennen, als wir es je gefühlt.* Er ist erschüttert von der *Brutalität, mit der über alles Politische und Soldatische hinaus allgemeine Geisteswerte vernichtet und bespuckt werden.* Aus Empörung und Schmerz darüber erwächst sein Protest.

Auch ich war einmal in meinem Leben genötigt, meine ganze stille, beschauliche Philosophie wegzuwerfen und mich bis zum Verbluten an den Tag hinzugeben. Das war, als der Krieg kam, und für nahezu zehn Jahre war der Protest gegen den Krieg, der Protest gegen die rohe, blutsaufende Dummheit der Menschen, der Protest gegen die «Geistigen», namentlich die den Krieg predigten, für mich Pflicht und bittre Notwendigkeit. Hesse gehörte zu der verschwindend kleinen Zahl deutscher Dichter, die sich von Anfang an mit aller Entschiedenheit gegen Chauvinismus und Barbarei wandten und für den Frieden einsetzten. Aber das Echo war Befremdung und Haß. Nach dem Erscheinen seines Aufsatzes *Wieder in Deutschland* im Oktober 1915 wurde er als «Verräter» und «Gesinnungslump» in der deutschen Presse beschimpft, und das «Kölner Tagblatt» schrieb in einem vielfach nachgedruckten Artikel: «Wie ein Ritter von der traurigen Gestalt . . . zieht der Drückeberger Hermann Hesse daher, als vaterlandsloser Gesell, der längst innerlich den Staub der heimischen Erde von seinen Schuhen geschüttelt hat!» Conrad Haußmann, Theodor Heuss, Hermann Missenharter gehörten zu den wenigen, die damals öffentlich für ihn eintraten. Hesse selbst fühlte sich durch diese Schmähartikel im Innersten getroffen; er hat sie nie vergessen.

Mit den deutschen Emigranten in der Schweiz, die, wie etwa René Schickele, Leonhard Frank oder die Zürcher Dadaisten, eine ähnliche politische Haltung vertraten, hatte Hesse so gut wie keine Verbindung. Er blieb Individualist und Einzelgänger, schloß sich auch jetzt keinem der literarischen Zirkel an und war daher auch in diesen Kreisen so gut wie unbekannt. Aber er gewann die Achtung und die Freundschaft Romain Rollands.

Als Hesse 1946 die Aufsätze jener Jahre, rund 25 hatte er zwischen 1914 und 1919 veröffentlicht, zu dem Buch *Krieg und Frieden* zusammenstellte, schrieb er im Geleitwort: *Ich vergaß Vieles aus den beklemmenden Tagen des Jahres 1914, in denen der früheste dieser Aufsätze*

Romain Rolland

entstanden ist, nicht aber jenen Tag, an dem ein Briefchen von Romain Rolland als einzige sympathische Reaktion auf diesen Aufsatz mich erreichte, zugleich mit der Ankündigung seines Buches. Ich hatte einen Weggenossen, einen Gleichgesinnten, einen, der gleich mir gegen den blutigen Unsinn des Krieges und der Kriegspsychose empfindlich gewesen und dagegen aufgestanden war, und es war nicht ein Beliebiger, es war ein Mann, den ich als Dichter der ersten Bände des «Jean Christophe» (mehr kannte ich damals von ihm noch nicht) hochschätzte, und der mir an politischer Schulung und Bewußtheit weit überlegen war. Wir sind Freunde geblieben bis zu seinem Tode ... Ich hatte meinen politischen Weg begonnen, sehr spät, als Mann von bald vierzig Jahren, erweckt und aufgerüttelt durch die grauenhafte Wirklichkeit des Krieges, tief befremdet durch die Leichtigkeit, mit der sich meine bisherigen Kollegen und Freunde dem Moloch zur Verfügung stellten ... Ich habe weder während der Kriegsjahre noch nachher je eigentlich politische Gespräche mit Rolland geführt, aber ich weiß dennoch nicht, ob ich ohne seine Nähe und Kameradschaft jene Jahre überstanden hätte.

Seine ganze Kraft stellte Hesse in den Dienst der Gefangenenfürsorge. Diese Tätigkeit empfand er als persönliche Verpflichtung. *Jedes Leben steht unter seinen eigenen Sternen, und die meinen waren nicht von der heldischen, patriotischen und soldatischen Art, nicht diese Sterne zu verehren und für sie zu kämpfen war mir als Aufgabe zugefallen, sondern umgekehrt: das «private», das individuelle Leben in seiner Bedrohtheit durch die Mechanisierung, durch den Krieg, durch den Staat, durch die Massenideale war es, das ich zu verteidigen hatte. Auch war mir nicht unbekannt geblieben, daß nicht selten mehr Mut dazu gehört, unheroisch und einfach menschlich statt heldisch zu sein.*

Im Rahmen der offiziellen Kriegsgefangenenfürsorge leitete Hesse von 1915 bis zu Beginn des Jahres 1919 zusammen mit dem Zoologen Professor Richard Woltereck die «Bücherzentrale für deutsche Kriegsgefangene Bern», deren Aufgabe es war, den deutschen Gefangenen in Frankreich und in Amerika und den Internierten in der Schweiz Bücher und kleine Bibliotheken zu beschaffen. Da die finanziellen Mittel, die den offiziellen Stellen für Zwecke dieser Art zur Verfügung standen, rasch erschöpft waren, hing die Leistungskraft der «Bücherzentrale» im wesentlichen von der Aktivität der beiden Leiter ab. In zahllosen Briefen wandte sich Hesse an Kollegen und Freunde, an Bibliothekare und Verleger und erbat Bücher. *Es handelt sich ja natürlich gar nicht bloß um eine humanitäre Leistung, sondern um eine politische und volkserziehende, denn die geistigen und moralischen Gefahren der Gefangenschaft sind groß,* heißt es in einem dieser Briefe (an Schmidtbonn, 30. Juni 1916). Tausende von Bücherpaketen, zum Teil kleine Lagerbibliotheken in sich, wurden zusammengestellt, verpackt und in die deutschen Gefangenenlager nach Frankreich geschickt. *Das Elend, das einen jetzt aus der ganzen Welt her anruft, ist so ungeheuer, daß ich in meiner kleinen Ecke alles tun will, was ich dabei helfen kann.*

Da die gestifteten Bücher nicht ausreichten, vieles sich auch zum Versand an Gefangene nicht eignete, gründete und redigierte Hesse ein Kriegsgefangenenblatt, das unter der Flagge des neutralen Berner Büros «Pro captivis» und unter anderem Herausgebernamen lief, den Titel «Sonntagsbote für deutsche Kriegsgefangene» erhielt und drei Jahre hindurch alle vierzehn Tage in vielen Tausenden von Abzügen nach

C. G. Jung

Frankreich, nach England, nach Rußland und Italien versandt wurde. Zusammen mit Woltereck leitete Hesse auch anderthalb Jahre lang die Redaktion der «Deutschen Interniertenzeitung», die von der deutschen Gefangenenfürsorge in Bern herausgegeben wurde. Nicht zuletzt gab er in dem eigens geschaffenen Verlag der Bücherzentrale Bern eine kleine Schriftenreihe heraus, die es bis auf 22 Bändchen brachte: *Erzählungen von Emil Strauß, von den Brüdern Mann, von Gottfried Keller, von Storm, von mir selbst, kleine schlichte, aber anständige Drucke, nur als Geschenke für die Kriegsgefangenen gedruckt, deren Bitten um Lektüre uns damals zu Zehntausenden überschwemmten . . .*

Zu den schweren inneren Erschütterungen, die das Kriegsgeschehen in Hesse auslöste, zu der anstrengenden und aufreibenden Arbeit im Dienst der Kriegsgefangenen, kamen große persönliche Nöte und Schwierigkeiten: eine gefährliche Erkrankung des jüngsten Kindes, der Tod des Vaters im Jahre 1916, die Krise der Ehe und schließlich der Ausbruch eines Gemütsleidens der Frau, das ihre zeitweilige Überführung in eine Heilanstalt erforderlich machte. *Der Ausgestoßene* lautet ein Gedicht aus dem Bändchen *Musik des Einsamen*, das damals erschien und in dem es heißt:

> *Jahre ohne Segen,*
> *Sturm auf allen Wegen,*
> *Nirgend Heimatland,*
> *Irrweg nur und Fehle*
> *Schwer auf meiner Seele*
> *Lastet Gottes Hand.*

Zu Beginn des Jahres 1916 ist der eigene physische und psychische Zustand so angegriffen, sind die seelischen Depressionen so stark, daß er die Berner Arbeit unterbrechen muß. Da eine Kur in Locarno und Brunnen erfolglos bleibt, unterzieht sich Hesse im Frühjahr einer psychoanalytischen Behandlung in der Luzerner Privatklinik Sonnmatt. Mit Hilfe des Arztes Dr. Josef Bernhard Lang, eines Schülers C. G. Jungs, der bald zum vertrauten Freund wird, und durch die eigene intensive Beschäftigung mit den Schriften Freuds und Jungs gelingt es, die Erstarrung zu lösen, Konflikte, die ihn von Jugend an quälten, zu bewältigen und die innere Krise einigermaßen zu überwinden. Zwischen Juni und November 1916 finden etwa 60 Sitzungen bei Dr. Lang statt, unter denen man sich jedoch, wie Ball zu Recht betont, weniger eine ärztliche Behandlung im strengen Sinne als psychotherapeutische Gespräche zwischen Freunden vorzustellen hat. Sie haben den Erlebensbereich Hesses ganz entscheidend erweitert und ihm die Wege zu einem neuen Ansatz in seiner Entwicklung als Mensch wie als Dichter erschlossen. Auch wenn die Bedeutung der Psychoanalyse in der Dichtung Hesses nicht überschätzt werden sollte, so hat doch die Begegnung mit Dr. Lang und mit den Werken C. G. Jungs Wesentliches zur Klärung des eigenen Weltbildes beigetragen. In einem Aufsatz *Künstler und Psychoanalyse* schrieb Hesse 1918: *Wer den Weg der Analyse, das Suchen seelischer Urgründe aus Erinnerungen, Träumen und Assoziationen, ernsthaft eine Strecke weit gegangen ist, dem bleibt als bleibender Gewinn, das was man etwa das «innigere Verhältnis zum eigenen Unbewußten» nennen kann. Er erlebt ein wärmeres, fruchtbareres leidenschaftlicheres Hin und Her zwischen Bewußtem und Unbewußtem; er nimmt von dem, was sonst «unterschwellig» bleibt und sich nur in unbeachteten Träumen abspielt, vieles mit ans Licht herüber.*

Mit dem Ende des Krieges fiel auch die Vollendung meiner Wandlung und die Höhe der Prüfungsleiden zusammen. Diese Leiden hatten mit dem Kriege und dem Weltschicksal nichts mehr zu tun, auch die Niederlage Deutschlands, von uns im Auslande seit zwei Jahren mit Sicherheit erwartet, hatte im Augenblick nichts Erschreckendes mehr. Ich war ganz in mich selbst und ins eigene Schicksal versunken, allerdings zuweilen mit dem Gefühl, es handle sich dabei um alles Menschlos überhaupt. Ich fand allen Krieg und alle Mordlust der Welt, all ihren Leichtsinn, all ihre rohe Genußsucht, all ihre Feigheit in mir selber wieder, hatte erst die Achtung vor mir selbst, dann die Verachtung meiner selbst zu verlieren, hatte nichts andres zu tun, als den Blick ins Chaos zu Ende zu tun, mit der oft aufglühenden, oft erlöschenden Hoffnung, jenseits des Chaos wieder Natur, wieder Unschuld zu finden. Jeder wach gewordene und wirklich zum Bewußtsein gekommene Mensch geht ja einmal, oder mehrmals diesen schmalen Weg durch die Wüste – den andern davon reden zu wollen, wäre vergebliche Mühe.

Blick ins Chaos lautet der Titel einer Schrift mit drei Aufsätzen jener Jahre. *Zarathustras Wiederkehr* und *Sinclairs Notizbuch* enthalten weitere Arbeiten der Zeit, die man als «Sinclair-Zeit» bezeichnet, denn unter diesem Pseudonym, dem Namen des politisch sehr aktiven Hölderlin-Freundes Sinclair – nur der Vorname wurde von Isaac in Emil abge-

ändert –, erschien 1919 der *Demian*, das wichtigste und entscheidend-
ste Werk Hesses in dieser Periode des Umbruchs, der Wandlungen und
des Neubeginns. Das 1917 in wenigen Monaten in Bern niedergeschrie-
bene Buch ist neben einigen Märchen wie *Iris* oder *Der schwere Weg*
Ergebnis und künstlerische Frucht der Begegnung mit der Psychoanalyse.

Der *Demian* ist die Geschichte des Knaben Emil Sinclair, der an den
Begegnungen mit Max Demian, seinem «Dämon» – den Namen fand
Hesse in einem Traum –, sich von seiner Kindheit löst und in den Auseinandersetzungen mit ihm die unendliche Welt seines Innern entdeckt.
Durch Pistorius, der wesentliche Züge Dr. Langs trägt, gelingt es, diese
eigene Urwelt zu ordnen und zu beherrschen, und indem Sinclair zuletzt seinem stärksten Traumbild, der Sehnsucht zur Mutter, entsagen
lernt, ja seiner nicht mehr bedarf, findet er den Weg zur Freiheit und zu
eigener Verantwortlichkeit. Diese Entwicklung wird im Spiegel von
Träumen und Bildern erfahren und dargestellt; sie führt, dadurch, daß
die innere Symbolwelt ins Bewußtsein erhoben wird, zur Verwirklichung der Persönlichkeit. *Ich war ein Suchender und bin es noch*, heißt
es im Geleitwort, *aber ich suche nicht mehr auf den Sternen und in den
Büchern, ich beginne die Lehren zu hören, die mein Blut in mir rauscht.
Meine Geschichte ist nicht angenehm, sie ist nicht süß und harmo-*

nisch wie die erfundenen Geschichten, sie schmeckt nach Unsinn und Verwirrung, nach Wahnsinn und Traum wie das Leben aller Menschen, die sich nicht mehr belügen wollen.

Das Leben jedes Menschen ist ein Weg zu sich selber hin, der Versuch eines Weges, die Andeutung eines Pfades. Kein Mensch ist jemals ganz und gar er selbst gewesen; jeder strebt dennoch, es zu werden ... Mancher wird niemals Mensch ... Aber jeder ist ein Wurf der Natur nach dem Menschen hin. Und allen sind die Herkünfte gemeinsam, die Mütter, wir alle kommen aus demselben Schlunde, aber jeder strebt, ein Versuch und Wurf aus den Tiefen, seinem eigenen Ziele zu. Wir können einander verstehen, aber deuten kann jeder nur sich selbst.

Das sich Bewußtwerden führt zur Selbstdeutung und damit innerhalb der autobiographischen Dichtung Hesses eine Stufe höher. Der *Demian* ist ein solcher Versuch, sich selbst zu deuten. Mit unbedingter Ehrlichkeit gilt es, sich des eigenen Ichs klar zu werden, den eigenen Weg zu erkennen und als Schicksal zu bejahen. Nicht bei anderen ist die Schuld zu suchen, sondern bei sich selbst. Der Mensch ist autonom, er selbst trägt die Verantwortung für sein Handeln.

Verzauberung war vom *Camenzind* und von der betörenden Sprachmusik der frühen Dichtungen Hesses auf die Jugend der Jahrhundertwende ausgegangen. Mit dem *Demian* ergriff der Dichter ungleich stärker und radikaler eine neue Lesergeneration, die Heimkehrer aus einem verlorenen Krieg, die Jugend der zwanziger Jahre. Die Bewegung, die das Buch auslöste, war stark und nachhaltig. Seine mutige, offene Stimme wurde gehört, diskutiert, leidenschaftlich in Zustimmung wie Ablehnung. Mag auch im Rückblick der *Demian* mehr als andere Werke Hesses der Zeit seiner Entstehung verhaftet erscheinen, zu seiner Zeit hat er die Geister erregt und erschüttert. In der Einleitung zur ersten amerikanischen Ausgabe des *Demian* erklärte Thomas Mann 1947: «Unvergeßlich ist die elektrisierende Wirkung, welche gleich nach dem ersten Weltkrieg der *Demian* eines gewissen mysteriösen Sinclair hervorrief, eine Dichtung, die mit unheimlicher Genauigkeit den Nerv der Zeit traf und eine ganze Jugend, die wähnte, aus ihrer Mitte sei ihr ein Künder ihres tiefsten Lebens erstanden (während es ein schon Zweiundvierzigjähriger war, der ihr gab, was sie brauchte), zu dankbarem Entzücken hinriß.»

Nur das Denken, das wir leben, hat einen Wert, steht im *Demian,* und aus seinem Geiste lebt auch *Zarathustras Wiederkehr,* «die rühmlichste politische Dichterleistung jener Jahre» (H. Ball). Diese Schrift, ein mahnender und beschwörender Appell an die Jugend, den Hesse im Januar 1919 *unter dem Druck der Weltereignisse* und *in schwerster Bedrängnis und Spannung* innerhalb von drei Tagen und drei Nächten niederschrieb, erschien ebenfalls anonym. Da Hesse den Haß und die Verachtung der jungen Menschen *gegen alles, was ihnen als bisherig, als gestrig, als impressionistisch erschien,* kannte, dazu auch seinen zu geläufigen und abgestempelten Autorennamen rechnete, aber dennoch diese Jugend unvoreingenommen erreichen wollte, gestand er erst in der zweiten Auflage seine Verfasserschaft zu. Als Autor des *Demian* wurde Hesse übrigens bald von Otto Flake erkannt, und Eduard Korrodi forderte ihn auf, sein Pseudonym aufzugeben. In den späteren Auflagen erschien daher auch dieses Buch unter seinem Namen, und er gab den dem Dichter «Emil Sinclair» verliehenen Fontane-Preis zurück.

Zarathustras Wiederkehr ist kein Bekenntnis zu dem Philosophen oder Dichter Nietzsche, wie man meinen möchte, *wohl aber zu Nietzsche dem Menschen, dem Mann. Mehr und mehr erschien er mir, seit dem jammervollen Versagen unsrer deutschen Geistigkeit im Kriege, als der letzte einsame Vertreter eines deutschen Geistes, eines deutschen Mutes, einer deutschen Mannhaftigkeit, die gerade unter den Geistigen unsres Volkes ausgestorben zu sein schien.*

Wenige erkennen ihr Schicksal. Wenige leben ihr Leben. Lernet euer Leben zu leben! Lernet euer Schicksal erkennen! ruft Zarathustra den Jünglingen zu. *Ihr sollet lernen, ihr selbst zu sein . . . Ihr sollet verlernen, andere zu sein, gar nichts zu sein, fremde Stimmen nachzuahmen und fremde Gesichter für die euern zu halten . . .*

Stehet nicht und flehet wehklagend das Erbarmen der Weltgeschichte an, ihr, die ihr eben noch das Lied vom deutschen Wesen gesungen habt, an dem die Welt genesen soll, stehet jetzt nicht als bestrafte Schulkinder am Wege und rufet das Mitleid der Vorübergehenden an! Könnet ihr Armut nicht ertragen, so sterbet! Könnet ihr euch ohne Kaiser und siegreiche Generale nicht regieren, so laßt euch von Fremden regieren! Aber vergesset, ich bitte euch, der Scham nicht völlig! . . .

Die Souveränität der freien Persönlichkeit wird den Lockungen der Kollektivismen entgegengesetzt. Eine solche Verabsolutierung des Ich hat ihre eigenen Gefahren. Hesse wußte darum, aber in einer Zeit des allgemeinen Verlustes individuellen Menschentums und persönlicher Würde, der Vermassung und Entseelung, schien es ihm erforderlich, mit aller Deutlichkeit an die sittliche Autonomie der einzelnen Menschen zu appellieren, den *Weg nach Innen* zu weisen. Das Traumreich des wirklichkeitsfremden Ästhetizismus seiner Anfänge liegt weit zurück. Hesse hat sich in diesen Kriegs- und Krisenjahren gewandelt und eine sehr andere Position bezogen. Seine aufrechten öffentlichen Bekenntnisse liefern zwar keine praktikablen Ideen für die Politik des Tages, aber es wird politische Haltung bezeugt und eine neue Moralität des politischen Handelns gefordert.

Als Hesse im November 1918 gebeten wurde, innerhalb der württembergischen Landesregierung an der politischen Aufbauarbeit teilzunehmen, antwortete er: *Mein Dienst und Beruf ist der der Menschlichkeit. Beide sind nötig, aber beiden zugleich dienen ist kaum möglich. Politik fordert Partei, Menschlichkeit verbietet Partei.* Diese Worte präzisieren seine persönliche Haltung in sehr genauer und kennzeichnender Weise. Er sah seine Aufgabe darin, sich als Schriftsteller für eine individuelle Humanität einzusetzen, politische Aktivität als solche lag ihm fern. Nach der Katastrophe des Zweiten Weltkriegs verzichtete Hesse darauf, das, was er 1918, 1919 und 1920 geschrieben hatte, in öffentlichen Aufrufen zu wiederholen. Die Aufsätze von damals hatten ihre Aktualität nicht verloren.

Als der *Demian* erschien, hatte Hesse Bern bereits verlassen, sein Haus geschlossen, um nie wiederzukehren. Während der letzten Monate des Jahres 1918 war der eigene Haushalt zusammengebrochen. Die Frau befand sich nervenleidend in einer Anstalt, aber auch nach einer Genesung schien ein erneutes Zusammenleben ausgeschlossen. Die Kinder waren in Pensionen und bei Bekannten untergebracht. Tief vereinsamt und verstört saß Hesse in dem öd und leer gewordenen Haus.

> *In der Ulme rauscht Nacht,*
> *Der Garten lacht voll Gespenster*
> *Ich habe mein klirrendes Fenster*
> *Und mein Herz wieder zugemacht.*

Im Rückblick auf diese Zeit schreibt er zwanzig Jahre später: *Wenn ich mich von den Erschütterungen und Verlusten der Kriegsjahre, die mein Leben nahezu vollkommen zertrümmert hatten, noch einmal erheben und meinem Dasein einen Sinn geben konnte, so war es nur durch eine radikale Einkehr und Umkehr möglich, durch einen Abschied von allem Bisherigen und einem Versuch, mich dem Engel zu stellen.*

Es hatte bis zum Frühling 1919 gedauert, bis die Kriegsgefangenenfürsorge, in deren Dienst ich stand, mich entließ; die Freiheit fand mich allein in einem leeren und verwahrlosten Hause, in dem es seit einem Jahre sehr an Licht und Heizung gemangelt hatte. Es war von meiner frühern Existenz sehr wenig übriggeblieben. So machte ich einen Strich unter sie, packte meine Bücher, meine Kleider und meinen Schreibtisch ein, schloß das verödete Haus und suchte einen Ort, wo ich allein und in vollkommener Stille von vorn beginnen könnte.

Hesse fährt über das Gebirge, überschreitet die Pässe, die Wasserscheide, die Sprachgrenze und sucht sich im Süden der Schweiz, im Tessin, einen neuen Wohnsitz. *Wohl dem Besitzenden und Seßhaften, dem Treuen, dem Tugendhaften!* heißt es in dem Buch *Wanderung*, den Aufzeichnungen aus jener Zeit. *Ich kann ihn lieben, ich kann ihn verehren, ich kann ihn beneiden. Aber ich habe mein halbes Leben daran verloren, seine Tugend nachahmen zu wollen. Ich wollte sein, was ich nicht war. Ich wollte zwar ein Dichter sein, aber daneben doch auch ein Bürger. Ich wollte ein Künstler und Phantasiemensch sein, dabei aber auch Tugend haben und Heimat genießen. Lange hat es gedauert, bis ich wußte, daß man nicht beides sein und haben kann, daß ich Nomade bin und nicht Bauer, Sucher und Bewahrer. Lange habe ich mich vor Göttern und Gesetzen kasteit, die doch für mich nur Götzen waren. Dies war mein Irrtum, meine Qual, meine Mitschuld am Elend der Welt. Der Weg der Erlösung führt nicht nach links und nicht nach rechts, er führt ins eigene Herz, und dort allein ist Gott und dort allein ist Friede.*

Im April 1919 bewohnt Hesse ein kleines Bauernhaus am Ortseingang von Minusio bei Locarno. Dann sitzt er einige Wochen in Sorengo, und schließlich findet er mit Hilfe von Andreae eine Wegstunde oberhalb von Lugano Montagnola, zu jener Zeit noch ein *kleines verschla-*

fenes Dorf inmitten von Rebbergen und Kastanienwäldern und in ihm die Casa Camuzzi, ein seltsames, palazzoartiges Gebäude, die Imitation eines barocken Jagdschlosses. Hier zieht er im Mai 1919 ein, und der Fluchtort des Einsamgewordenen wird zur Behausung für die Dauer, das Tessin zur neuen Heimat.

Nach dem Zusammenbruch der bürgerlichen die künstlerische Existenz und damit sich selbst zu retten, erforderte einen radikalen Neuanfang. In dem heißen Sommer 1919, einem Sommer voll Kraft und Glut, formte sich ein neuer Mensch. In dem ganz auf sich selbst Zurückgeworfenen erwachte ein neues Lebensgefühl und brach sich zugleich neue Schaffenskraft Bahn. *Die Krankheit scheint vorüber zu sein, ich bin nicht gestorben. Also nochmals dreht sich Erde und Sonne für mich, noch heut und noch lange spiegelt sich Blau und Wolke, See und Wald in meinem lebendigen Blick, nochmals gehört mir die Welt, nochmals spielt sie auf meinem Herzen ihre vielstimmige Zaubermusik.*

Die vollste, üppigste, fleißigste und glühendste Zeit seines Lebens nannte er in der Rückschau dieses erste Tessiner Jahr, in dem er, kaum daß er wieder Zimmer und Schreibtisch besaß, *Klein und Wagner* und dann in wenigen Wochen den *Klingsor* schrieb, daneben Tag für Tag malte, zeichnete, viele Hunderte von Studienblättern voll, neue Menschen kennenlernte und so manche Nacht im Grotto beim Wein verbrachte. *Das war Klingsors Sommer. Die glühenden Tage wanderte ich durch die Dörfer und Kastanienwälder, saß auf dem Klappstühlchen und versuchte, mit Wasserfarben etwas von dem flutenden Zauber aufzubewahren, die warmen Nächte saß ich bis zu später Stunde bei offenen Türen und Fenstern in Klingsors Schlößchen und versuchte, etwas erfahrener und besonnener, als ich es mit dem Pinsel konnte, mit Worten das Lied dieses unerhörten Sommers zu singen. So entstand die Erzählung vom Maler Klingsor.*

Klingsor, der mächtige Zauberer aus Wolframs «Parzival», dessen Gestalt auch Novalis angezogen hatte, erscheint hier als Maler. In rauschhaften Tagen trunkener Daseinslust und besessener Arbeit erfüllen sich die letzten Monate seines Lebens. Mit einem gewaltigen Bilde beginnt die Ouvertüre der Dichtung. *Ein leidenschaftlicher und raschlebiger Sommer war angebrochen. Die heißen Tage, so lang sie waren, loderten weg wie brennende Fahnen, den kurzen schwülen Mondnächten folgten kurze schwüle Regennächte, wie Träume schnell und mit Bildern überfüllt fieberten die glänzenden Wochen dahin. Klingsor stand nach Mitternacht, von einem Nachtgang heimgekehrt, auf dem schmalen Steinbalkon seines Arbeitszimmers. Unter ihm sank tief und schwindelnd der alte Terrassengarten hinab, ein tief durchschattetes Gewühl dichter Baumwipfel, Palmen, Zedern, Kastanien, Judasbaum, Blutbuche, Eukalyptus, durchklettert von Schlingpflanzen, Lianen, Glyzinen. Über der Baumschwärze schimmerten blaßspiegelnd die großen blechernen Blätter der Sommermagnolien, riesige schneeweiße Blüten dazwischen halbgeschlossen, groß wie Menschenköpfe, bleich wie Mond und Elfenbein, von denen durchdringend und beschwingt ein inniger Zitronengeruch herüberkam. Aus unbestimmter Ferne her mit müden Schwingen kam Musik geflogen, vielleicht eine Gitarre, viel-*

leicht ein Klavier, nicht zu unterscheiden . . .

Klingsor ahnt seinen nahen Tod, er weiß um Vergänglichkeit und Untergang. *Jeder hat seine Sterne,* sagt er zu den Freunden, *jeder hat seinen Glauben. Ich glaube nur an eines: an den Untergang. Wir fahren in einem Wagen überm Abgrund, und die Pferde sind scheu geworden. Wir stehen im Untergang, wir alle, wir müssen sterben, wir müssen wieder geboren werden, die große Wende ist für uns gekommen.* Und nun beginnt Klingsor sein eigenes Bild zu malen, *eine riesige Konfession, ein rücksichtsloses, schreiendes, rührendes, erschreckendes Bekenntnis.* In gehetzten, brennenden, ekstatischen Tagen und Nächten, halb irr, halb betrunken, kämpft er mit diesem Bild, dem Porträt seiner selbst, seinem letzten Werk. *Es ist der Mensch, ecce homo,* so heißt es in dem stürmischen, großartigen Schlußkapitel, *der müde, gierige, wilde, kindliche und raffinierte Mensch unsrer späten Zeit, der sterbende, sterbenwollende Europamensch: von jeder Sehnsucht verfeinert, von jedem Laster krank, vom Wissen um seinen Untergang enthusiastisch beseelt, zu jedem Fortschritt bereit, zu jedem Rückschritt reif, ganz Glut und auch ganz Müdigkeit, dem Schicksal und dem Schmerz ergeben wie der Morphinist dem Gift, vereinsamt, ausgehöhlt, uralt, Faust zugleich und Karamasow, Tier und Weiser, ganz entblößt, ganz ohne Ehrgeiz, ganz nackt, voll von Kinderangst vor dem Tode und voll von müder Bereitschaft, ihn zu sterben.*

Auch diese expressive Dichtung ist ein Bekenntnis des Dichters, ein Akt der Befreiung. *Ich habe das Gefühl in mir erneuert,* schreibt er damals an Mathilde Schwarzenbach, *daß meine Seele im Kleinen ein Stück Menschheitsentwicklung darstellt, und daß im Grunde jede kleinste Zuckung in uns so wichtig ist wie Krieg und Frieden in der äußeren Welt . . . Ich habe im Sinn, nochmals ganz von Neuem den Kampf mit der Form aufzunehmen, um für die neuen Inhalte, die ich zu sagen habe, den Ausdruck zu finden.*

Klingsor erinnert an den Maler van Gogh, aber der äußere Rahmen der Erzählung, die Landschaft und die sonstigen Gestalten spiegeln nur leicht verschleiert das Erleben der ersten Tessiner Monate. Als Dichter Thu Fu erscheint Hesse selbst, Louis der Grausame trägt die Züge des Malers Moilliet, hinter Jupp dem Magier steckt Josef Englert, ein bedeutender Architekt, in dessen Engadiner Haus Hesse so manche gute Stunde verbrachte, und hinter der Königin der Berge aus dem Papageienhaus in Corona verbirgt sich Ruth Wenger, mit der er später seine zweite Ehe schloß. Hesse liebte dieses Spiel des Versteckens und Enthüllens, und zumal seine vertrautesten Freunde pflegte er, wenn auch nie ganz porträtgetreu, hier wie dann später vor allem in der *Morgenlandfahrt* in die Wirklichkeit seiner Dichtung mit einzubeziehen.

Die Begegnung mit der Landschaft des Tessin hat die Ausdrucksfähigkeit der Sprache Hesses bereichert, sie kräftiger, glühender, voller und farbiger gemacht. Diese Wandlung wäre kaum möglich gewesen, hätte er nicht zu jener Zeit selbst sehr viel gemalt. Erste kleine, unbeholfene Aquarelle entstanden zwar schon in Bern, wie der *Demian* zeigt, im Zusammenhang mit den damaligen psychoanalytischen Bemühungen . . . *da ich zum Dichten und Denken keine Zeit mehr habe, habe ich*

Blick vom San Salvatore auf Lugano und die Tessiner Landschaft

in freien Minuten das Malen angefangen und seit fast vierzig Jahren zum erstenmal Kohle und Farbe in die Finger genommen. Konkurrenz mache ich nicht, denn ich male keine Natur, bloß Geträumtes, schrieb Hesse am 25. Dezember 1916 an Hans Sturzenegger. Doch nun wird das Malen ein mit Lust geübtes Spiel, und Tag für Tag zieht er mit dem Farbenkasten, dem Zeichenblock und dem kleinen Klappstuhl los, setzt sich an den Rand von Wäldern und Straßen und malt die Berge und Bäume, die Häuser, Kirchen und Kapellen der Collina d'Oro. Nicht künstlerischer Ehrgeiz treibt ihn, er malt zur eigenen Freude. Zahllose kleinformatige Aquarelle entstehen, ein heiteres Spiel mit Farben und

Casa Camuzzi

Formen ... *eines Tages entdeckte ich eine ganz neue Freude. Ich fing,
schon vierzig Jahre alt, plötzlich an zu malen. Nicht daß ich mich für
einen Maler hielte oder einer werden wollte. Aber das Malen ist wun-
derschön, es macht einen froher und duldsamer ...*

In den *Gedichten des Malers* und in dem ebenfalls 1920 erschienenen
Buch *Wanderung*, einem der liebenswürdigsten Bücher Hesses, finden
sich erstmals Gedichte, Prosaskizzen und Bilder vereint. Die Blätter
wollen keine hohen künstlerischen Ansprüche erheben. Wie absichts-
los scheinen sie entstanden und gleichen in ihren reinen zarten Farben
einem «heiteren, sorglosen Pastorale». Doch gerade in dieser fast kindlichen Unbefangenheit und spielerischen Gelöstheit liegt ihr besonderer
Reiz. Ihn hat André Gide empfunden, als er von ihrem «natürlichen
Duft» und von dem so «harmonischen und vollkommenen Einssein mit
der äußeren Welt» sprach, das Dichtung wie Bilder erfüllt. Auch größere Manuskripte wie die Märchen *Piktors Verwandlungen* und *Der
schwere Weg* illustrierte Hesse mit kleinen Bildern, und durch den Verkauf dieser Bilderhandschriften, die sich wohl alle ähnlich, aber nie
ganz gleich sind, gewann er zu Zeiten, da er kaum Einkünfte aus seinen
Büchern hatte, das Notwendigste zum Leben. Bis zum hohen Alter blieb
das Malen Entspannung und Vergnügen, und es machte Hesse Freude,
seine Briefe und Gedichte mit zierlichen Aquarell-Miniaturen zu
schmücken.

*Ich zeichne mit Sepia einen kleinen See, ein paar Berge, auch eine
Wolke in den Himmel, baue im Vordergrund am Hügelhang ein kleines Spieldorf auf, gebe dem Himmel etwas Kobalt, dem See einen*

Schimmer Preußischblau, dem Dorf etwas Goldocker oder Neapelgelb, alles ganz dünn, und freue mich darüber, wie das sanft saugende Papier die Farben dämpft und zusammenhält. Ich wische mit feuchtem Finger den Himmel etwas blasser und unterhalte mich mit meiner naiven kleinen Palette aufs beste ... Es ist ein hübsches Spiel, und ich mache mir kein Gewissen daraus, daß diesen kleinen Malereien ein künstlerischer Wert nicht innewohnt.

Im Oktober 1919 erschien, herausgegeben von Hesse und Woltereck, das erste Heft von «Vivos voco», einer «deutschen Monatsschrift». Die Vorrede beginnt mit den Worten: *Unsere Monatsschrift mit der Devise aus dem alten Glockenspruch ist nicht aus irgend einem Programm oder einer Spekulation entstanden, sondern aus der mehrjährigen Zusammenarbeit beider Herausgeber, die während der Kriegsjahre einen Teil der deutschen Gefangenenfürsorge geleitet haben ... Wir haben beide ein großes Stück Elend der Zeit nicht nur mitangesehen, sondern gründlich studiert und nach Kräften bekämpft.*

Unser Ruf an die Lebenden, an die Jungen vor allem, ist der Ruf um Hilfe und Mitkämpfer gegen die Not der Zeit ... Es gibt in diesen ersten Jahren nach dem Kriege keine politische, keine wirtschaftliche, wissenschaftliche oder künstlerische Frage, welche brennender sein kann als die Frage der Fürsorge für Kinder und Schwache.

Durch die Mitarbeit an dieser Zeitschrift, die einem neu zu schaffen-

Casa Camuzzi. Federzeichnung von Hermann Hesse

den Deutschland und einer neuen Kultur dienen wollte und dabei neben sehr praktischen sozialen Fragen vor allem Probleme der Jugend- und Volksbildung in den Vordergrund stellte, bewies Hesse, daß er sich auch in seiner Tessiner Abgeschiedenheit der Verantwortung für das Geschehen der Zeit nicht enthoben fühlte, sondern auf seine Weise als Schriftsteller einen Beitrag für einen Neuaufbau leisten wollte. Wohl stand er den sozialen, politischen oder wirtschaftlichen Abteilungen der Zeitschrift fern, für sie lieferte er auch nur wenige Artikel, um so mehr aber bemühte er sich, ihrem literarischen Teil seinen persönlichen Stempel aufzudrücken. Hier erschienen zuerst Auszüge aus dem *Klingsor* und die wichtige Erzählung *Klein und Wagner*, der *Weg der Liebe* und die *Gedanken zu Dostojewskijs Idiot*. Seine Betrachtungen und Aufsätze geben zwar alle keine praktischen Rezepte, aber sie rufen das Volk, das den Krieg verloren hat, zu Selbsterkenntnis und Einsicht auf und setzen sich für eine einfache, klare ethische Haltung ein... *der Heroismus, der in Tagesbefehlen und Siegesberichten so gut aussieht, ist eine Sentimentalität. Wenn ein Besiegter und Unglücklicher sich zu Füßen seiner Fahne das Leben nimmt, oder wenn einer, der Pech gehabt hat, nun nichts mehr von Freundschaft, Liebe und Güte wissen will, weil sie ihn seiner Meinung nach im Stich gelassen haben, so ist das ein Benehmen, das nur Theaterbesuchern imponiert. Mit den Zäh-*

Maler Hesse

*nen knirschen ist kein Heldentum und mit der Faust in der Tasche sich
auf ferne Revanchen vertrösten, ist jämmerlich.*

Als Herausgeber ist Hesse bis Dezember 1922 an der Zeitschrift, deren Reinertrag der Kinderfürsorge zufloß, tätig. Doch bleibt er auch später ihr Mitarbeiter und liefert vor allem zahlreiche Buchbesprechungen. In einer dieser Besprechungen nimmt er bereits 1922 eindeutig gegen den deutschen Antisemitismus Stellung. *Eine kleine Schrift «Verrat am Deutschtum» von Wilhelm Michel (Verlag P. Steegemann in Hannover) gibt Anlaß, auch einmal ein Wort über eine der häßlichsten und törichtsten Formen jungdeutschen Nationalismus zu sagen, über die blödsinnige, pathologische Judenfresserei der Hakenkreuzbarden und ihrer zahlreichen, namentlich studentischen Anhänger. Es gab früher einen Antisemitismus, er war bieder und dumm, wie solche Antibewegungen eben zu sein pflegen, und schadete nicht viel. Heute gibt es eine Art von Judenfresserei unter der deutschen, übel mißleiteten Jugend, welche sehr viel schadet, weil sie diese Jugend hindert, die Welt zu sehen wie sie ist, und weil sie den Hang, für alle Mißstände einen Teufel zu finden, der dran schuld sein muß, verhängnisvoll unterstützt. Man mag die Juden lieben oder nicht, sie sind Menschen, häufig unendlich viel klügere, tatkräftigere und bessere Menschen als ihre fanatischen Gegner. Man mag sie, wo man sie als schädlich empfindet, auch bekämpfen, wie man gelegentlich gegen Übel kämpft, die man als not-*

wendig kennt, die aber dennoch je und je zu erneutem Anlauf reizen. Daß man aber eine Menschenklasse schlechthin für das Übel in der Welt, und für die tausend schlimmen Sünden und Bequemheiten des eigenen, deutschen Volkes als Sündenbock aufstellt, ist eine Entartung so schlimmer Art, daß ihr Schade allen Schaden, der je durch Juden geschehen sein mag, zehnfach aufwiegt.

Durch Arbeiten dieser Art sieht sich Hesse neuen Angriffen ausgesetzt. In der Zeitschrift «Oberdeutschland» wird «Vivos voco» als internationales Pazifistenblatt beschimpft und erklärt: «Unsere Jugend, unsere Studenten, pfeifen daher auch auf den von ihnen und ihrem Mitarbeiter Hermann Hesse mit so komischer Nervosität propagierten Pazifismus.» Schmäh- und Verleumdungsbriefe flattern ins Haus, Briefe *voll Mark und edler Entrüstung* vor allem aus studentischen Kreisen. Doch Hesse bemerkt: *Wären diese bittern und haßvollen Reaktionen nicht, so würde ich schwerlich noch länger unsre kleine Zeitschrift mit herausgeben und mich um die Dinge des Tages und die Jugend kümmern. Aber wie traurig ist doch der Geist, vielmehr die Geistlosigkeit, aus der jene Briefe und Gesinnungen kommen!*

Das Jahr 1919 war ein Höhepunkt, ein Jahr polyphoner Lebens- und Schaffensfreude, in dem die Stunden nicht ausreichen wollten, um alles zu fassen und festzuhalten. Das folgende, so beklagt sich Hesse in seinem *Tagebuch des Jahres 1920, ist wohl das unproduktivste in meinem Leben gewesen, und damit das traurigste ... Jetzt lebe ich, seit beinah anderthalb Jahren wie eine Schnecke, langsam und sparsam, die Flamme ist ganz tief geschraubt.* Diese Tagebuchaufzeichnungen, die Hesse erst 1932 zur Veröffentlichung in der «Corona» freigab, bilden einen wichtigen Schlüssel zum Verständnis seiner Dichtung und seiner Auffassung vom Wesen des Dichters in der Zeit zwischen dem *Klingsor* und *Siddhartha*. Wenn man die Dichtung als Bekenntnis auffaßt *(und nur so kann ich sie zur Zeit und für mich selbst auffassen, so beschränkt die Auffassung sein mag), dann zeigt sich die Kunst als ein langer, vielfältiger, gewundener Weg, dessen Ziel es wäre, die Persönlichkeit, das Ich des Künstlers so vollkommen, so verästelt, so bis in alle Differenzierungen und Spaltungen hinein auszusprechen, so ganz und vollkommen auszusprechen, daß dies Ich am Ende gleichsam abgewickelt und erledigt, daß es ausgetobt und ausgebrannt wäre.*

Die Funktion der Kunst in diesem Sinne verstanden, entspricht in gewisser Weise der Funktion der Beichte. Nun aber ist der Künstler kein Heiliger, und mögen seine Konfessionen noch so aufrichtig sein, er wird in den eigenen Komplexen gefangen bleiben, während der Heilige, dies zeigt der Vergleich zwischen Augustinus und Rousseau, seine Person überwindet, indem er sich Gott anheimgibt. Der bekennende Künstler neigt stets zur Selbstrechtfertigung, seine Beichte ist in Gefahr, Selbstzweck und Selbstgenuß zu werden. Hesse sieht diese Gefahr, die *imitatio Jesu*, das Vorbild des Heiligen ist ihm stärkste Verlockung, aber er weiß, daß er ein Künstler ist und daß er, einem zwar *intensiv religiösen, aber durchaus protestantisch-sektiererischen Boden* entstammend, diesen Weg nicht gehen kann.

Die Aufzeichnungen gleichen Bruchstücken meditativer Überlegungen, die nicht zum Abschluß kommen, Fragen, die nicht ohne Antwort bleiben, aber sie gehören zu der Revision, die Hesse damals über sein bisheriges Leben und Tun abhielt. Nur wenig von dem, was er geschaffen, scheint ihm noch Bestand zu haben. Knapp und streng ist die Auswahl der Gedichte, die 1921 erschien; die Masse seiner einstigen lyrischen Produktion ist ihm nicht mehr wert, gedruckt zu werden. Eine Gesamtausgabe seiner Werke lehnt er ab und erklärt in der *Vorrede eines Dichters zu seinen ausgewählten Werken: Vieles, was mir einst, vor Jahren und Jahrzehnten, sehr schön und geglückt erschienen war, sah mich jetzt lächerlich und nichtswürdig an. Und alle diese Erzählungen handelten von mir selbst, spiegelten meinen eigenen Weg, meine heimlichen Träume und Wünsche, meine eigenen bitteren Nöte! Auch solche Bücher, in denen ich einst, als ich sie schrieb, mit bestem Glauben fremde, außenstehende Schicksale und Konflikte darzustellen gemeint hatte, auch sie sangen dasselbe Lied, atmeten dieselbe Luft, deuteten am selben Schicksal, am meinigen.*

Montagnola wird in den ersten Tessiner Jahren selten verlassen. Auch der Welt Luganos bleibt Hesse fern. Einige Vorträge und Lesungen, die er der Honorare wegen nicht ablehnen kann, führen ihn nach St. Gallen, Bern und Zürich, gelegentliche Besuche bei der Familie Wenger nach Delsberg. Im Frühsommer 1921 weilt er einige Wochen in Zürich, verkehrt mit Andreae, Bucherer, Schoeck, Ilona Durigo, trifft häufig mit Ruth Wenger zusammen und beginnt eine Psychoanalyse bei C. G. Jung in Küsnacht. Im übrigen aber haust er einem Einsiedler gleich in seiner Eremitage im Camuzzihaus hoch über den Bäumen, in einem vollgestopften Studierzimmer. Eine alte Witwe aus dem Dorf kocht und hält den Haushalt in Ordnung. Die Honorare aus Deutschland, in dieser Zeit der Geldentwertung zu einem Nichts zusammenschrumpfend, reichen selbst für das bedürfnislose, primitive Leben nicht mehr aus. Schweizer Freunde, vor allem Georg Reinhart und Fritz Leuthold, haben Hilfe geleistet. Cuno Amiet nahm Bruno, den ältesten Sohn, bei sich auf. ... *Ich war jetzt ein kleiner abgebrannter Literat, ein abgerissener und etwas verdächtiger Fremder, der von Milch und Reis und Makkaroni lebte, seine alten Anzüge bis zum Ausfransen austrug und im Herbst sein Abendessen in Form von Kastanien aus dem Walde heimbrachte. Aber das Experiment, um das es ging, ist geglückt, und trotz allem, was auch diese Jahre schwer gemacht hat, sind sie schön und fruchtbar gewesen. Wie aus Angstträumen aufgewacht, aus Angstträumen, die Jahre gedauert hatten, sog ich die Freiheit ein, die Luft, die Sonne, die Einsamkeit, die Arbeit.*

Zu guten Freunden wurden damals der Schriftsteller Hugo Ball und seine originale tapfere Frau Emmy Ball-Hennings. In seinem Buch «Die Flucht aus der Zeit» schildert Ball die erste Begegnung. «Wir haben den Dichter des *Demian* nun auch privatim kennengelernt. Es klingelte um die Mittagsstunde und hereintrat ein schmaler, jugendlich aussehender Mann von scharfem Gesichtsschnitt und leidendem Wesen. Er überfliegt mit einem Blick die Wände, dann schaut er uns lange in die Augen. Wir bieten einen Stuhl an, ich lege Feuer in den Kamin. So sitzen wir bald und plaudern, als seien wir gute Bekannte seit langer Zeit.»

Mehrere Jahre gehört Ball, der 1927, kurz vor seinem frühen Tode, als letztes Buch die dem Freund zum 50. Geburtstag gewidmete Biographie vollenden konnte, zum nächsten Umgang Hesses. *Mein persönliches Verhältnis zu Ball, meine mit den Jahren aus Achtung und Bewunderung zu inniger Freundschaft gewordene Liebe zu ihm hatte zwei Stützpunkte, zwei Gemeinsamkeiten. Bei aller unendlichen Verschiedenheit unsrer Naturen, unsrer Herkünfte, unsrer Ziele waren zwei wichtige Dinge uns beiden gemeinsam: die Herkunft aus dem Religiösen . . . und zweitens: das Ergriffensein durch das Erlebnis des Krieges. Wir beide hatten aus Vaterhaus und Kindheit alte Traditionen, hohe Ideale, tiefe Mahnungen, hohe Auffassungen vom Sinn des Menschseins mitgebracht, wir beide erlebten im Krieg den sichtbaren Zusammenbruch, die verzweifelte Explosion eines europäischen Geistes- und Seelenzustandes, und wir erlebten diesen Zusammenbruch beide ganz ähnlich: nicht bloß als Erschüttertsein von all dem Mord und all der Not, sondern als Aufruf an das eigene Gewissen.* Und im Nachruf auf Hugo Ball, am 16. Dezember 1927, dem Tage seines Begräbnisses, niedergeschrieben, heißt es: *Du warst uns nicht nur ein zuverlässiger, hochherziger und nachsichtiger Freund, ein lieber und überlegener Kollege, dazu ein prachtvoller Kamerad und Gegner für Stunden und Nächte des Plauderns, des Disputierens, des dialektischen Spiels. Du warst nicht nur ein begabter angenehmer, interessanter und geistvoller Mensch, den wir lieben und bewundern und mit dem wir plaudern und Kameradschaft halten konnten – du warst viel mehr. Du warst uns ein Vorbild.*

Dorf Montagnola

Auswärtige Besucher fanden selten den Weg nach Montagnola. Aber im Mai 1922 kam Thomas Stearns Eliot, der den Verfasser der von ihm so bewunderten Schrift *Blick ins Chaos* kennenlernen wollte, jene Aufsätze, in denen Hesse 1919 die Gestalt Dostojevskijs beschworen hatte. In den Werken des russischen Dichters, den «Brüdern Karamásov» vor allem, sah Hesse den Untergang Europas in prophetischer Weise angekündigt und ein völlig amoralisches Denken und Empfinden über das alte Abendland hereinbrechen. *Schon ist halb Europa, schon ist zumindest der halbe Osten Europas auf dem Wege zum Chaos, fährt betrunken in heiligem Wahn am Abgrund entlang und singt dazu, singt betrunken und hymnisch wie Dmitri Karamasoff sang. Über diese Lieder lacht der Bürger beleidigt, der Heilige und Seher hört sie mit Tränen.*

Im Winter 1919 begann Hesse ein neues Werk, die indische Dichtung *Siddhartha*. Nach guten Anfängen geriet die Arbeit ins Stocken. *Ich machte damals – nicht zum erstenmal natürlich, aber härter als jemals – die Erfahrung, daß es unsinnig ist, etwas schreiben zu wollen, was man nicht gelebt hat, und habe in jener langen Pause, während ich auf die Dichtung «Siddhartha» schon verzichtet hatte, ein Stück asketischen und meditierenden Lebens nachholen müssen, ehe mir die seit Jünglingszeiten heilige und wahlverwandte Welt des indischen Geistes wieder wirklich Heimat werden konnte.*

Siddhartha erschien 1922. Romain Rolland war der erste Teil der

T. S. Eliot

Dichtung, Wilhelm Gundert, dem *Vetter aus Japan*, der in seinen Forschungen tief in die Sprachen, Literaturen und Religionen des Ostens eingedrungen war, der zweite, erst nach anderthalb Jahren vollendete Teil gewidmet. Das Buch schildert den Weg des Siddhartha, eines Sohnes aus vornehmem Brahmanengeschlecht, der seine Heimat verläßt, sich einer Asketensekte anschließt und ein Samana wird, da ihm die geistige Welt, in der er aufgewachsen, erzogen und gebildet ward, nicht mehr genügen kann. Doch die Erkenntnis, nach der ihn dürstet, findet er nicht als Büßer, der sich kasteit und die irdische Welt verachtet, findet er aber auch nicht in der Begegnung mit Gautama Buddha. Govinda, der Freund und Gefährte, folgt dem Erhabenen. Ihm selbst erschließt dessen Lehre nicht das Geheimnis, das er zu enträtseln sucht. Er setzt seine Wanderschaft fort und erlebt die Welt der Sinne. Kamala, die schönste der Kurtisanen, wird ihm Lehrmeisterin, in kaufmännischen Geschäften gewinnt er Reichtum und Macht, aber angeekelt verläßt er, im Innern stets Samana geblieben, die Welt des schönen Scheins. Aus der Verzweiflung erwacht er zu neuem Leben und lernt als Gehilfe des Fährmanns Vasudeva das Geheimnis des Flusses, die Dauer im Wechsel der Erscheinungen, die Einheit im ewigen Wandel. *Klage der Sehnsucht und Lachen des Wissenden, Schrei des Zorns und Stöhnen der Sterbenden, alles war eins, alles war ineinander verwoben und verknüpft, tausendfach verschlungen. Und alles zusammen, alle Stimmen, alle Ziele, alles Sehnen, alle Leiden, alle Lust, alles Gute und Böse, alles zusammen war die Welt. Alles zusammen war der Fluß des Geschehens, war die Musik des Lebens. Und wenn Siddhartha aufmerksam diesem Fluß, diesem tausendstimmigen Liede lauschte, wenn er nicht auf das Leid noch auf das Lachen hörte, wenn er seine Seele nicht an irgendeine Stimme band und mit seinem Ich in sie einging, sondern alle hörte, das Ganze, die Einheit vernahm, dann bestand das große Lied der tausend Stimmen aus einem einzigen Worte, das hieß Om: die Vollendung.* Siddhartha ist in der Sprache des Sanskrits der Name für den, der sein Ziel erreicht hat. Siddhartha-Hesse hat die Harmonie der Welt wiedergefunden. Auch die ruhig gemessene, klangvolle Sprache der Dichtung gibt dieser Haltung Ausdruck. Ihren Inhalt bezeichnet der Dichter selbst als den Ertrag einer *bald 20jährigen Vertrautheit mit den Gedanken Indiens und Chinas.* Enthält das ein Jahrzehnt zuvor erschienene Indien-Buch nur ein äußeres Bild des Landes, das ihm von Jugend an Verlockung war, so beweist das neue Werk, wie sehr er sich in die geistige Welt östlicher Weisheit eingelebt hat. Es machte ihm daher auch besondere Freude, daß ein indischer Gelehrter, den er bei einem internationalen Kongreß in Lugano kennenlernte, nach dem Vorlesen des Schlußkapitels von *Siddhartha* erklärte, es sei ihm unfaßlich und ergreifend, einen Europäer zu finden, der wirklich ins Zentrum des indischen Denkens gelangt sei. Die Dichtung fand bei den indischen Völkern einen sehr interessierten und guten Widerhall. Sie wurde in zwölf indische Sprachen übersetzt.

Siddhartha endet mehr *taoistisch als indisch.* Für Hesses Beschäftigung mit der östlichen Welt bedeutet das Buch nur eine Station. Er dringt tiefer, und in den folgenden Jahren beginnen sich sein Nachdenken und seine Liebe mehr den chinesischen Religionen und Philosophen als den indischen zuzuwenden.

Die Lebensgeschichte Siddharthas ist nicht zuletzt, wenn auch in exotischem Gewande, wiederum eine eigene Biographie, eine neue Selbstdarstellung, in der man den Versuch, sich von der pietistischen Welt der Väter zu befreien, erblicken kann. Die Dichtung ist aber zugleich auch – Hesse hat es selbst bestätigt – die Darlegung des eigenen Glaubens. *Daß mein «Siddhartha» nicht die Erkenntnis, sondern die Liebe obenan stellt, daß er das Dogma ablehnt und das Erlebnis der Einheit zum Mittelpunkt macht, mag man als Zurückneigen zum Christentum, ja als einen wahrhaft protestantischen Zug empfinden.*

DER STEPPENWOLF

Im Sommer 1923 wurde Hesses erste Ehe geschieden, und in demselben Jahr erwarb er die Schweizer Staatsangehörigkeit, die er schon als Kind besessen hatte. *Als ich in den Jahren nach dem ersten Krieg sah, wie ganz Deutschland nahezu einmütig seine Republik sabotierte und nicht das mindeste gelernt hatte, wurde es mir leicht, die Schweizer Staatsangehörigkeit anzunehmen, was ich während des Krieges, trotz meiner Verurteilung der deutschen Machtpolitik, nicht hatte tun können,* erklärte er 1945 in einem Brief an den württembergischen Landesbischof D. Wurm.

Das Jahr 1923 bedeutet auch insofern einen gewissen Einschnitt, als sich Hesse von nun an während der Winter- und oft auch der Frühjahrsmonate in der deutschen Schweiz aufhält. Zwei Winter hindurch weilt er in Basel, und im Spätherbst 1923 fährt er zum erstenmal nach langer Zeit wieder nach Deutschland zu Lesungen in Stuttgart und Freiburg. Im Januar 1924 heiratet er Ruth Wenger, die Tochter der Schweizer Schriftstellerin Lisa Wenger. . . . *die Ehe ist ja nichts, was ich begehre und wozu ich begabt bin, aber das Leben und Schicksal hier ist stärker als meine Gedanken und Wünsche,* hatte er in einem Brief ein halbes Jahr zuvor geschrieben. Bald treten die vorausgeahnten Schwierigkeiten auf; offiziell wird diese zweite, nie richtig vollzogene Ehe im Frühjahr 1927 geschieden.

Von 1925 bis 1931 verbrachte Hesse den Winter regelmäßig in Zürich, ein kleines Appartement im Schanzengraben bewohnend, das ihm von den Freunden Alice und Fritz Leuthold, den *lieben Siamesen*, zur Verfügung gestellt wurde. Beide hatte er einst auf seiner Indienreise kennengelernt. Fritz Leuthold war lange Jahre als Kaufmann in Siam tätig gewesen. Dort hatte er asiatische Kunst gesammelt, die nun seinem schönen Haus in Zürich einen Hauch der östlichen Welt verlieh. In manchen Sommermonaten war Hesse auch bei dem Ehepaar Welti im «Lohn» bei Kehrsatz, nahe bei Bern, zu Gast. Mit dem klugen, stillen Historiker Dr. Friedrich Emil Welti, einem vornehmen, ritterlichen Privatgelehrten, und seiner zweiten Frau bestand Jahrzehnte hindurch eine herzliche Verbindung. Ihnen hat er später das Gedicht *Orgelspiel* gewidmet, und auf den «Lohn» bezieht sich das Gedicht *Sommermittag*

auf einem alten Landsitz. Ferner gehörten der Kunstsammler und Mäzen Georg Reinhart in Winterthur, Seniorchef der großen Baumwollfirma Volkart, dann Max Wassmer, der Schloßherr von Bremgarten, und seine Frau sowie die Zürcher Freunde Elsy und Hans C. Bodmer zu den Menschen, die ihm neben einigen Musikern und Malern besonders nahestanden.

Starker rheumatischer Beschwerden wegen fuhr Hesse auf ärztlichen Rat hin im Frühjahr 1923 zum erstenmal nach Baden bei Zürich und unternahm seitdem Jahr für Jahr seine Badener Bade-Kur. Da er den lebhaften Kurbetrieb der Sommermonate scheute, stellte er sich jeweils erst im Spätherbst ein, lebte still und zurückgezogen in seinem Hotel, dem Verena-Hof, und absolvierte mit Sorgfalt die ihm auferlegten Kurpflichten. *Vieles hatte ich seit zweieinhalb Jahrzehnten in diesem Hause*

Mit Franz Xaver Markwalder, dem Besitzer des Hotels Verena-Hof in Baden

erlebt, schreibt er Rückschau haltend in der *Aufzeichnung bei einer Kur in Baden, vieles gesonnen und geträumt, vieles geschrieben. In der Schublade meines Hotelschreibtischchens waren die Manuskripte des «Goldmund», der «Morgenlandfahrt», des «Glasperlenspiels» gelegen, Hunderte von Briefen, von Tagebuchblättern und einige Dutzend Gedichte waren in den Zimmern, die ich hier bewohnt hatte, entstanden, Kollegen und Freunde aus manchen Ländern und aus manchen Perioden meines Lebens hatten mich hier besucht, fröhliche, gesellige, trinklustige Abende hatte ich hier gehabt, und auch viele kleinlaute Schleimsuppentage, Zeiten des Arbeitsrausches und Zeiten der Müdigkeit und Dürre. Es gab hier, im Hause wie im Städtchen, kaum eine Ecke ohne Erinnerungen, ja ohne vielfache Schichten einander überlagernder Erinnerungen für mich . . . Da gab es im dritten Stock jenes helle dreifenstrige Zimmer, in dem ich das Gedicht «Nachtgedanken» und das Gedicht «Besinnung» geschrieben hatte, das erste in der Nacht, nachdem in den Zeitungen die ersten Meldungen über Judenpogrome und Synagogenbrände in Deutschland gestanden hatten. Und im andern Flügel des Hauses waren einst, einige Monate vor meinem fünfzigsten Geburtstag die «Gedichte im Krankenbett» entstanden. Und unten in der Halle hatte ich damals die Nachricht vom Verschwinden meines Bruders Hans empfangen, und ebendort einen Tag später die Todesbotschaft.*

Im ersten Badener Jahr schreibt Hesse die *Psychologia Balnearia oder*

Glossen eines Badener Kurgastes, ein Buch, das in späteren Auflagen den Titel *Kurgast, Aufzeichnungen von einer Badener Kur*, erhielt und dem der Dr. Katzenberger des verehrten Jean Paul Pate gestanden hatte. Dem Besitzer des Verena-Hofes Franz Xaver Markwalder und seinem Bruder, dem Arzt Josef Markwalder, ist es gewidmet. Der Druckvermerk in der ersten, als Privatdruck erschienenen Ausgabe lautet: *Die Psychologia Balnearia wurde konzipiert bei zwei Kuraufenthalten in Baden im Frühjahr und Herbst des Jahres 1923, geschrieben im Oktober 1923 teils in Baden, teils in Montagnola.*

Angeregt teils durch die ungewohnte Muße des Kur- und Hotellebens, teils durch einige neue Bekanntschaften mit Menschen und Büchern, fand ich in jenen sommerlichen Kurwochen eine Stimmung der Einkehr und Selbstprüfung, auf der Mitte des Weges vom Siddhartha zum Steppenwolf, eine Stimmung von Zuschauertum der Umwelt wie der eigenen Person gegenüber, eine ironisch-spielerische Lust am Beobachten und Analysieren des Momentanen, eine Schwebe zwischen lässigem Müßiggang und intensiver Arbeit, bemerkte Hesse später einmal und fügte hinzu, daß er den *Kurgast* bis ins Alter hinein für *eines seiner besseren Bücher gehalten* habe. Es geht dem Dichter in diesem kleinen Buch nicht um Baden, um seine Landschaft, seine Quellen und Menschen, sondern ausschließlich um die Psyche des Patienten, letztlich wieder um seine ganz persönliche Stellung zu der Welt der Normalmenschen. Als *Versuche zur Aufrichtigkeit sowohl wie zum Humor* hat er den *Kurgast* und die ihm folgende *Nürnberger Reise* bezeichnet und in einem Brief vom 19. Januar 1924 geschrieben: *In meinem Buch werden Sie, hinter einer halb scherzhaften Fassade, das persönlichste und ernsteste meiner Bekenntnisse finden.*

Der Kurgast Hesse, beobachtet von dem Dichter Hesse, lebt im Widerspruch mit sich selbst und mit seiner Umwelt. Er wie der Dichter leiden an den Antinomien des Lebens, an seiner Doppelpoligkeit. *Ich möchte Kapitel und Sätze schreiben, wo beständig Melodie und Gegenmelodie gleichzeitig sichtbar wären, wo jeder Buntheit die Einheit, jedem Scherz der Ernst beständig zur Seite steht. Denn einzig darin besteht für mich das Leben, im Fluktuieren zwischen zwei Polen, im Hin und Her zwischen den beiden Grundpfeilern der Welt. Beständig möchte ich mit Entzücken auf die selige Buntheit der Welt hinweisen und ebenso beständig daran erinnern, daß dieser Buntheit eine Einheit zugrunde liegt.* An anderer Stelle wird gesagt: *Mein Schicksal ist es, daß ich, der ich ein Dichter bin, stets von neuem den Versuch machen muß, die Welt statt mit der Kunst mit dem Denken zu bewältigen.* Um dieselben Probleme kreisten schon in Küsnacht die Gespräche mit C. G. Jung im Mai 1921.

Einer geistvollen psychotherapeutischen Studie gleicht das Kapitel *Der Holländer*. Jener Herr vom Haag, der Nachbar vom Zimmer 64, bringt durch seine unbekümmerten, harmlosen, aber eben stets hörbaren Lebensäußerungen den sensiblen und überreizten Patienten Hesse im Zimmer nebenan in Wut und Verzweiflung. Nun aber wird gezeigt, wie es durch Selbstbeobachtung, dann durch das sich in den anderen Einfühlen und schließlich durch eine Art mystischer Vereinigung mit dem Gegner gelingt, den Haß abzubauen, zu überwinden und in Liebe zu verwandeln. Die Frage, wie der Mensch, zumal der künstlerische Mensch, der ähnlich wie der kranke Mensch dem normalen, dem gesunden Menschen gegenübersteht, sich in der Welt der Wirklichkeiten zurechtzufinden, wie er sich von all ihren Bedingtheiten freimachen kann, hat Hesse immer wieder beschäftigt, doch nur in diesem kleinen, mehrschichtigen Werk, dem Versuch, *ein winziges Stück Leben möglichst wahr und aufrichtig aufzuzeigen*, hat er sie mit soviel Überlegenheit, soviel Selbstironie und Humor behandelt.

Dem *Kurgast* steht zeitlich wie auch dem autobiographischen Gehalt nach die *Nürnberger Reise* nahe, ein Buch, in dem von einer Reise zu Lesungen nach Süddeutschland berichtet wird und sich humoristisch-kritische und selbstironisch getönte Schilderungen mit allerlei grundsätzlichen Äußerungen ineinander verflechten. Hesse war eingeladen worden, im Spätherbst 1925 in verschiedenen süddeutschen Städten aus seinen Büchern vorzulesen, und hatte sich nach einigem Zögern entschlossen, der Aufforderung zu folgen. *Ich habe gegen das öffentliche Vorlesen nicht nur jene, von Fall zu Fall leicht zu überwindenden Hemmungen des Alleinlebenden gegen gesellige Veranstaltungen, sondern ich stoße hier auf prinzipielle, tief verankerte Unordnungen und Zwiespälte. Sie liegen, allzu kurz und schroff gesagt, in meinem Mißtrauen gegen die Literatur überhaupt. Sie plagen mich nicht nur beim Vorlesen, sondern noch viel mehr beim Arbeiten. Ich glaube nicht an den Wert der Literatur unsrer Zeit. Ich sehe zwar ein, daß jede Zeit ihre Literatur haben muß, wie sie ihre Politik, ihre Ideale, ihre Moden haben muß. Doch komme ich nie von der Überzeugung los, daß die deutsche Dichtung unserer Zeit eine vergängliche und verzweifelte Sache sei, eine Saat auf dünnem, schlecht bestelltem Boden gewachsen, interessant zwar und voll von Problematik, aber kaum zu reifen, vollen, langdauernden Resultaten befähigt. Ich kann infolgedessen die Versuche heutiger deutscher Dichter (meine eigenen natürlich inbegriffen) zu wirklichen Gestaltungen, zu echten Werken immer nur als irgendwie unzulänglich und epigon empfinden; überall glaube ich einen Schimmer von Schablone, von unlebendig gewordenem Vorbild wahrzunehmen. Dagegen sehe ich den Wert einer Übergangsliteratur, einer problematisch und unsicher gewordenen Dichtung darin, daß sie bekenntnishaft ihre eigene Not und die Not ihrer Zeit mit möglichster Aufrichtigkeit ausspricht. Dies ist der Grund, warum ich viele schön und treu gearbeitete Werke heutiger Dichter nicht mehr genießen und bejahen kann, während ich für manche recht roh und skrupellos gemachte Kundgebungen der Jüngsten, eben als für einen Versuch zu rückhaltloser Aufrichtigkeit, Sympathie empfinden kann. Und dieser Zwiespalt geht mitten durch meine eigene kleine Welt und Literatur . . .*

Über Locarno, Zürich und Tuttlingen reiste Hesse mit allerlei Umständlichkeiten und Unterbrechungen zunächst zu dem Freund Wilhelm Häcker nach Blaubeuren und gesteht sich, den Kausalitäten dieser Reise nachsinnend, daß es wohl das Bild der schönen Lau aus dem Hutzelmännlein und damit Mörike gewesen sein mußte, der ihn dazu bestimmte, die Fahrt nach Schwaben und Franken anzutreten. Er liest in Ulm vor, besucht Freunde, betrachtet sich Kasernen, Bahnhöfe und das Münster und meditiert darüber, ob er es nicht doch versäumt habe, sich *der Wirklichkeit, wie sie nun einmal ist, anzupassen. Und wieder spürte ich das Zucken zwischen Pol und Gegenpol, spürte über der Kluft zwischen Wirklichkeit und Schönheit das Schwanken der luftigen Brücke: den Humor. Ja, mit Humor war es zu ertragen, sogar die Bahnhöfe, sogar die Kasernen, sogar die literarischen Vorlesungen.*

Die empfindsam-romantische Reise führt weiter nach Augsburg, München und schließlich nach Nürnberg. *Ich sah St. Lorenz und St. Sebald, sah das Rathaus mit dem Hof, wo der Brunnen so unsäglich anmutig steht. Ich sah dies alles, und alles war sehr schön, aber alles war umbaut von einer großen, lieblosen, öden Geschäftsstadt, war umknattert von Motoren, umschlängelt von Automobilen, alles zitterte leise unterm Tempo einer andern Zeit, die keine Netzgewölbe baut und keine Brunnen hold wie Blumen in stille Höfe hinzustellen weiß, alles schien bereit, in der nächsten Stunde einzustürzen, denn es hatte keinen Zweck und keine Seele mehr.*

Besuche bei Thomas Mann in München, ein Zusammentreffen mit Joachim Ringelnatz und ein Abend bei Valentin in den Kammerspielen beschließen die Reise und damit den liebenswürdig-besinnlichen Bericht, der gleich einem sentimentalischen Intermezzo zwischen Werken ganz anderer Art steht.

Blaubeuren: der Blautopf

*Die Welt zu durchschauen, sie zu erklären, sie zu verachten, mag gro-
ßer Denker Sache sein. Mir aber liegt einzig daran, die Welt lieben zu
können, sie nicht zu verachten, sie und mich nicht zu hassen, sie und
mich und alle Wesen mit Liebe und Bewunderung und Ehrfurcht betrachten zu können,* schrieb Hesse im *Siddhartha* und gab der Dichtung
einen gelösten, harmonischen Abschluß. Doch das Ziel, zu dem Siddhartha gefunden hat, konnte dem Dichter selbst nur eine Station auf
dem eigenen Weg bedeuten. Schon nach wenigen Jahren, in denen
Kurgast und *Nürnberger Reise* doch mehr von der Chronik des äußeren,
als der des inneren Lebens erzählen, überrascht, schockiert und er-
schreckt Hesse seine Leser mit dem *Steppenwolf,* einem Werk, in dem
ohne Schonung und Rücksichtnahme Gerichtstag gehalten wird. Im
Nachwort zu dem Buch *Krisis,* einem *Stück Tagebuch* mit Gedichten
dieser Zeit, schreibt Hesse: *In meinem Leben haben stets Perioden einer
hochgespannten Sublimierung, einer auf Vergeistigung zielenden Askese abgewechselt mit Zeiten der Hingabe an das naiv Sinnliche, ans Kindliche, Törichte, auch ans Verrückte und Gefährliche. Jeder Mensch hat
dies in sich. Ein großer Teil, ja der allergrößte Teil dieser dunkleren,
vielleicht tieferen Lebenshälfte ist in meinen früheren Dichtungen unbewußt verschwiegen oder beschönigt worden. Der Grund zu diesem
Verschweigen lag, wie ich glaube, nicht in einer naiven Verdrängung
des Sinnlichen, sondern in einem Gefühl der Minderwertigkeit auf diesem Gebiete. Ich verstand mich auf das Geistige im weitesten Sinne besser als auf das Sinnliche . . .*

Die 45 Gedichte des Bandes, der nur in einer einmaligen Auflage von
1000 Exemplaren gedruckt wurde, bilden rückhaltlose persönliche Bekenntnisse. Nur eine knappe Auswahl davon hat Hesse später in die Gesamtausgabe seiner Gedichte übernommen.

Der Wille zur Wahrheit treibt den Dichter zu einer erneuten Sezie-
rung des eigenen Ichs und seiner Zeit. Wieder unterzieht er sich einer
Psychoanalyse. Fragwürdig, ja verhaßt ist ihm das eigene Dasein mit
den vielen privaten Schwierigkeiten, ist ihm sein Tun und seine Umwelt
geworden. *Schreiben Sie mir keinen Brief mehr. Jeder Blick in Euer nor-
males, bürgerliches, befriedigtes Leben hinüber ist mir zur Zeit unerträglich,* erklärt er in einem Brief dieser Zeit. Aber Hesse ist nicht nur
die satte, selbstgenügsame, bürgerliche Welt unerträglich geworden, er
leidet zutiefst an dem Phänomen der technisch-rationalisierten Welt und
der zum Selbstzweck gewordenen modernen Zivilisation, durch die er,
einem hochempfindlichen Seismographen gleich, Geist und Seele des
Menschen gefährdet sieht. *Der Gedanke an die unter unsren Füßen
glimmende Hölle, das Gefühl der Bedrohtheit durch nahe Katastrophen
und Kriege* läßt ihn nicht mehr los. In dieser Stimmung zeichnet er,
gleichsam als ein neues, sich schonungslos entblößendes Selbstbildnis
die Geschichte von Harry Haller, des Steppenwolfs. Die Krise Hallers,
der gegen die Welt revoltiert, die ihn bisher getragen hat, gleicht zunächst der pathologischen Krise eines Mannes im Alter von 50 Jahren.
Aber in ihrer Diagnose wird die *Neurose jener Generation,* der er ange-
hört, ja die Krankheit der Zeit selbst entlarvt. In der Formel des Step-
penwolfes, des einsam schweifenden, des grausamen und alle Hürden

durchbrechenden Tieres, versucht sich Haller den Zwiespalt in sich und den Zwiespalt zwischen sich und der Welt verständlich zu machen. Doch sein Leben ist vielfältig gespalten, es *schwingt nicht bloß zwischen zwei Polen, etwa dem Trieb und dem Geist, oder dem Heiligen und dem Wüstling, sondern es schwingt zwischen tausenden, zwischen unzählbaren Polpaaren.* Die völlige Aufspaltung und damit die Auflösung droht, und er sucht verzweifelt die Mitte, sucht *über Trümmern seines Lebens den zerflatternden Sinn.* Die verlorene Einheit ist aber nur wiederzugewinnen, wenn es ihm gelingt, in das Unbewußte des *magischen Ichs* einzudringen, wenn er bereit ist, sich dem Chaos der eigenen Seele zu stellen, sich zum vollen Bewußtsein seines Selbst durchzuringen. Hallers Aufzeichnungen sind daher weit mehr als die Phantasien eines gemütskranken Idealisten. Sie sind ein *Dokument der Zeit, ein Versuch, die große Zeitkrankheit nicht durch Umgehen und Beschönigen zu überwinden, sondern durch den Versuch, die Krankheit selber zum Gegenstand der Darstellung zu machen. Sie bedeuten, ganz wörtlich, einen Gang durch die Hölle, einen bald angstvollen, bald mutigen Gang durch das Chaos einer verfinsterten Seelenwelt, gegangen mit dem Willen, die Hölle zu durchqueren, dem Chaos die Stirn zu bieten, das Böse bis zu Ende zu erleiden.*

Diese Selbstbegegnung, die Höllenreise zu sich selbst, ist der Inhalt der Dichtung. Sie bewegt sich in einem eigentümlichen Zwischenreich zwischen Traum, Vision und Wirklichkeit und gewinnt dadurch besondere Intensität. Dunkle Labyrinthe der Leidenschaft, der Laster und Irrtümer, des Nihilismus und eines zynischen Ekels, der bis zum Selbstmord treibt, werden durchschritten. Die eigene Vergangenheit reflektiert in einem Spiegelkabinett vielfacher Brechungen, und Haller erfährt, daß jene andere Wirklichkeit, nach der er sich sehnt, nur im eigenen Innern gefunden werden kann. *Ich kann Ihnen nichts geben, was nicht in Ihnen selbst schon existiert. Ich kann Ihnen keinen andern Bildersaal öffnen als den Ihrer Seele. Ich kann Ihnen nichts geben, nur die Gelegenheit, den Anstoß, den Schlüssel. Ich helfe Ihnen, Ihre eigene Welt sichtbar machen, das ist alles.*

Der *Steppenwolf* bietet keine harmonisierende Endlösung. Haller vermag die Prüfungen, die ihm auferlegt werden, nicht zu bestehen, aber er endet auch nicht in der Verzweiflung. Er wird das Spiel nochmals beginnen, wird nochmals leben und dann wohl auch das Lachen lernen, das von ihm gefordert wird. *Nehmen Sie endlich Vernunft an! Sie sollen leben, und Sie sollen das Lachen lernen. Sie sollen die verfluchte Radiomusik des Lebens anhören lernen, sollen den Geist hinter ihr verehren.* Haller erfährt, daß es nicht damit getan ist, Krieg und Technik, Geldrausch, Nationalismus und all die Phänomene, die ihm hassenswert erscheinen, für minderwertig zu erklären, sondern daß hinter den Erscheinungen großartig, zeitlos und unantastbar die Ideen stehen. Über allem Triebhaftem, Chaotischen, erhebt sich eine *zweite, höhere, unvergängliche Welt*, die Welt der *Unsterblichen, eine positive, heitere, überpersönliche und überzeitliche Glaubenswelt.* Darin liegt der Sinn des *magischen Theaters*, für Hesse *Bild und Hülle* für das, was ihm *zutiefst wertvoll und wichtig* ist. Das magische Theater wird zu der über-

1927

wirklichen Bühne, von der das Göttliche und der Geist, unberührt von den Verzerrungen barbarischer Zivilisation, zu den Menschen sprechen.

Eine *goldene Spur* leuchtet durch das wirre Dunkel. Sie führt zu Mozart. Er gehört zum Kreise der Unsterblichen, sein Name gewinnt magische Gewalt. *Mozart wartet auf mich,* lauten die letzten Worte der Dichtung. Bereits im *Tagebuch von 1920* finden sich die Sätze: *Über diesen Tag, über diese Seite meiner bunten Lebensblätter möchte ich ein Wort schreiben, ein Wort wie «Welt» oder «Sonne», ein Wort voll Magie und Strahlungskraft, voll Klang, voll Fülle, voller als voll, reicher als reich, ein Wort mit Bedeutung vollkommener Erfüllung, vollkommenen Wissens.*

Da fällt das Wort mir ein, das magische Zeichen für diesen Tag, ich schreibe es groß über dies Blatt: MOZART. Das bedeutet: die Welt hat einen Sinn, und er ist uns erspürbar im Gleichnis der Musik.

Der Steppenwolf erschien nach dem Vorabdruck von Einzelteilen im Juni 1927 in Buchform. Die kunstvoll gegliederte Dichtung erzielte starke Wirkung und erfuhr widersprüchlichste Beurteilung, scharfe Ablehnung wie – vor allem in literarischen Kreisen – begeisterte Zustimmung. Kein anderes Werk wurde so mißverstanden, mußte von seinem Autor immer wieder verteidigt und erklärt werden. Aber dieses Buch vornehmlich hat dann Jahrzehnte später die neue große Hesse-Rezeption in Amerika und Deutschland ausgelöst.

Im Frühjahr 1927 begann Hesse nach Überwindung schwerer körperlicher Erschöpfung ein Werk ganz anderer Art, eine Dichtung, die zum ersten- und einzigenmal den Ausgleich der Spannungen zwischen Geist und Eros gestalten sollte, die Erzählung *Narziß und Goldmund.* Während er an diesem Werk arbeitet, schreibt er die Skizze *Eine Arbeitsnacht,* in der es heißt: *Eine neue Dichtung beginnt für mich in dem Augenblick zu entstehen, wo eine Figur mir sichtbar wird, welche für eine Weile Symbol und Träger meines Erlebens, meiner Gedanken, meiner Probleme werden kann. Die Erscheinung dieser mythischen Person (Peter Camenzind, Knulp, Demian, Siddhartha, Harry Haller usw.) ist der schöpferische Augenblick, aus dem alles entsteht. Beinahe alle Prosadichtungen, die ich geschrieben habe, sind Seelenbiographien, in allen handelt es sich nicht um Geschichten, Verwicklungen und Spannungen, sondern sie sind im Grunde Monologe, in denen eine einzige Person, eben jene mythische Figur, in ihren Beziehungen zur Welt und zum eigenen Ich betrachtet wird.*

Auch *Narziß und Goldmund* ist wie die früheren Werke eine *Seelenbiographie,* aber da in diesem Werk die alten Gegensätze von Logos und Eros, von väterlichem und mütterlichem Prinzip in den zwei verschiedenen Gestalten eines sich ergänzenden Freundespaars Verkörperung finden, wird die Spannung nicht zur Dissonanz, sondern löst sich in eine echte Polarität. Die Erzählung spielt in der Welt des Mittelalters. Dem jungen gelehrten Mönch Narziß ist Goldmund in schwärmerischer Freundschaft zugetan, aber während für Narziß das Leben des Klosters, der Askese, des Geistes bestimmt ist, zieht es Goldmund hinaus in die Welt. Er lernt das Leben und die Liebe vieler Frauen kennen, empfängt Lust und gibt Lust.

Alles Versäumte blüht noch einmal auf, heißt es im *Steppenwolf.* Die sinnliche Liebe, die in Hesses sonstigen Werken kaum Darstellung findet, wird in der Gestalt des Goldmund mit dichterischer Phantasie verklärt. Er wird zum Künstler, zum Bildhauer, dessen schönstes Werk, eine Johannes-Statue, die Züge des Freundes trägt. Mancherlei Schicksale hat er, der nie seßhaft werden kann, zu bestehen. Immer wieder treibt es ihn in die Ferne, lockt ihn die Sehnsucht zu neuen, unbekannten Frauen, bis er zuletzt endgültig in das Kloster Mariabronn heimkehrt, um in den Armen des Freundes, dem er durch seine Freundschaft ein Stück Liebe erlebbar gemacht hat, zu sterben. Der alte Gegensatz zwischen dem Künstler und dem Denker, zwischen schöpferischer Gestaltung und denkerischer Durchdringung der Welt, ist im Gleichnis von *Narziß und Goldmund* zu einer Dichtung der Harmonie und der höheren Einheit geworden. Beide Gestalten, Goldmund, im Erleben und Auskosten der Welt, Narziß, in der strengen Selbstbewahrung des Geistes, haben sich vollendet, haben ihr Ziel erreicht.

Der Erfolg des Buches war groß und nachhaltig. Viele Leser und Kritiker, aufatmend den *Steppenwolf* hinter sich zu wissen, priesen die Erzählung als ein Buch, in dem Hesses epische Erzählkunst gelungensten Ausdruck gefunden habe. «Ein wunderschönes Buch in seiner politischen Klugheit, seiner Mischung aus deutsch-romantischen und modern-psychologischen, ja psychoanalytischen Elementen», bemerkte Thomas Mann 1930 in seinem «Tagebuch». Hesse selbst hat ein wenig darüber gespottet und in einem Brief an Erwin Ackerknecht bemerkt: *. . . Der «Goldmund» entzückt die Leute. Er ist zwar um nichts besser als der «Steppenwolf», der sein Thema noch klarer umreißt und der kompositorisch gebaut ist wie eine Sonate, aber beim Goldmund kann der gute deutsche Leser Pfeife rauchen und ans Mittelalter denken, und das Leben so schön und so wehmütig finden, und braucht nicht an sich und sein Leben, seine Geschäfte, seine Kriege, seine «Kultur» und dergl. zu denken. So hat er wieder einmal ein Buch nach seinem Herzen gefunden. Nun, es ist ja einerlei, es kommt ja doch bloß auf die paar wenigen an . . .*

Hesses 50. Geburtstag im Sommer 1927 wurde nicht wie der von Thomas Mann mit festlichen Banketten begangen. Er liebte öffentliche Ehrungen nicht. Doch im Kreise der wenigen Schweizer Freunde, die den Fünfzigjährigen feierten, befand sich die österreichische Kunsthistorikerin Ninon Dolbin, geb. Ausländer. Eine Verbindung in Briefen bestand seit vielen Jahren, doch erst 1926 hatten sich beide, gleichsam durch einen Zufall, persönlich kennengelernt. Seit 1927 lebten sie miteinander. Sie blieb bei ihm bis zu seinem Tode, über drei Jahrzehnte hindurch, die kluge, tapfere, verständnisvolle Gefährtin, deren er in den oft schwierigen Jahren so sehr bedurfte.

Bis 1931 bewohnt Hesse die Casa Camuzzi. Kaum einer der vielen Mieter hat es in diesem merkwürdigen, fürstlich-pompösen Palazzo, dem Schlößchen Klingsors, so lange ausgehalten. *Hier hatte ich viele Jahre die tiefste Einsamkeit genossen, und auch an ihr gelitten, hatte viele Dichtungen und Malereien gemacht, tröstende Seifenblasen, und war mit allem so verwachsen, wie ich es seit der Jugend mit keiner andern Umgebung gewesen war. Zum Dank habe ich dies Haus oft genug gemalt und besungen.* Nun aber mußte für das Leben zu zweit eine bequemere und geräumigere Unterkunft gefunden werden. *Da ereignete sich das schöne Märchen: in der «Arch» in Zürich saßen wir an einem Frühlingsabend des Jahres 1930 und plauderten, und die Rede kam auch auf Häuser und Bauen, und auch meine gelegentlich auftauchenden Hauswünsche wurden erwähnt. Da lachte plötzlich Freund B. mich an und rief: «Das Haus sollen Sie haben!»* Dr. H. C. Bodmer, hilfreicher Freund seit Jahren, ließ nach Hesses Wünschen ein Haus erbauen und

Beim Skifahren mit Ninon Dolbin, geb. Ausländer

stellte es ihm auf Lebzeiten zur Verfügung. Die «Casa Hesse» liegt oberhalb von Montagnola, vom Dorf abgerückt, verborgen hinter Wald und Gebüsch. Weit geht der Blick von hier auf den Luganer See bis hin zu seinen italienischen Ufern, auf den San Salvatore und auf die Höhenzüge des Monte Generoso. Im August 1931 wurde das neue Haus bezogen.

MONTAGNOLA

In der kleinen Skizze *Tessiner Herbsttag* schildert Hesse, wie er zwölf Jahre lang die Spätsommer und Herbste dieser Landschaft erlebt und nicht ohne ein Gefühl wehmütigen Neides als stiller Betrachter, als

Die Casa Hesse in Montagnola

Wanderer und Maler über die Zäune hinweg die Arbeit der Bauern und Weingärtner beobachtet habe. *Irgendwo heimisch zu sein, ein Stückchen Land zu lieben und zu bebauen, nicht bloß zu betrachten und zu malen, teilzuhaben am bescheidenen Glück der Bauern und Hirten, am vergilischen, in zweitausend Jahren unveränderten Rhythmus des ländlichen Kalenders, das schien mir ein schönes, zu beneidendes Los, obwohl ich selbst es einstmals gekostet und erfahren hatte, daß es nicht genüge, um mich glücklich zu machen. Und siehe, dies holde Los war mir jetzt noch einmal zugedacht, es war mir in den Schoß gefallen wie eine reife Kastanie dem Wanderer auf den Hut fällt, er braucht sie nur zu öffnen und zu essen. Ich war, wider alles Erwarten, noch einmal seßhaft geworden und besaß, nicht als Eigentum, aber doch als lebenslänglicher Pächter, ein Stück Land! Eben erst hatten wir unser Haus darauf gebaut und waren eingezogen, und jetzt begann für mich, aus vielen Erinnerungen her vertraut, noch einmal ein Stückchen bäuerlichen Lebens ...*

Die Arbeit im Garten, der vom Haus aus steil nach Süden abfällt, gehörte nun wieder wie einst in Gaienhofen zum natürlichen Ablauf des Tages. Sträucher, Bäume, Blumen werden gepflanzt und dort, wo der Wald am Abhang in eine sanft geschwungene kleine Wiese übergeht, ein Bambusgehölz angelegt. In wenigen Jahren wächst es dicht empor, und seine dünnen, zähen Stämmchen wölben sich über einem schmalen Pfad. *Das Gefühl der Seßhaftigkeit, des Heimathabens, das Gefühl der Freundschaft mit Blumen, Bäumen, Erde, Quelle, das Gefühl der Ver-*

antwortlichkeit für ein Stückchen Erde, für fünfzig Bäume, für ein paar Beete Blumen, für Feigen und Pfirsiche, wird für den Dichter, der das Leben der Städte stets gescheut hat, zur notwendigen und glückhaften Ergänzung der geistigen Arbeit. Die gelassene Ruhe und kastalische Heiterkeit der großen Spätwerke Hesses, der Dichtung seiner letzten drei Jahrzehnte, wurzeln in der Ausgewogenheit des Kreatürlichen mit dem geistigen Dasein, in der innigen Verbundenheit mit dem Rhythmus des Jahresablaufs.

Das Haus ist mit seinen Terrassen und großen Fenstern dem Garten und dem Tal zu geöffnet. Im ersten Stock befindet sich als innerste Arbeitszelle das «Studio», darunter das Atelier mit dem großen alten Schreibtisch in der Mitte, der mit Papieren und Bildern, mit Büchern, Manuskripten und Malutensilien übersät ist. Neben diesem Raum, der Handbibliothek und Studierzimmer, Atelier und Verpackungsraum zugleich ist und den stets eine intime, höchst persönliche Unordnung beherrscht, liegt die große Bibliothek, das Zimmer, wo die vielen Gäste empfangen werden, wo Tee getrunken und Musik gehört wird. Auch von hier geht der Blick durch breite Fenster auf die Berge jenseits des Tales, doch rings an allen Wänden wachsen die Bücher bis hoch zur Decke. Tausende von Bänden, geordnet nach den Literaturen der Völker und in besondere philosophische, psychologische und historische Abteilungen, machen den Raum zu einem Reich der Dichtung und des Geistes. Hier ist jene *Bibliothek der Weltliteratur*, die Hesse in einer besonderen Schrift beschrieben hat, Wirklichkeit geworden, nicht als Anhäufung unzähliger Bücher, sondern als sehr überlegte Auswahl der Werke, zu denen im Laufe eines lebenlangen Lesens eine innere Verbindung gewonnen wurde.

Über das Lesen, über den *Umgang mit Büchern*, über die *Magie des Buches* hat Hesse zahlreiche Essays, Betrachtungen und Skizzen geschrieben und es stets als eine seiner Aufgaben betrachtet, Vermittler zu sein und an die Werke großer Dichtung heranzuführen.

Von den Wegen, die zur Bildung führen, einer echten Bildung, die nicht irgendeinem Zweck dient, sondern ihren Sinn in sich selbst trägt, Erfüllung und Antrieb zugleich ist und hilft, *unsrem Leben einen Sinn zu geben, die Vergangenheit zu deuten, der Zukunft in furchtloser Bereitschaft offenzustehen … ist einer der wichtigsten das Studium der Weltliteratur.* Ein solches Studium, schreibt Hesse in dem kleinen Bändchen der Reclamschen Universal-Bibliothek unter dem Titel *Eine Bibliothek der Weltliteratur*, bedeutet *das allmähliche Sichvertrautmachen mit dem ungeheuren Schatz von Gedanken, Erfahrungen, Symbolen, Phantasien und Wunschbildern, den die Vergangenheit uns in den Werken der Dichter und Denker vieler Völker hinterlassen hat. Dieser Weg ist endlos, niemand kann ihn jemals zu Ende gehen … Nicht darauf soll es uns ankommen, möglichst viel gelesen zu haben und zu kennen, sondern in einer freien, persönlichen Auswahl von Meisterwerken … eine Ahnung zu bekommen von der Weite und Fülle des von Menschen Gedachten und Erstrebten.* Der echte Leser aber muß zum Liebenden werden. *Lesen ohne Liebe, Wissen ohne Ehrfurcht, Bildung ohne Herz ist eine der schlimmsten Sünden gegen den Geist.* Die Beschreibung einer

idealen kleinen *Bibliothek der Weltliteratur,* die diesen für Hesses eigenes Verhältnis zur Literatur kennzeichnenden Vorbemerkungen folgt, bietet einen bei aller Knappheit imponierenden Überblick über die Dichtung der Völker und beweist die umfassende *Lebens- und Leser-Erfahrung* des Dichters selbst. Das kleine Bändchen steht, wie Kurt Tucholsky einmal bemerkte, «wolkenkratzerhoch über den gangbaren Literaturgeschichten».

In gleicher Weise wie einst in Gaienhofen und dann im Dienste der Gefangenenfürsorge bemüht sich Hesse in den anderthalb Jahrzehnten nach dem Ersten Weltkrieg um Neuausgabe von Werken, die ihm wichtig schienen. Auch nur die Titel der Bücher zu nennen, deren Edition er selbst besorgte, die er anregte, für die er Geleitworte oder Nachworte verfaßte, ist hier unmöglich und zudem Aufgabe der Bibliographie. Erwähnt sei wenigstens die im Verlag Seldwyla, Bern, herausgegebene Reihe «Merkwürdige Geschichten» und die bei S. Fischer erschienene Serie «Merkwürdige Geschichten und Menschen». Hier finden sich

Sammlungen von Lebensdokumenten von Hölderlin, Novalis, den Geschwistern Brentano und von Schubart, ferner orientalische, japanische, italienische und altfranzösische Erzählungen und Sagen. Die besondere Liebe galt immer wieder Jean Paul. Eine gekürzte Ausgabe des «Titan» erschien schon 1913; der «Siebenkäs», Erzählungen, Auswahlausgaben folgten in späteren Jahren. *In Jean Paul hat jenes geheimnisvolle Deutschland, das noch immer lebt, obwohl seit manchen Jahrzehnten ein anderes, lauteres, hurtigeres, seelenloses Deutschland ihm im Lichte stand, seinen eigensten, reichsten und verworrensten Geist geboren, eine der größten Dichterbegabungen aller Zeiten, dessen Werke einen wahren Urwald der Poesie darstellen.*

Weiter wären zu nennen die «Gesta Romanorum», die «Geschichten des Mittelalters», von denen Hesse die Erzählungen aus dem «Dialogus miraculorum» des Cäsarius von Heisterbach selbst übersetzt hat, Ausgaben von Justinus Kerner, von Christian Wagner und Salomon Geßner und nicht zuletzt eine kleine, aus engster Vertrautheit erwachsene

Auswahl von dreißig Gedichten Goethes, die im Lesezirkel Hottingen 1932 als Festgabe zum 100. Todestag erschien. Unveröffentlicht blieb die große, gemeinsam mit Carlo, dem Sohn des Stiefbruders Karl Isenberg, zusammengestellte Anthologie «Das klassische Jahrhundert deutschen Geistes». Das auf zwölf Bände konzipierte Werk sah Teilbände mit besonderen Einleitungen unter folgenden Titeln vor: «Geist der Romantik», «Geist von Weimar», «Deutsche Bildnisse» (klassische Essays über Persönlichkeiten), «Der Kreis um den jungen Goethe» (Lenz, Merck usw.), «Romantische Reisen», «Aus deutschen Selbstbiographien», «Vergessene Meister der Prosa», «Mittelalterliche Dichtungen nach Schlegel» und anderes.

Finanzielle Erwägungen ließen die Deutsche Verlags-Anstalt Stuttgart von dem Projekt zurücktreten. Auch S. Fischer konnte sich nicht zum Druck entschließen. Im Mai 1931 bot Hesse den «Geist der Romantik» – erneut vergeblich – einem Verlag an und schrieb dazu: *Ohne zu übertreiben, darf ich vielleicht sagen, daß ich, einige ganz wenige Philologen ausgenommen, einer der besten Liebhaber und Kenner der deutschen Romantik bin, in deren Geheimnisse ich als Achtzehnjähriger einzudringen begann und die, neben den Literaturen Indiens und Chinas, mein eigenes Denken und Schreiben sehr stark mit bestimmt hat ... Die Auswahl ist durch Jahre von uns beiden immer und immer wieder überprüft worden, sie berücksichtigt alles, auch sehr wenig gekannte Quellen, und gibt den Geist der deutschen Romantik nahezu allseitig auf kleinstem Raume wieder ... Die «Romantik» ist das größte, wichtigste, von mir seit meinen Jugendjahren gewünschte und vorbereitete Werk dieser Art.*

Hesse wußte sich mit solchen Arbeiten im Einklang mit Hugo von Hofmannsthal, dessen Anthologien ihm Anregung und Vorbild waren. In anerkennenden Besprechungen hatte er einst die «Deutschen Erzähler» wie auch das «Deutsche Lesebuch» rezensiert, und Hofmannsthal hatte ihm am 15. September 1924 geschrieben: «... es hat mich sehr gefreut, daß Sie als einer der ganz wenigen ernsten und gewissenhaften Schriftsteller, die wir haben, es der Mühe wert gefunden haben, auf das Buch hinzuweisen. Alles, was Sie darüber sagen, gerade von Ihnen ausgesprochen zu hören, war mir lieb, ganz besonders das, womit Sie schließen: daß Sie über die Darbietung des sprachlich Schönen hinaus noch eine andere Absicht erkennen: der Nation ihren Gehalt, verteilt in die Individuen, zu Gefühl zu bringen. Ich glaube, man darf nicht ruhen in der Bemühung, dieser zerklüfteten, ja zerrissenen Nation innere Einigung zu bringen, nicht durch Programme, sondern indem man eine Art von geistiger Mitte herstellt.»

In schöner Weise hat sich Thomas Mann einmal über Hesses herausgeberische Arbeiten geäußert: «Es ist ein Dienen, Huldigen, Auswählen, Revidieren, Wiedervorlegen und kundiges Bevorworten, – ausreichend, das Leben manches gelehrten literatus zu füllen. Hier ist es ein bloßer Überschuß an Liebe (und an Arbeitskraft!), eine tätige Liebhaberei neben einem persönlichen, außerordentlich persönlichen Werk, das an Vielschichtigkeit und Beladenheit mit den Problemen von Ich und Welt unter den zeitgenössischen seinesgleichen sucht.»

Der editorischen Tätigkeit, die natürlich nicht im streng philologischen Sinne verstanden werden darf, steht nahe verwandt die des Rezensenten. Blättert man in der umfangreichen, von Hesse selbst in den Jahren 1920–1936 geführten Kartei besprochener Bücher und nimmt an, daß sie einigermaßen vollständig ist, so finden sich rund tausend wenn nicht noch wesentlich mehr Titel, über die er während dieser Zeit in über zwei Dutzend verschiedener Zeitungen und Zeitschriften geschrieben hat. Ein großer Teil seiner Besprechungen und Literaturberichte erschien in der «Neuen Rundschau», den «Propyläen» und dem «Schwabenspiegel», der «Neuen Zürcher Zeitung», dem «Berliner Tageblatt» und der «Frankfurter Zeitung». Die Hauptaufgabe dieses Vermittelns zwischen Büchern und Lesern verstand Hesse wie früher in dem Hinweis auf Werke, die *in irgend einem Sinn etwas Vorbildliches und Gültiges haben, die ich als Ergebnisse und Früchte unsrer Zeit ansehe und denen ich zutraue, daß sie vielleicht noch bis morgen oder übermorgen bestehen werden.* C. G. Jung gegenüber bemerkt er einmal: *Ich bin kein Analytiker und kein Kritiker: wenn Sie zum Beispiel den Bücheraufsatz ansehen, den ich Ihnen schickte, so finden Sie, daß ich nur ganz selten und nebenher mich kritisch äußere, und nie aburteile, das heißt ein Buch, das ich nicht ernstnehmen und schätzen kann, lege ich weg, ohne mich je darüber zu äußern.*

Als in Deutschland die Nationalsozialisten die Herrschaft übernommen hatten, suchte er *solche Bücher, welche niemand sonst zu besprechen wagt, Bücher von Juden, Bücher von Katholiken, Bücher von Bekennern irgend eines Glaubens, der dem dort herrschenden entgegensteht.* Zuletzt ist es nur noch die «Neue Rundschau», die seine Berichte zu drucken wagt. Als sich jedoch die Angriffe gegen ihn häufen und er in Deutschland geschmäht wird, weil er Bücher von Juden und Schweizern empfiehlt, zugleich aber auch in der Presse der Emigranten, weil er noch in Deutschland erscheinende Literatur erwähnt, verzichtet er etwa ab Mitte der dreißiger Jahre auf öffentliche Buchbesprechungen.

Zu den größten und interessantesten Literaturberichten gehören die Aufsätze über *Neue deutsche Bücher*, die Hesse 1935 und 1936 in sechs Fortsetzungen für «Bonniers Litterära Magasin», die führende kritische Zeitschrift Schwedens, verfaßt hat. Eine deutsche Ausgabe der ins Schwedische übersetzten Berichte erschien erst 1965. *Ich glaube und hoffe*, erklärt Hesse zu Beginn der Aufsatzfolge, *es werde sich dabei zeigen, daß es auch heute, inmitten der Kämpfe und Programme eine deutsche Literatur gibt, welche unsres Interesses und unsrer Liebe würdig ist.* Die Qualität des Werkes, nicht die Frage, ob sein Autor in Deutschland anerkannt oder verboten ist, bildet das Kriterium für seine Erwähnung in diesem Bericht, der damit zu den seltenen Dokumenten jener Zeit gehört, die von unabhängiger Warte aus geschrieben wurden. Dennoch bleibt nicht der geringste Zweifel über Hesses eigenen geistigen wie politischen Standort. *Als einer der feinsten Prosaisten und klügsten Köpfe in deutschem Schrifttum* wird etwa Musil anerkannt und in ausgezeichneter Weise Kafka gewürdigt. Längst bevor dessen Renaissance einsetzte, hat Hesse, der ihn sehr schätzte, immer wieder auf seine Werke hingewiesen, und es war ihm eine besondere Freude,

von Max Brod zu erfahren, daß Kafka auch seine Bücher geliebt habe. Die Zeit hat Hesses Urteil bestätigt. Fast alle Bücher, und ihre Zahl ist groß, die in seinen Berichten lobend hervorgehoben wurden, haben sich zu behaupten gewußt, mögen auch viele davon in Deutschland weiteren Kreisen erst nach dem Zusammenbruch von 1945 bekannt geworden sein.

Nach dem Zweiten Weltkrieg hat Hesse seine Rezensionstätigkeit in diesem großen Umfang nicht mehr aufgenommen. Aber er blieb wacher, kritischer Leser und Beobachter der Literatur seiner Zeit, und in einzelnen Aufsätzen und Betrachtungen sowie in Briefen an Freunde hat er bis zuletzt *Lese-Erfahrungen* weitergegeben und sich für das, was ihm wert schien, eingesetzt: für Anna Seghers wie für Monique Saint-Hélier, für das lyrische Werk von Oskar Loerke oder für Peter Suhrkamps Prosastücke ebenso wie für Richard Wilhelms oder Wilhelm Gunderts geniale Verdeutschung des «Bi Yän Lu».

Hesses Berührung mit der Dichtung seiner Zeit war mehr die des Lesers als die persönlicher Verbindung. Um ihrer selbst willen hat er literarische Bekanntschaften nie gesucht und Begegnungen, die der Zufall ergab, durch literarische Briefwechsel nicht sonderlich gepflegt. Zumal in der zweiten Hälfte seines Lebens, in der er wenig reiste, zusammen mit anderen auch keine Zeitschriften mehr herausgab, stand er bewußt dem literarischen Leben, wie es in Akademien, dem PEN-Club oder sonstigen Zirkeln und Gremien gepflegt wird, fern. Aus der Sektion für Dichtkunst der Preußischen Akademie der Künste, in die er 1926 gewählt worden war, trat er am 10. November 1930 wieder aus. Dennoch ist Hesse sehr vielen Schriftstellern seiner Epoche persönlich begegnet, und nicht wenige haben ihn in Montagnola aufgesucht. Vor allem in den Jahren nationalsozialistischer Gewaltherrschaft war die Casa Hesse, das rote Haus am Berg, für so manchen Flüchtling die erste Station der Besinnung, des Aufatmens und der Hilfe.

Die Betten sind auch bei mir gerüstet, und ich erwarte morgen den ersten aus Deutschland entkommenen Gast, schrieb Hesse Anfang März 1933, und wenige Tage später, *unser Gastzimmer beherbergt seit einigen Tagen den ersten Flüchtling aus Deutschland, einen mir seit Jahren befreundeten sozialen Schriftsteller.* Es war Heinrich Wiegand, der bald darauf in Italien starb. Viele sind nach ihm gekommen, und für viele gilt, was Max Herrmann-Neiße nach seinem Besuch geschrieben hat: «Es rührte und beglückte mich zutiefst, einmal wieder jenseits aller Wirrnis der Zeit und über alle Niederungen des Gegenwart-Wahnes in einem rein gebliebenen geistigen Raume mit einem wirklichen Dichter von menschlichen Dingen reden zu dürfen.» Auch Thomas Mann, den Hesse vor dem Ersten Weltkrieg in einem Münchner Hotel bei einer Einladung des gemeinsamen Verlegers Samuel Fischer kennengelernt, dessen «Königliche Hoheit» er 1910 im «März» besprochen, den er dann, wie in der *Nürnberger Reise* erzählt wird, einmal in München besucht hatte und mit dem er in der Chantarella bei St. Moritz beim winterlichen Skiurlaub wieder zusammengetroffen war, stellte sich in jenem März 1933 in Montagnola ein. «Recht nahe kam ich ihm persönlich»,

Bei der Arbeit im Weinberg

schrieb Thomas Mann später, «erst vor 14 Jahren, als ich, unter dem ersten Schock des Verlustes von Heimat, Haus und Herd stehend, oft in seinem schönen Tessiner Haus und Garten bei ihm war. Wie beneidete ich ihn damals! – nicht nur um seine Geborgenheit im Freien, sondern vornehmlich um das, was er an zeitig gewonnener seelischer Freiheit vor mir voraus hatte, um seine philosophische Distanziertheit von aller deutschen Politik. Es gab nichts Wohltuenderes, Heilsameres in jenen verworrenen Tagen als sein Gespräch.»

In seinem Glasperlenspielmeister Thomas von der Trave gab Hesse in dichterischer Form ein vornehmes Porträt von Thomas Mann, und im Juni 1950 schrieb er ihm zum 75. Geburtstag: *Daß es zur Freundschaft und Kameradschaft dennoch gekommen ist, zu einer der erfreulichsten und reibungslosesten meines spätern Lebens, dazu mußte vieles geschehen, woran wir in jener vergnügten Münchener Stunde nicht dachten, und es mußte jeder von uns beiden einen schwierigen und oft finstern Weg zurücklegen, aus der Scheingeborgenheit unsrer nationalen Zugehörigkeit durch die Vereinsamung und Verfemung hindurch bis in die saubere und etwas kühle Luft eines Weltbürgertums, das denn auch wieder bei Ihnen ein ganz anderes Gesicht hat als bei mir, und das uns dennoch weit fester und zuverlässiger verbindet als alles, was wir damals zur Zeit unsrer moralischen und politischen Unschuld etwa Gemeinsames haben mochten ...* In schöner Weise dokumentiert der 1968 von Anni Carlsson herausgegebene Briefwechsel die freundschaftliche Verbindung der beiden Dichter.

Auch Bertolt Brecht war 1933 zusammen mit anderen aus Deutschland Geflohenen einmal einen Nachmittag lang bei Hesse. ... *man sprach unter andrem von den Bücherverbrennungen ... seine Gedichte und Erzählungen liebe und schätze ich von den Anfängen an bis heute, sein Tod ist auch mir ein Schmerz und Verlust. Er war der einzige wirkliche Dichter unter den deutschen Kommunisten, und der einzige, der noch auf der ganzen breiten Basis einer umfassenden literarischen Bildung stand.*

Ein anderer Besuch, der im Herbst 1934 kam, aber auch schon einmal ein Jahrzehnt zuvor in Montagnola gewesen war und dessen Werke Hesse ganz besonders schätzte, war Martin Buber, *der Jude und große Lehrer und Führer der geistigen Elite unter den Juden. Als Übersetzer der Bibel, als Wiederentdecker und Verdeutscher der chassidischen Weisheit, als Gelehrter, als großer Schriftsteller, und schließlich als Weiser, als Lehrer und Repräsentant einer hohen Ethik und Humanität ist er nach der Meinung derer, die sein Werk kennen, eine der führenden und wertvollsten Persönlichkeiten im heutigen Schrifttum der Welt,* erklärte Hesse in Stockholm und schlug Buber 1949 für den Nobelpreis vor. Aber auch schon in einem Brief vom September 1933 heißt es: *Allein das Vorhandensein einer Person wie Martin Buber ist ein Trost und Glück.* In seiner Festrede zu Hesses 80. Geburtstag rief Buber aus: «Nicht die Morgenlandfahrer und die Glasperlenspieler allein grüßen dich heute in aller Welt, Hermann Hesse. Die Diener des Geistes in aller Welt rufen dir mitsammen einen großen Gruß der Liebe zu. Überall, wo man dem Geiste dient, wirst du geliebt.»

Thomas Mann

Eine in manchem an Buber gemahnende und doch so ganz andere Persönlichkeit, die sich ebenfalls in diesem Jahr überraschend in Montagnola einstellte, war Christoph Schrempf, der kühne schwäbische Theologe, Philosoph, Kierkegaard-Übersetzer, Schriftsteller und Redner, der einst aus Kirche und Kirchendienst ausgeschieden war und das Leben eines ebenso radikalen wie frommen Denkers und Einzelgängers geführt hat. *Im Jahre 1935 sind wir zum ersten und einzigen Mal persönlich zusammengekommen ... Er hielt sich mit seinen Getreuen einige Tage in unsrem Dorfe auf und kam jeden Tag für ein paar Stunden zu mir, ein kleiner, außerordentlich rüstiger und temperamentvoller Greis, dem stundenlanges Marschieren noch so wenig Beschwerden machte, als stundenlanges Disputieren. Wir wurden Freunde, und die Gestalt dieses schwäbischen Sokrates gehört seither mit zur Bilderwelt meines Lebens.*

Die politische Entwicklung in Deutschland war von Hesse lange vorausgeahnt worden. In seinen Dichtungen und Briefen finden sich genügend Beispiele dafür. So ist etwa in einem Schreiben aus dem Jahre 1932 zu lesen: *Das Weglügen aller Kriegsschuld, das Verschieben aller Verantwortung für Deutschlands Zustände auf die «Feinde» und auf Versailles, erzeugt nach meiner Auffassung in Deutschland eine Luft von politischer Dummheit, Verlogenheit und Unreife, die zur Entstehung eines künftigen Krieges sehr viel beitragen wird.*

Offiziell wurde Hesse nach der «Machtübernahme» zunächst nicht belästigt. *In Aufrufen an die Hitlerjugend, sich um ihre deutschen Dichter zu kümmern, finde ich mich weder unter den empfohlenen Kolbenheyern etc. noch auch unter den «Asphaltliteraten» genannt, vor de-*

57 Jahre alt. Martin Hesses erste Aufnahme von seinem Vater

nen gewarnt wird. Er gerät zwischen die Fronten, wird von beiden Seiten umworben und angegriffen.

So wurde Hesse verübelt, daß er nicht mit aller Entschiedenheit Partei ergriff und sich auf die Seite der Opposition stellte. Hesse hat es nicht getan und weder in allgemeinen Appellen noch Aufrufen gegen das «Neue Deutschland» öffentlich Stellung genommen. *Ich habe den Krieg 1914–18 so intensiv und bis nahe zur persönlichen Vernichtung erlebt, daß ich seither über eines vollkommen und unerschütterlich im klaren bin: daß ich, für meine Person, jede Änderung der Welt durch Gewalt ablehne und nicht unterstütze, auch nicht die sozialistische, auch nicht die scheinbar erwünschte und gerechte. Es werden immer die Falschen totgeschlagen, und auch wenn es die Rechten wären: an die bessernde und entsühnende Kraft des Totschlagens glaube ich nun einmal nicht, und sehe in der Zuspitzung der Parteikämpfe zum Bürgerkrieg zwar wohl die Kraft des Entschlusses, die moralische Spannung des «Entweder-Oder», aber ich lehne die Gewalt ab . . .*

> *Lieber von den Faschisten erschlagen werden*
> *Als selber Faschist sein*
> *Lieber von den Kommunisten erschlagen werden*
> *Als selber Kommunist sein!*

so beginnt der Entwurf eines in schlafloser Nacht im März 1933 skizzierten Gedichts, das unvollendet blieb. Sein Glaubensbekenntnis legt Hesse in diesem Jahre 1933 in dem Gedicht *Besinnung* nieder, dessen Ausklang, wie er Herbert Steiner mitteilt, seine Stellungnahme zum politischen Irrsinn zeige und vielleicht als Mahnung Wert habe.

> *Darum ist uns irrenden Brüdern*
> *Liebe möglich noch in der Entzweiung,*
> *Und nicht Richten und Haß,*
> *Sondern geduldige Liebe,*
> *Liebendes Dulden führt*
> *Uns dem heiligen Ziele näher.*

Konzessionen irgendwelcher Art kennt Hesse jedoch nicht, und sehr entschieden lehnt er die von ihm für eine neue Auflage der *Bibliothek der Weltliteratur* erbetenen «zeitgemäßen» Änderungen ab. *Ich halte nicht heute Bücher und Autoren für minderwertig, weil der Zeitgeschmack es tut, und streiche aus meinem Essay nicht Dinge weg, die mir lieb und wichtig sind – bloß weil die Konjunktur das nahelegt.*

Mit Schaudern, *oft bis zum tiefsten Ekel degoutiert,* verfolgt er die Entwicklung in Deutschland. Der Möglichkeit, Hilfe zu leisten, sind trotz allen Anstrengungen Grenzen gesetzt. Das Flüchtlingselend wird immer schlimmer . . . *zu meiner eigenen Arbeit zu gehen, ist mir im Laufe des Jahres nur sehr wenigemale geglückt. Vielleicht ist das wirkliche Erleiden (und Bewußtmachen) des Grauens unsrer Zeit heute auch notwendiger als alles produktive Tun,* schreibt er in einem Brief an Max Herrmann-Neiße.

Hesses Bücher wurden im Deutschland des Dritten Reiches weder verboten noch verbrannt. Statistischen Feststellungen nach erschienen zwischen den Jahren 1933 und 1945 insgesamt zwanzig Titel mit einer Gesamtauflage von 481 000 Exemplaren, wobei allerdings 250 000 auf eine 1943 herausgegebene Reclam-Ausgabe der Erzählung *In der alten Sonne* und 70 000 auf die als Insel-Bändchen erschienene Gedichtauswahl *Vom Baum des Lebens* fallen. Während derselben Zeit kamen in der Schweiz zehn Titel mit zusammen 35 000 Exemplaren heraus. Es ist also nicht zu übersehen, daß eine sehr große Leser-Gemeinde dem Dichter auch in diesen Jahren die Treue hielt.

Dem «offiziellen» neuen Deutschland war Hesse allerdings höchst suspekt. Er galt, wie ein weitverbreitetes, nach 1945 bald wieder in purifizierter Form neuaufgelegtes Literatur-Lexikon feststellte, als «ein einsamer empfindsam-ästhetischer und eigenbrötlerischer Dichter», der «kein Verhältnis zur harten Wirklichkeit volkhaften deutschen Werdens» gefunden habe. Die «Einsamkeit der Seele» heißt es in Berichten zu seinem 60. Geburtstag, «trennt ihn zugleich von den aufwachsenden Kräften werdender deutscher Gemeinschaft».

Öffentlich scharf angegriffen wurde Hesse in der von Will Vesper herausgegebenen «Neuen Literatur» seiner bereits erwähnten literarischen Berichte in «Bonniers Litterära Magasin» wegen. Seine lobenden Erwähnungen von Thomas Mann, Kafka, Polgar, Ernst Bloch, von Gertrud von Le Fort und Stefan Zweig erregten Empörung, und erst recht ein Satz wie: *Ein Großteil der gegenwärtigen «schönliterarischen» Produktion in Deutschland trägt das Gepräge zufälliger Konjunkturen und kann nicht ernst genommen werden.* In der Rubrik «Unsere Meinung» wird dazu erklärt: Hesse «verrät die deutsche Dichtung der Gegenwart an die Feinde Deutschlands und an das Judentum. Hier sieht man, wohin einer sinkt, wenn er sich daran gewöhnt hat, an den Tischen der Juden zu sitzen und ihr Brot zu essen. Der deutsche Dichter Hermann Hesse übernimmt die volksverräterische Rolle der jüdischen Kritik von gestern. Den Juden und Kulturbolschewiken zuliebe hilft er im Auslande falsche, sein Vaterland schädigende Vorstellungen verbreiten.» In weiteren Nummern des Organs heißt es: «Das sollte einmal öffentlich gesagt werden, daß Hesse ein Schulbeispiel dafür ist, wie der Jude die deutsche Volksseele zu vergiften vermag», und an anderer Stelle wird behauptet, daß Hesse «sein Volk in seinem schweren Ringen verlassen hat, um sich hinter sein gekauftes Schweizertum verschanzen zu können».

Neben den Verleumdungen der «Neuen Literatur» und manchen ähnlichen neudeutschen Angriffen erhoben sich aber in Deutschland auch ganz andere Stimmen. Noch erschien die «Neue Rundschau». Das zum 60. Geburtstag Hesses herausgegebene Heft dieser Zeitschrift enthielt nicht nur die Erstveröffentlichung des *Indischen Lebenslaufs,* sondern auch den schönen Aufsatz «Wandlung und Beharrung» von Rudolf Bach und einen Brief, in dem sich Rudolf Alexander Schröder als Hesses «Fahrtgenosse» bekannte und ihn als «Erben besten deutschen Geistes» pries. «Haben Sie Dank dafür, daß Sie da sind und daß ich Ihrer gedenken darf.»

Martin Buber

Zwischen seinem 50. und 60. Lebensjahr gab Hesse eine Reihe von Büchern heraus, in denen Erzählungen, Essays, Skizzen und Betrachtungen, die zu einem Teil schon in Sammelbänden vor dem Ersten Weltkrieg, zu einem anderen in zahlreichen Zeitschriften verstreut da und dort publiziert worden waren, zusammengefaßt wurden. Diese Bücher bilden das Ergebnis prüfender Rückschau auf das bisher Geschaffene, sie sind ein Sichten und Sammeln, das Rechenschaft ablegen will von der Vielfalt und Einheit seines Lebens und Wirkens. Schilderungen und Skizzen vor allem von Wanderungen und Reisen, in die Kapitel *Bodensee, Italien, Indien* und *Tessin* geordnet, enthält das 1926 erschienene *Bilderbuch*. Ihm folgte zwei Jahre später der dem Gedächtnis an Hugo Ball gewidmete Band *Betrachtungen*, in dem außer vielen kleinen Stücken die wichtigen Aufsätze der Kriegs- und Nachkriegsjahre Aufnahme fanden. Unter dem sehr zutreffenden, von Ninon Hesse vorgeschlagenen Titel *Weg nach Innen* wurden 1931 die drei Klingsor-Erzählungen und *Siddhartha* zusammengefaßt, während eine Reihe von Geschichten aus den Bänden *Umwege, Nachbarn* und *Aus Indien* in umgearbeiteter Form in dem Buch *Kleine Welt* erschien, das den Söhnen Bruno, Heiner und Martin gewidmet ward. Das *Fabulierbuch*, eine Sammlung von Erzählungen aus den Jahren 1904 bis 1927, vereinigt Legenden, Märchen und zahlreiche, gleichsam mit spielerischer Leichtigkeit geformte Geschichten, die in der Tradition großer europäischer Erzählkunst stehen.

Das Buch kommt also heute um eine Generation zu spät, das ist mir klar. Aber einzelne der Erzählungen sind gelungen und des Aufbewahrens wert.

Den Geschwistern sind die *Gedenkblätter* gewidmet, ein Buch der Erinnerungen, der Nachrufe und Würdigungen, das 1937 erschien und zwei jeweils erweiterte Auflagen erfuhr. Von dem Vater, dem Bruder Hans und der Schwester Adele, die ihm von allen Geschwistern zeitlebens am nächsten stand, von den Freunden Franz Schall, Othmar Schoeck, Ernst Morgenthaler und Hugo Ball, von merkwürdigen Menschen aus der Kinderzeit und von Begegnungen mit Christian Wagner, mit Raabe und Schrempf wird hier erzählt. Aber die so persönlichen Erinnerungen formen sich zu Bildnissen, in denen das Geheimnis individuellen Lebens Gestalt gewinnt, in denen die menschlichen und geistigen Beziehungen auf eine Ebene gehoben werden, die das Subjektive hinter sich läßt. So sind die *Gedenkblätter* zwar Zeugnis des Dankes, der Liebe und einer persönlichen Verbundenheit im Geiste, zugleich aber Dokumente von so hoher poetischer Formkraft, daß sie gleichberechtigt neben die besten dichterischen Werke gestellt werden müssen.

Das «Gedenken» gehört für Hesse zu den Pflichten des Dichters. Vom *leidenschaftlichen Kampf um das Gedenken* spricht er einmal und meint damit, daß es eine der Aufgaben des Künstlers sei, durch *das Aufzeichnen, das Festhalten und Weitergeben* der Vergänglichkeit zu trotzen. Was in Wort oder Bild nicht bewahrt bleibt, ist dem Untergang verfallen. *Das Herz trauert über die Vergänglichkeit, ergibt sich ihr aber ohne Widerstreben. Der Geist aber stellt sich ihr mit seinen Waffen und versucht immer wieder sie zu überwinden.*

MORGENLANDFAHRT UND GLASPERLENSPIEL

Das dichterische Schaffen Hesses gipfelt im *Glasperlenspiel*, dem großen Spätwerk, das die Summe eines dichtenden und denkenden Lebens zieht und von hoher Warte aus die Stationen des bisherigen Weges erhellt. Das *Glasperlenspiel* ist den «Morgenlandfahrern» gewidmet. Es steht also in enger Beziehung zu der Erzählung *Die Morgenlandfahrt*, einer kleinen Prosadichtung von poetischem Zauber und einem eigenartig faszinierenden Reiz, die Hesse im Sommer 1930 begann und im April 1931 beendete. In Verbindung mit dem großen Werk gewinnt *Die Morgenlandfahrt* den Charakter des Auftaktes und des geistigen Vorspiels, in dem die wesentlichen Motive erstmals anklingen: der Gedanke des Dienens, die überpersönliche Hierarchie eines Reichs des Geistes und, im Bild des Bundesarchivs, die später im Glasperlenspiel verwirklichte Zusammenschau der geistigen Kulturen aller Völker und Länder.

... *das Paradoxe muß immer wieder gewagt, das an sich Unmögliche muß immer neu unternommen werden.* In der Geschichte der Morgenlandfahrer sind die Grenzen von Zeit und Raum, die Schranken, die Leben und Dichtung, Illusion und Wirklichkeit trennen, aufgehoben. Die Handlung spielt im Innenraum seelischen Erlebens. Der Bund der Mor-

Mit seiner Frau Ninon

genlandfahrer, eine seltsame Bruderschaft von hohen Geistern der Vergangenheit und Menschen der Gegenwart, von allen Sehnsüchtigen und Erleuchteten, befindet sich auf einer geheimnisvollen Wallfahrt, einer Wanderschaft, die jedoch nicht dem Morgenland als einem geographischen Ziel zustrebt, aber alle Teilnehmer der Fahrt zu einer geistigen Gemeinschaft verbindet. *Unser Morgenland war ... die Heimat und Jugend der Seele, es war das Überall und Nirgends, war das Einswerden aller Zeiten. So führt die Reise durch die Geschichte und die Zukunft, durch Räume und Zeiten. Wir zogen nach Morgenland, wir zogen aber auch ins Mittelalter oder ins goldne Zeitalter, wir streiften*

121

Italien oder die Schweiz, wir nächtigten aber auch zuweilen im zehnten Jahrhundert und wohnten bei den Patriarchen oder bei den Feen ... *Halb Europa und ein Teil des Mittelalters* wurden durchquert.

Auch der Musiker H. H. gehört zu dem Bund der Morgenlandfahrer, und seine Morgenlandfahrt wird zum Gleichnis des eigenen Lebenswegs. Sie führt zurück in die Vergangenheit, in die Unschuld der Kindheit, und führt, die Stufen eigener Menschwerdung sichtbar machend, in Irrtum, Zweifel und Verzweiflung. Die Glaubenswirklichkeit des Bundes beginnt zu verblassen, er verliert seine Spur, verliert die Mitte und irrt, andere für sein Unglück anklagend, in einer ihm fremden, öden

Wirklichkeit umher. Doch die tiefe innere Gewißheit, die Kraft der Sehnsucht, *der Glaube an den Sinn und die Notwendigkeit seines Tuns* treiben ihn vorwärts. Er lernt bestürzt und beglückt erkennen, daß nicht, wie er meinte, der Bund erschüttert worden und in eine Krise geraten ist, sondern daß er es war, den Schwäche und Zweifel untreu und zum Deserteur werden ließen. Das hohe Gericht, dem er sich als Angeklagter und als Selbstankläger zu stellen hat, betrachtet aber Abfall und Verirrung nur als Prüfung und spricht ihn frei. *Bruder H. ist durch seine Prüfung bis in die Verzweiflung geführt worden, und Verzweiflung ist das Ergebnis jedes ernstlichen Versuches, das Menschenleben zu begreifen und zu rechtfertigen. Verzweiflung ist das Ergebnis eines jeden ernstlichen Versuches, das Leben mit der Tugend, mit der Gerechtigkeit, mit der Vernunft zu bestehen und seine Forderungen zu erfüllen. Diesseits dieser Verzweiflung leben die Kinder, jenseits die Erwachten.* Er besteht im Gegensatz zu Harry Haller, dem Steppenwolf, die Selbstschau, die ihm als Probe auferlegt wird, und erreicht eine neue Stufe des Menschseins.

Die Morgenlandfahrt ist eine Dichtung in Symbolen und Gleichnissen, doch verbirgt sich in ihr auch eine Fülle kleiner Anspielungen und Beziehungen, und es wird ein heiter-ironisches Spiel mit Ereignissen und Menschen des persönlichen Umkreises getrieben. Liebenswürdig versteckter Dank an Schweizer Freunde klingt an, wenn erzählt wird von der Arche Noah, dem Haus Hans C. Bodmers in Zürich, von Georg Reinhart, dem schwarzen König in Winterthur, von den Kolonien des Königs von Siam, des Hauses Leuthold in Zürich, oder von den großen Bundesfeier in Bremgarten bei Max und Tilly Wassmer, an der Dr. Lang, Moser, Moilliet und Schoeck teilnehmen und wo Hesse selbst so manches Fest gefeiert hat. Zum Verständnis der Dichtung ist die Klärung all dieser einzelnen Anspielungen unwesentlich, und der Dichter betont in einem Brief an Alice Leuthold: ... *Die Symbolik selbst braucht dem Leser ja gar nicht «klar» zu werden, er soll nicht verstehen im Sinn von «erklären», sondern er soll die Bilder in sich hineinlassen und ihren Sinn, das was sie an Lebens-Gleichnis enthalten, nebenher mit schlucken, die Wirkung stellt sich dann unbewußt ein ...*

In einem Prospekt des Fischer-Verlags schreibt Hesse über diese Dichtung: *Das Thema ist die Vereinsamung des geistigen Menschen in unserer Zeit und die Not, sein persönliches Leben und Tun einem überpersönlichen Ganzen, einer Idee und einer Gemeinschaft einzuordnen. Das Thema der «Morgenlandfahrt» ist: Sehnsucht nach Dienen, Suchen nach Gemeinschaft, Befreiung vom unfruchtbar einsamen Virtuosentum des Künstlers.*

Die den Freunden Hans C. Bodmer und seiner Frau Elsy gewidmete Erzählung erschien 1931 zuerst in der Zeitschrift «Corona», die von Martin Bodmer und Herbert Steiner herausgegeben wurde. In dieser Zeitschrift, die sich durch ihren hohen literarischen Rang auszeichnete, sowie in der «Neuen Rundschau» gab Hesse in den folgenden Jahren einzelne Stücke seiner neuen Dichtung, des *Glasperlenspiels*, bekannt, die über ein Jahrzehnt, von 1931 bis 1942, im Mittelpunkt seines Schaffens stand und die er bereits in einem Brief des Jahres 1935 als Endziel seines Lebens und seiner Dichtung bezeichnete.

Im Herbst 1934 bemerkt Hesse in einem Brief: *Der Regenmacher stand im Frühling in der Neuen Rundschau, und dort wird im Dezember ein weiteres kleines Stück des Ganzen erscheinen ... von dem vorerst nur diese zwei kleinen Teile geschrieben sind. Es geht sehr langsam diesmal, mit halbjährigen und ganzjährigen Pausen. Studien habe ich manche getrieben, um meinen Plan zu nähren, der mich seit dem Fertigwerden der Morgenlandfahrt beschäftigt und plagt, es gehörte dazu viel Lektüre aus dem 18. Jahrhundert, wo mir namentlich der schwäbische Pietist Oetinger sehr gefiel, auch Studien über klassische Musik, bei denen mir ein Neffe* (Carlo Isenberg, der Ferromonte der Dichtung) *half, der Organist und Kenner und Sammler alter Musik ist, ich hatte ihn ein paar Wochen hier und hatte für diese Zeit ein gemietetes Klavierchen im Haus stehen, das sonst ohne Sang und Klang ist.*

In das langsame Werden und Reifen der Dichtung geben die *Stunden im Garten*, eine bezaubernde Idylle in Hexametern, intimen Einblick. Dieses Epyllion, 1936 zuerst, später in einem von dem Graphiker und Maler Gunter Böhmer, dem jungen Freund des Dichters und Illustrator so mancher seiner Bücher, höchst reizvoll ausgestatteten kleinen Bändchen erschienen, schildert im gemächlich gemäßigten Fluß des Hexameters die tägliche Arbeit im Garten. Aber Hesse ist nicht nur ein Gärtner, der Blumen begießt und Unkraut jätet. Liebstes Spiel und Treiben ist ihm, den seine Frau den Köhler nennt, das Brennen von Erde, das Schüren kleiner Feuer, das Träumen und Sinnieren vor der schwelenden Glut. Das Feuer wird ihm zum Gleichnis für die *Rückwandlung der Vielfalt ins Eine*, für Reinigung und Läuterung.

Auch hat niemand mehr Zeit in unseren Tagen, zu sitzen
Und sich Erden zu brennen am Feuer – wer zahlte den Taglohn?
Ich aber bin ein Dichter und zahl es mit mancher Entbehrung,
Manchem Opfer vielleicht, dafür hat Gott mir gestattet,
Nicht bloß in unseren Tagen zu leben, sondern der Zeit mich
Oft zu entschlagen und zeitlos zu atmen im Raume, einst galt das
Viel und wurde Entrückung genannt oder göttlicher Wahnsinn.
Heute gilt es nichts mehr, weil heute so kostbar die Zeit scheint,
Zeitverachtung aber ein Laster sei. «Introversion» heißt
Bei den Spezialisten der Zustand von dem ich hier spreche,
Und bezeichnet das Tun eines Schwächlings, der sich den Pflichten
Seines Lebens entzieht und im Selbstgenuß seiner Träume
Sich verliert und verspielt und den kein Erwachsener ernst nimmt.

Ist das Feuer niedergebrannt, wird die Asche mit Erde gemischt und durch ein Sieb geschüttelt.

... Und ohne zu wollen, verfall ich
So beim Schütteln in feste, einander gleichende Takte.
Aus dem Takt wiederum erschafft die nie müde Erinnerung
Eine Musik, ich summe sie mit, noch ohne mit Namen
Sie und mit Autor zu kennen, dann weiß ich es plötzlich: von Mozart

«Der Regenmacher» nannte Hesse diese von seinem Sohn Martin
gemachte Aufnahme

Ist's ein Quartett mit Oboe ... Und nun beginnt im Gemüt mir
Ein Gedankenspiel, dessen ich mich schon seit Jahren befleiße,
Glasperlenspiel genannt, eine hübsche Erfindung,
Deren Gerüst die Musik und deren Grund Meditation ist.
Josef Knecht ist der Meister, dem ich das Wissen um diese
Schöne Imagination verdanke. In Zeiten der Freude
Ist sie mir Spiel und Glück, in Zeiten des Leids und der Wirren
Ist sie mir Trost und Besinnung, und hier am Feuer, beim Siebe,
Spiel ich es oft, das Glasperlenspiel, wenn auch längst noch wie Knecht
 nicht.
...
Während vom Stall her die großen Blumensonnen mich anschaun
Und hinterm Rebengezweig die Ferne mittagsblau duftet,
Hör ich Musik und sehe vergangne und künftige Menschen,
Sehe Weise und Dichter und Forscher und Künstler einmütig
Bauen am hunderttorigen Dom des Geistes – ich will es
Einmal später beschreiben, noch ist der Tag nicht gekommen.

Mitten im Kriege, am 29. April 1942, wurde das *Glasperlenspiel* beendet. Sieben Monate lag das Manuskript in Berlin, aber alle Bemühungen des Verlegers und Freundes Peter Suhrkamp scheiterten, das Buch konnte in Deutschland nicht gedruckt werden. Es erschien am 18. November 1943 beim Verlag Fretz und Wasmuth in Zürich in zwei Bänden. Nur wenige Exemplare gelangten über die Grenze und wurden als Kostbarkeiten von Hand zu Hand weitergereicht.

In einem Brief an Rudolf Pannwitz hat Hesse 1955 einige Erinnerungen aus der Entstehungszeit der Dichtung niedergeschrieben. *Die Vorstellung, die den ersten Funken in mir entzündete, war die der Reinkarnation als Ausdrucksform für das Stabile im Fließenden, für die Kontinuität der Überlieferung und des Geisteslebens überhaupt. Es kam mir eines Tages, manche Jahre, bevor ich mit dem Versuch einer Niederschrift begann, die Vision eines individuellen, aber überzeitlichen Lebenslaufes: ich dachte mir einen Menschen, der in mehreren Wiedergeburten die großen Epochen der Menschheitsgeschichte miterlebt. Zwischen jener ersten Konzeption und dem wirklichen Beginnen lagen Jahre leidlichen Wohlergehens nach einer ernsten Lebenskrise, und es waren auch Jahre der Erholung und wiederkehrenden Lebensfreude für das vom Weltkrieg erschöpfte Deutschland und Europa ... nun aber ... kam mit den Reden Hitlers und seiner Minister, mit ihren Zeitungen und Broschüren etwas wie Giftgas aufgestiegen, eine Welle von Gemeinheit, Verlogenheit, hemmungsloser Streberei, eine Luft, die nicht zu atmen war. Es bedurfte der erst um Jahre später bekannt werdenden massiven Greuel nicht, es genügte dies Giftgas, diese Entheiligung der Sprache und Entthronung der Wahrheit, um mich wieder wie während der Kriegsjahre vor den Abgrund zu stellen. Die Luft war wieder giftig, das Leben war wieder in Frage gestellt. Dies war nun der Augenblick, in dem ich alle rettenden Kräfte in mir aufrufen und alles, was ich an Glauben be-*

Beim Feuermachen

saß, nachprüfen und festigen mußte . . . Inmitten dieser Drohungen und Gefahren für die physische und geistige Existenz eines Dichters deutscher Sprache griff ich zum Rettungsmittel aller Künstler, zur Produktion, und nahm den schon alten Plan wieder auf, der sich aber sofort unter dem Druck des Augenblicks stark verwandelte. Es galt für mich zweierlei: einen geistigen Raum aufzubauen, in dem ich atmen und leben könnte aller Vergiftung der Welt zum Trotz, eine Zuflucht und Burg, und zweitens den Widerstand des Geistes gegen die barbarischen Mächte zum Ausdruck zu bringen und womöglich meine Freunde drüben in Deutschland im Widerstand und Ausharren zu stärken.

Um den Raum zu schaffen, in dem ich Zuflucht, Stärkung und Lebensmut finden könnte, genügte es nicht, irgend eine Vergangenheit zu beschwören und liebevoll auszumalen, wie es etwa meinem früheren Plan entsprochen hätte. Ich mußte, der grinsenden Gegenwart zum Trotz, das Reich des Geistes und der Seele als existent und unüberwindlich sichtbar machen, so wurde meine Dichtung zur Utopie, das Bild wurde in die Zukunft projiziert, die üble Gegenwart in eine überstandene Vergangenheit gebannt. Und zu meiner eigenen Überraschung entstand die kastalische Welt wie von selbst. Sie brauchte nicht erdacht und konstruiert zu werden. Sie war, ohne daß ich es gewußt hatte, längst in mir präformiert. Und damit war der gesuchte Atemraum für mich gefunden.

Der reale Hintergrund der großen Dichtung ist die politische Situation Deutschlands seit dem Ersten Weltkrieg und dann vor allem in den Jahren der Gewaltherrschaft Hitlers. Einer Welt, die in Anarchie zerfällt, als Gegenbild eine Provinz des Maßes, der geistigen Ordnung, der Zucht und Ehrfurcht, dem Chaos den Kosmos entgegenzusetzen, darum war es Hesse vor allem zu tun. Leitbilder wollte er aufstellen, und gleich der platonischen Akademie, die als Ideal für Jahrhunderte wirksam war, sollte auch Kastalien einer Welt, die ihre Würde verloren hat, zum Leitbild werden. Mag diese kastalische Provinz auch in die Zukunft projiziert sein, sie ist dennoch weder Zukunftstraum noch Prophezeiung oder utopisches Postulat, sondern eine Idee, die ihre innere, an keine bestimmte Zeit gebundene Wirklichkeit besitzt und eine Möglichkeit geistigen Lebens darstellen will.

Das Glasperlenspiel trägt den Untertitel *Versuch einer Lebensbeschreibung des Magisters Ludi Josef Knecht samt Knechts hinterlassenen Schriften.* Es spielt in einer Zeit, die einige hundert Jahre nach unserer Gegenwart liegt und schildert das Leben in Kastalien, eines an Goethes pädagogische Provinz gemahnenden kleinen Gelehrtenreiches. Das 19. und 20. Jahrhundert, als feuilletonistisches Zeitalter bezeichnet, mit seinem autoritätslosen Individualismus, seinen Kriegen und seinem moralischen Zerfall ist überwunden. Aus Verzweiflung über den Untergang der Kultur schloß sich damals eine Gruppe von Menschen zusammen, um dem Geiste treu zu bleiben, der Überlieferung hoher kultureller Werte zu dienen und eine neue Bildungswelt aufzubauen. Es entstand eine Art weltlicher Orden, der in strenger, geistiger Zucht lebte, auf äußere Erfolge, aber auch weitgehend auf ein schöpferisches Künstlertum verzichtete und sich vor allem der Pflege der Musikwissenschaft, der Mathematik, der Philologie widmete. Einer großen Synthese aller Wissenschaften und Kulturen, einer Universitas litterarum wurde zugestrebt. Im Mittelpunkt dieses geistigen und exklusiven Ordensdaseins steht das Glasperlenspiel, ein Spiel mit einer Art hochentwickelter Geheimsprache, mit eigenen Regeln und eigener Grammatik, Gleichnis für die Einheit des Geistes, für die große Zusammengehörigkeit aller einmal gedachten Ideen, aller von Kunst und Kultur geschaffenen Werte. *Das Glasperlenspiel ist also ein Spiel mit sämtlichen Inhalten und Werten unsrer Kultur, es spielt mit ihnen, wie etwa in den Blütezeiten der Künste ein Maler mit den Farben seiner Palette gespielt haben mag. Was die Menschheit an Erkenntnissen, hohen Gedanken und Kunstwerken in ihren schöpferischen Zeitaltern hervorgebracht, was die nachfolgenden Perioden gelehrter Betrachtung auf Begriffe gebracht und zum intellektuellen Besitz gemacht haben, dieses ganze ungeheure Material von geistigen Werten wird vom Glasperlenspieler so gespielt wie eine Orgel vom Organisten, und diese Orgel ist von einer kaum auszudenkenden Vollkommenheit, ihre Manuale und Pedale tasten den ganzen geistigen Kosmos ab, ihre Register sind beinahe unzählig, theoretisch ließe mit diesem Instrument der ganze geistige Weltinhalt sich im Spiele reproduzieren.* Das Spiel bedarf der jahrelangen Übung, nur wenige erreichen höchste Vollkommenheit, nur einer kann Magister Ludi, Glasperlenspielmeister, sein und dann die großen öffentlichen Spiele, feierliche Repräsentationsakte des Ordens, die fast zu einer Art Gottesdienst werden, entwerfen und leiten.

Der Orden der Kastalier steht isoliert mit eigener Hierarchie innerhalb des Staates, wird aber von ihm anerkannt und in seinem materiellen Dasein gesichert. Seine Gegenleistung sind die Elite-Schulen, die den begabtesten Söhnen des Landes offen stehen.

In diesem Rahmen bewegt sich nun das Leben Josef Knechts, das nach alten Dokumenten und Berichten nacherzählt wird. Der junge Knecht, ungewöhnlich musikalisch begabt, wird nach einer besonderen Prüfung im Alter von zwölf Jahren in eine der kastalischen Elite-Schulen aufgenommen. Er durchläuft sie als einer der besten Schüler und tritt nach dem Abschluß seiner Ausbildung und nach einigen Jahren freien Studierens in den Orden selbst ein. Da er bald zum engsten Kreis der eigentlichen Elite gehört, wird er für zwei Jahre in das Stift und Kloster Mariafels geschickt, um die Verbindung zu dem Orden der Benediktiner möglichst zu festigen. Dort lernt er den Pater Jakobus, einen großen Historiker, kennen und durch ihn das Wesen der geschichtlichen Welt und Wirklichkeit. Zurückgekehrt, erreicht er durch seine Wahl zum Magister Ludi die höchste Stufe der geistigen Hierarchie und bewährt sich als ausgezeichneter Lehrer und hervorragender Meister des Spiels. Aber der einst so eifrige Vorkämpfer für die kastalische Gedankenwelt lernt mit den Jahren erkennen, daß auch Kastalien keinen absoluten Wert bedeutet, sondern dem geschichtlichen Sein und damit der Vergänglichkeit unterworfen ist. Immer deutlicher wird ihm bewußt, daß zur Bewahrung und zur Beharrung Wandlung und Weiterschreiten treten müssen, daß das Erreichte und Gewordene *zum Absterben verurteilt ist, wenn es die Fähigkeit zu weiterem Werden und Sichwandeln verliert.*

Daher beschließt er, den Orden, dessen Möglichkeiten er erschöpft und ausgemessen hat, zu verlassen. Obwohl die Ordensleitung seinen Entschluß mißbilligt, gibt er sein Amt zurück, tritt in das Leben der Welt und wird zum Lehrer des Sohnes eines Freundes, der einst mit ihm die Elite-Schule besuchte, nun aber längst im politischen Leben steht. Doch kaum daß er seine neue Aufgabe begonnen, findet er den Tod beim Baden in einem Gebirgssee.

Auch eine sehr viel eingehendere Nacherzählung der sogenannten Handlung des Buches könnte seinen gedanklichen Gehalt und seine besondere Atmosphäre nur höchst ungenügend wiedergeben. Das gleich

*Blick vom Rigi-Känzeli
auf den Vierwaldstätter See*

einer großen Fuge mit Themen und Gegenthemen, Haupt- und Neben-
stimmen komponierte Werk, eine Dichtung des Wechselspiels von Geist
und Leben, ist so komplex und vielschichtig, daß hier nur einige wenige
Grundgedanken hervorgehoben werden können.

Das Glasperlenspiel beginnt mit dem «Versuch einer allgemeinver-
ständlichen Einführung in seine Geschichte», einem einleitenden Kapitel, das der Lebensbeschreibung Knechts vorangestellt ist. Dieser Abschnitt trägt ein Motto, das Hesse bereits im Januar 1933 entworfen hat
und das dann von Franz Schall (Clangor), einem seiner ältesten Freunde, ins Lateinische übertragen und von einem anderen Freund, Feinhals

(Collofino), redigiert wurde. In der deutschen Fassung lautet das Motto: *... denn mögen auch in gewisser Hinsicht und für leichtfertige Menschen die nicht existierenden Dinge leichter und verantwortungsloser durch Worte darzustellen sein als die seienden, so ist es doch für den frommen und gewissenhaften Geschichtsschreiber gerade umgekehrt: nichts entzieht sich der Darstellung durch Worte so sehr und nichts ist doch notwendiger, den Menschen vor Augen zu stellen, als gewisse Dinge, deren Existenz weder beweisbar noch wahrscheinlich ist, welche aber eben dadurch, daß fromme und gewissenhafte Menschen sie gewissermaßen als seiende Dinge behandeln, dem Sein und der Möglichkeit des Geborenwerdens um einen Schritt näher geführt werden.*

Daß in diesen Sätzen ein Schlüssel zum Verständnis der Dichtung gegeben wird, bestätigt Hesse in einem Brief an Emil Staiger. *Das Beschwören einer Idee, das Darstellen einer Verwirklichung ist an sich schon ein Schrittchen zu dieser Verwirklichung (paululum appropinquant).* Die Idee, die beschworen wird und als Wirklichkeit Darstellung findet, ist die kastalische Provinz mit dem Orden der Glasperlenspieler. Hesse läßt den Orden, mit dem er das alte Klosterthema wieder aufnahm, historisch als *asketisch-heroische Selbstbesinnung* am Ende der *kriegerischen Epoche* entstehen und überträgt ihm die Aufgabe, dem Lande und der Welt die geistigen Fundamente zu erhalten. Um *Ordnung, Norm, Vernunft, Gesetz und Maß* zu wahren, haben sich die Glasperlenspieler der Politik, der Wirtschaft und sonstiger weltlicher Geschäfte, auch des Lebens in der Familie, zu enthalten. Indem sie der Welt *Lehrer, Bücher, Methoden* geben, als *Eichmeister der geistigen Maße und Gewichte* wirken und sich zur politischen Verantwortung des Geistigen bekennen, erfüllen sie dem Staat, der ihr Dasein ermöglicht, einen großen und notwendigen Dienst.

Diese Aufgabe aber kann nur von einer Elite gelöst werden. Nur die Besten werden ausgewählt und werden die geistige und seelische Kraft haben, sich als Einzelperson gleichsam auszulöschen, um sich völlig in die Hierarchie des Ordens einzuordnen und ihr Leben ausschließlich dem *Geist und der Wahrheit* zu widmen.

Zu den wichtigsten Mitteln, eine solche Haltung zu erreichen, gehört für den Orden die Meditation, eine psychische Übung, durch die die eigene Person gleichsam neutralisiert wird und die Seele in der Versenkung in sich ihrer Teilhabe an der Einheit des Lebens innewird. Die Pflege der *meditativen Weisheit und Harmonie* und der *Objektivität und Wahrheitsliebe* bilden die beiden Prinzipien, auf denen der Geist der kastalischen Provinz gegründet ist.

Der letzte und differenzierteste Ausdruck kastalischer Geistigkeit ist das Glasperlenspiel. In ihm hat *der Gedanke der inneren Einheit aller geistigen Bemühungen des Menschen, der Gedanke der Universalität* Gestalt gewonnen. Das Spiel selbst entzieht sich in der Dichtung letzter begrifflicher Fixierung, es wird stets umschrieben, nie exakt dargestellt; aber gerade darin liegt sein Geheimnis und sein symbolischer Gehalt.

Durch Zeichenspiel, durch Gleichnis und Gesang
Fortzubewahren heiliger Ehrfurcht Mahnung,

ist, wie es in einem der hinterlassenen Gedichte Knechts heißt, Amt des Ordens, und in dem großen Gespräch mit seinem Gegenspieler, Plinio Designori, erklärt er, das Glasperlenspiel vereinige in sich die drei Prinzipien *Wissenschaft, Verehrung des Schönen und Meditation.*

Die höchste und schönste Haltung, die aus dem Spiel gewonnen werden kann, ist die Heiterkeit. *Daher sollte ein rechter Glasperlenspieler von Heiterkeit durchtränkt sein wie eine reife Frucht von ihrem süßen Saft, er sollte vor allem die Heiterkeit der Musik in sich haben, die ja nichts anderes ist als Tapferkeit, als ein heiteres, lächelndes Schreiten und Tanzen mitten durch die Schrecken und Flammen der Welt, festliches Darbringen eines Opfers ... Diese Heiterkeit zu erreichen, ist mir, und vielen mit mir, das höchste und edelste aller Ziele. Sie ist weder Tändelei noch Selbstgefälligkeit, sie ist höchste Erkenntnis und Liebe, ist Bejahen aller Wirklichkeit, Wachsein am Rand aller Tiefen und Abgründe, sie ist eine Tugend der Heiligen und der Ritter, sie ist unstörbar und nimmt mit dem Alter und der Todesnähe nur immer zu. Sie ist das Geheimnis des Schönen und die eigentliche Substanz jeder Kunst ... Auch wenn ganze Völker und Sprachen die Tiefe der Welt zu ergründen suchen, in Mythen, Kosmogonien, Religionen, ist das Letzte und Höchste, was sie erreichen können, diese Heiterkeit.*

Die Worte heiter und Heiterkeit erinnern an Schiller, mit dem Hesse sonst wenig geistige Verbindung hatte. Als Ausdruck einer freien überlegenen Haltung tauchen sie in Schillers Gesprächen und Briefen während seines letzten Jahrzehnts immer wieder auf, und die Heiterkeit ist ihm ein Zeichen dafür, daß der totale – ästhetische und harmonische – Mensch wahrhaft frei ist. An Schiller gemahnt auch der Gedanke des Spiels, der in seinen philosophischen Schriften sehr entscheidende Bedeutung gewinnt.

«Der Mensch ist nur da ganz Mensch, wo er spielt.»

Für Hesse ist die Heiterkeit ein Merkmal der Klassizität. Sie hat für ihn in der Musik von Purcell bis Schubert edelsten Ausdruck erreicht und läßt sich aus dem Umgang mit dieser Musik gewinnen. *Die Gebärde der klassischen Musik bedeutet: Wissen um die Tragik des Menschentums, Bejahen des Menschengeschicks, Tapferkeit, Heiterkeit!* Die Musik als verwandelnde Macht durchzieht die ganze Dichtung, deren schönste, ganz Poesie gewordene Gestalt der Musikmeister ist. *Die vollkommene Musik . . . entsteht aus dem Gleichgewicht. Das Gleichgewicht entsteht aus dem Rechten, das Rechte entsteht aus dem Sinn der Welt. Darum vermag man nur mit einem Menschen, der den Weltsinn erkannt hat, über die Musik zu reden. Die Musik beruht auf der Harmonie zwischen Himmel und Erde, auf der Übereinstimmung des Trüben und des Lichten.*

Am Ende seines Gesprächs mit Designori beginnt Knecht auf dem Klavier zu spielen. *. . . behutsam, ganz leise, einen Satz aus jener Sonate von Purcell, einem Lieblingsstück des Paters Jakobus. Wie Tropfen goldenen Lichtes fielen die Töne in die Stille, so leise, daß man dazwischen noch den Gesang des alten laufenden Brunnens im Hofe hören konnte. Sanft und streng, sparsam und süß begegneten und verschränkten sich die Stimmen der holden Musik, tapfer und heiter schritten sie ihren innigen Reigen durch das Nichts der Zeit und Vergänglichkeit, machten den Raum und die Nachtstunde für die kleine Weile ihrer Dauer weit und weltgroß, und als Josef Knecht seinen Gast verabschiedete, hatte dieser ein verändertes und erhelltes Gesicht, und zugleich Tränen in den Augen.*

Knechts Weg führt über Kastalien hinaus. Dem Orden, den er als Schüler in erbitterten Diskussionen mit Plinio bis zum letzten verteidigt hatte, dessen Existenz er auf höherer Ebene in den Gesprächen mit Pater Jakobus zu begründen und zu rechtfertigen suchte, wird er selbst untreu, um seiner eigenen Bestimmung treu zu bleiben. Durch solches Tun soll die Idee der kastalischen Provinz am Schluß des Buches keineswegs aufgehoben werden. Der Orden besteht weiter, aber es wird deutlich, daß auch ihm Grenzen gesetzt sind, auch er den Relativitäten der geschichtlichen Welt unterliegt. Für Tegelarius, der bei aller Abhängigkeit von Knecht als äußerster Exponent kastalischer Übergeistigkeit zu seinem Gegenspieler wird, bedeutet das Studium der Geschichte einen für einen echten Kastalier unwürdigen Gegenstand. Knecht hatte jedoch durch Pater Jakobus, der Gestalt des Buches, die das individuelle Gesicht Jacob Burckhardts trägt und eine Huldigung Hesses für den großen Historiker bedeutet, *die Geschichte nicht als Wissensgebiet, sondern als Wirklichkeit, als Leben* erfahren und *als Entsprechung die Wandlung und Steigerung des eigenen, persönlichen Lebens zu Geschichte* erlebt. *Hungrig nach Wirklichkeit, nach Aufgaben und Taten,* verläßt er den Orden, aber nicht, um nun als Reformator die Welt zu verbessern, *sondern als Lehrender und Erzieher, zunächst sogar als Erzieher nur eines einzigen Schülers . . . Er stellt die Gaben seiner Persönlichkeit, seiner Energie in den Dienst eines einzelnen Menschen.* Knecht wird, wie sein Name sagt, zum vollkommenen Diener und dadurch vollkommen frei.

In dem entscheidenden Gespräch, in dem Knecht dem Meister Alexander seinen Entschluß verständlich zu machen versucht, erklärt er: *Mein Leben, so etwa nahm ich mir vor, sollte ein Transzendieren sein, ein Fortschreiten von Stufe zu Stufe, es sollte ein Raum um den andern durchschritten und zurückgelassen werden, so wie eine Musik Thema um Thema, Tempo um Tempo erledigt, abspielt, vollendet und hinter*

sich läßt, nie müde, nie schlafend, stets wach, stets vollkommen ge-
genwärtig.

Jeder von uns ist nur ein Mensch, nur ein Versuch, ein Unterwegs.
Er soll aber dorthin unterwegs sein, wo das Vollkommene ist, er soll
ins Zentrum streben, nicht an die Peripherie, sagt der Musikmeister zu
seinem jungen Schüler Knecht. Gedanken aus der *Demian*-Zeit und dann
aus *Siddhartha* klingen an, zumal da er fortfährt: *Es gibt die Wahrheit,*
mein Lieber! Aber die «Lehre», die du begehrst, die absolute, vollkom-
men und allein weise machende, die gibt es nicht. Du sollst dich auch
gar nicht nach einer vollkommenen Lehre sehnen, Freund, sondern nach
Vervollkommnung deiner selbst. Die Gottheit ist in dir, nicht in den
Begriffen und Büchern. Die Wahrheit wird gelebt, nicht doziert.

Nur das Denken, das wir leben, hat einen Wert, steht im *Demian.*
Geist und Leben, in dauerndem Wechsel, in steter Spannung, ist eines
der wichtigsten Motive in Hesses denkerischer und dichterischer Welt.
Höher als jede Institution und höher als Dogma und Lehre steht für
Hesse der Mensch. Er hat seinem eigenen Gesetz zu folgen, aus freier
Verantwortung zu handeln und sich für neues Erleben und neue Wag-
nisse offen und bereit zu halten.

In dem Gedicht *Stufen,* das ursprünglich den Titel *Transzendieren*
trug und das in einer Nacht im Mai 1941, als Hesse nach langen Wochen der Krankheit erstmals wieder einen Bleistift in den Händen halten konnte, niedergeschrieben wurde, findet dieser entscheidende Gedanke, der dem Werk zugrunde liegt, seinen dichterischen Ausdruck.

> *Wie jede Blüte welkt und jede Jugend*
> *Dem Alter weicht, blüht jede Lebensstufe,*
> *Blüht jede Weisheit auch und jede Tugend*
> *Zu ihrer Zeit und darf nicht ewig dauern.*
> *Es muß das Herz bei jedem Lebensrufe*
> *Bereit zum Abschied sein und Neubeginne,*
> *Um sich in Tapferkeit und ohne Trauern*
> *In andre, neue Bindungen zu geben.*
> *Und jedem Anfang wohnt ein Zauber inne,*
> *Der uns beschützt und der uns hilft, zu leben.*
>
> *Wir sollen heiter Raum um Raum durchschreiten,*
> *An keinem wie an einer Heimat hängen,*
> *Der Weltgeist will nicht fesseln uns und engen,*
> *Er will uns Stuf' um Stufe heben, weiten.*
> *Kaum sind wir heimisch einem Lebenskreise*
> *Und traulich eingewohnt, so droht Erschlaffen;*
> *Nur wer bereit zu Aufbruch ist und Reise,*
> *Mag lähmender Gewöhnung sich entraffen.*
>
> *Es wird vielleicht auch noch die Todesstunde*
> *Uns neuen Räumen jung entgegensenden,*
> *Des Lebens Ruf an uns wird niemals enden . . .*
> *Wohlan denn, Herz, nimm Abschied und gesunde!*

Viele Länder und Städte weiß ich noch warten,
Aber niemals wohl wird der Wälder Nacht,
Wird der wilde gährende Urweltgarten
Wieder mich locken und schrecken mit seiner Pracht.

Hier in dieser unendlichen leuchtenden Wildnis
War ich weiter als je entrückt von der Menschenwelt —
O und niemals sah ich so nah und unverstellt
Meiner eigenen Seele gespiegeltes Bildnis.

~~~~~~

DER BLÜTENZWEIG

Immer hin und wider
Strebt der Blütenzweig im Winde,
Immer auf und nieder
Strebt mein Herz gleich einem Kinde
Zwischen hellen, dunkeln Tagen,
Zwischen Wollen und Entsagen.

Bis die Blüten sind verweht
Und der Zweig in Früchten steht,
Bis das Herz, der Kindheit satt,
Seine Ruhe hat
Und bekennt: voll Lust und nicht vergebens
War das unruhvolle Spiel des Lebens.

REISELIED

Sonne leuchte mir ins Herz hinein,
Wind verweh mir Sorgen und Beschwerden!
Tiefere Wonne weiß ich nicht auf Erden,
Als im Weiten unterwegs zu sein.

Korrekturen für die Gesamtausgabe der «Gedichte»

Das Glasperlenspiel, 1946 auch in Deutschland erschienen, hat eine ungewöhnlich starke und nachhaltige Wirkung ausgeübt. Gaben frühere Werke Hesses Prognosen und Diagnosen der Zeit, so steht diese Dichtung bei aller Kulturkritik im Zeichen der Therapie. Die heilenden Kräfte, die aus dem Chaos wieder zur Ordnung führen können, wollte Hesse sichtbar machen. Über den Inhalt und den Gehalt des Buches, weniger zunächst über seine dichterische Form, entstanden erregte geistige Auseinandersetzungen. Die verschiedenartigsten Deutungsversuche bemühten sich, dem vieldeutbaren Werk gerecht zu werden. Die Begriffe Kastalien und Glasperlenspiel aber haben sich von der Dichtung gelöst und sind eigene geistige Realitäten geworden.

Mehrfach wurde Hesse aufgefordert, seine Gedichte zu einer Gesamtausgabe zu vereinen. Er sträubte sich lange dagegen, *denn angesichts der erschreckend großen Menge von Gedichten, von denen zudem viele einander so ähnlich waren, konnte ich unmöglich ein Bedürfnis nach einer Verewigung dieser Menge empfinden. Wenn diese Gedichte etwas nötig hatten, so war es Auswahl, Sichtung, Beschneidung.*

Zwar sah ich wohl ein, daß Sinn und Zweck einer Gesamtausgabe ein völlig anderer sei als der jeder Auswahl, und daß auch für mich eine Gesamtausgabe vielleicht einen Sinn haben könnte: als Bekenntnis zu dem, was ich gelebt und getan, als restloses Hergeben des Materials, ohne Retouchierung und Unterschlagung, als Bejahung des Ganzen, samt all seinen Mängeln und Fragwürdigkeiten, wozu nicht nur die unreinen Reime und metrischen Läßlichkeiten gehören.

Von sich aus konnte er sich nicht zu der Ausgabe entschließen, doch als er erneut und dringlich gebeten wurde, stimmte er dem Wunsch zu. *Die Gedichte* erschienen 1942 im Verlag Fretz und Wasmuth, Zürich, dem Schweizer Verlag, der sich nach Vereinbarung mit Peter Suhrkamp der Werke Hesses annahm, die in Deutschland nicht mehr publiziert werden konnten.

Mit Ausnahme von rund 150 Gelegenheits- und Scherzgedichten sowie den meisten Gedichten aus dem Buch *Krisis*, die von vornherein privaten Charakter hatten, umfaßt der Band das gesamte lyrische Werk Hesses: über 600 Gedichte aus nahezu fünf Jahrzehnten, erschienen bisher in einem Dutzend einzelner Bände.

Das chronologische Ordnungsprinzip, nach dem die Gedichte zusammengestellt sind, läßt die Entwicklung des Lyrikers von den ersten Anfängen in den *Romantischen Liedern* der neunziger Jahre bis zu den Gedichten des Sechzigjährigen sehr genau verfolgen. Da Dichten für Hesse stets Bekennen bedeutete, ja gerade das Gedicht die Form der persönlichsten Aussage ist, bildet die Gedichtsammlung als Ganzes eine geheime Biographie, eine Geschichte seines inneren Lebens.

Als Lyriker steht Hesse in jener Tradition deutscher Dichtung, die ihre Wurzeln im Volkslied hat und über Goethe zu den Romantikern und Mörike führt. Er weiß sich als Glied in einer Kette und fühlt weder den inneren Drang noch den Ehrgeiz zur Zertrümmerung oder Erneuerung der Formen. *Mit wenigen Ausnahmen war ich mit einer überkommenen Form, einer gangbaren Machart, einem Schema zufrieden,*

es lag mir nie daran, formal Neues zu bringen, Avantgardist und «Weg-bereiter» zu sein . . .

Die frühen Gedichte Hesses, Gedichte der Sehnsucht, der ziellosen Wanderschaft, der Einsamkeit und des Heimwehs, sind voll Musikali-tät, verführerischen Klangs und Zaubers der Stimmung. Heimat und Traum heißen die Vokabeln, die am häufigsten wiederkehren, *Land-streicherherberge, Über die Felder, Fremde Stadt, Im Nebel, Wander-schaft,* einige Titel, die Hauptmotive und allgemeine Thematik kennzeichnen. Hesse blickt in diesen Versen zurück auf die Geborgenheit der Jugend, auf verlorenes und versäumtes Glück, fühlt sich fremd und heimatlos. Er ist eine sentimentalische, in sich zerrissene Natur und leidet tief an der Wirklichkeit und an dem Zwiespalt von Trieb und Geist. Verzweifelt wird nach Erlösung, nach einem Ausweg aus der sinnlos scheinenden Welt gesucht.

Erst durch die Begegnung mit der Psychoanalyse und dann mit der östlichen Welt, Erlebnissen, die sich auch im lyrischen Werk spiegeln, findet Hesse den *Weg nach Innen*, den Weg zum *Herz der Welt*, erkennt er die Unzerstörbarkeit des *innersten Ich*. Dieses Ich umgreift den Welt- und Lebensgrund an sich und ist nicht einfach mit dem individuellen Selbst gleichzusetzen.

Zuflucht bietet nun das Reich der Mütter, als ein Reich der Dauer und der ewigen Wiedergeburt. Aber auch die «ewige Mutter», ein Symbol, das für Hesse betörende Macht gewann und in vielen Gedichten auftaucht, bedarf des Gegenpols, des väterlichen Prinzips, des Geistes. *Göttlich ist und ewig der Geist*, beginnt das für Hesses Denken so bedeutsame Gedicht *Besinnung*, in dem es heißt:

> *Doch befriedet Natur uns nicht,*
> *Ihren Mutterzauber durchstößt*
> *Des unsterblichen Geistes Funke*
> *Väterlich, macht zum Manne das Kind,*
> *Löscht die Unschuld und weckt uns zu Kampf und Gewissen.*
>
> *So zwischen Mutter und Vater,*
> *So zwischen Leib und Geist*
> *Zögert der Schöpfung gebrechlichstes Kind,*
> *Zitternde Seele Mensch, des Leidens fähig*
> *Wie kein andres Wesen, und fähig des Höchsten:*
> *Gläubiger, hoffender Liebe.*

Hesse wird getrieben von der Sehnsucht nach Dauer, vom *Durst nach Sein. – Einmal zu Stein erstarren! Einmal dauern! / Danach ist unsre Sehnsucht ewig rege*, steht in dem ergreifenden Gedicht *Klage*. Da aber nichts auf Erden ewig ist *als der Wandel, als die Flucht*, kann nur dann ein fester Standort gewonnen werden, wenn in der Stetigkeit des Wandels selbst die Dauer erkannt wird. Dieses Wissen gibt den späten Gedichten Hesses, Gedichten wie *Das Orgelspiel* oder *Zu einer Toccata von Bach* und manchen anderen das Gleichgewicht, die Ruhe und Gelassenheit. Das Einverständnis mit der Welt ist erreicht, in neuen Kreisen ordnet sie sich um den Dichter. Noch das in sich zerfallende Götterbild in dem Gedicht *Uralte Buddha-Figur in einer japanischen Waldschlucht verwitternd*, eines der letzten, die Hesse geschrieben hat, wird zum *Bild allen Wandels in der ewigen Einheit*. Durch seinen Gesang dem flüchtigen Bild Unvergänglichkeit zu verleihen, ihm Geist und Dauer zu geben, ist Auftrag und Gabe des Dichters.

Chinesisch

Mondlicht aus opalener Wolkenlücke
Zählt die spitzen Bambusschatten peinlich,
Malt der hohen Katzenbuckelbrücke
Spiegelbild aufs Wasser rund und reinlich.

Bilder sind es, die wir zärtlich lieben,
Auf der Welt und Nacht lichtlosem Grunde
Zaubrisch schwimmend, zaubrisch hingeschrieben,
Ausgelöscht schon von der nächsten Stunde.

Unterm Maulbeerbaum der trunkene Dichter,
Der den Pinsel wie den Becher meistert,
Schreibt der Mondnacht, die ihn hold begeistert,
Wehende Schatten auf und sanfte Lichter.

Seine raschen Pinselzüge schreiben
Mond und Wolken hin und all die Dinge,
Die dem Trunkenen vorübertreiben,
Daß er sie, die flüchtigen, besinge,
Daß er sie, der Zärtliche, erlebe,
Daß er ihnen Geist und Dauer gebe.

Und sie werden unvergänglich bleiben.

DIE LETZTEN JAHRE

In einem Brief vom März 1933 schreibt Hesse an Rudolf Jakob Humm: *... wenn ich heute bewußter als je der Alleinstehende und «Träumer» bin, so bin ich es bewußt, und sehe nicht bloß einen Fluch, sondern auch ein Amt darin. Ich habe freilich auch meine Art von Gemeinschaft und Sozialität. Ich bekomme im Jahr einige tausend Briefe, alle von jungen Menschen, die meisten unter fünfundzwanzig, und sehr viele suchen mich auch selber auf. Es sind fast ohne Ausnahme begabte, aber schwierige Junge, bestimmt zu einem überdurchschnittlichen Maß von Individuation, verwirrt durch die Etikettierungen der normierten Welt. Manche sind pathologisch, manche so prachtvoll, daß auf ihnen mein ganzer Glaube an den Fortbestand des deutschen Geistes beruht. Für diese Minorität von zum Teil gefährdeten, aber lebendigen jungen Geistern bin ich weder Seelsorger noch Arzt, es fehlt mir jede Autorität und auch jeder Anspruch dazu, aber ich stärke, soweit meine Einfühlung reicht, jeden Einzelnen in dem, was ihn von den Normen trennt, suche ihm den Sinn davon zu zeigen.* – Diese Briefe sind, heißt es in einem Brief aus derselben Zeit, *seit zwanzig Jahren mein einziger realer Beweis für den Sinn meiner Existenz und Arbeit, und zugleich meine tägliche Last und Plage.*

Im Garten vor dem Haus

Die Flut der Briefe steigert sich besonders in den Jahren unmittelbar nach dem Zweiten Weltkrieg. Menschen aller Schichten und jeden Alters wenden sich an Hesse, suchen Rat, wollen Auskunft, Hilfe und tragen ihm ihre privatesten Anliegen und Nöte vor, Probleme, die häufig nicht das Geringste mit seiner Dichtung zu tun haben, die sie ihm aber voll Vertrauen mitteilen, gleich als ob er Arzt, Seelsorger oder Beichtvater wäre.

Ein nicht aussetzender Strom von Elend jeder Art kommt ihm entgegen, von der sanften Klage und schüchternen Bitte bis zum wütend grollenden Auftrumpfen der cynischen Verzweiflung.

Einen Teil dieser Briefe hat Hesse im Bewußtsein ihres zeitgeschichtlichen Werts der Schweizerischen Landesbibliothek in Bern übergeben, viele Tausende befinden sich heute im Hesse-Archiv in Marbach. Eine Auswahl seiner Antwortbriefe hat er 1951 erstmals veröffentlicht.

Dieser Briefband unterscheidet sich grundsätzlich von den Briefausgaben zeitgenössischer Schriftsteller und macht ein Phänomen der Wirkung eines Dichters und Menschen sichtbar, das in seiner Art in unserer Zeit kaum Vergleiche kennt. Nicht wenige Dichter des 20. Jahrhunderts waren große Briefschreiber, aber während bei einem Thomas Mann oder Hugo von Hofmannsthal das Gewicht auf Briefwechseln liegt, auf brieflichen Dialogen mit gleichgesinnten oder geistig ebenbürtigen Partnern, fehlt bei Hesse weithin das in regelmäßiger Korrespondenz gepflegte Zwiegespräch; seine Briefe, jedenfalls die bisher veröffentlichten, sind fast ausschließlich Einzelantworten, während seine Briefe an Freunde und Verwandte, mit denen eine dauerndere Verbindung bestand, mehr den Charakter informativer Mitteilungen tragen. Daß Hesse wie kein anderer Dichter seiner Zeit mit Briefen persönlichsten Inhalts überschüttet wurde, mit Briefen, die meist ein ungewöhnliches Maß von Vertrauen voraussetzten, ist wohl ein Beweis dafür, daß die Form des persönlichen Bekenntnisses in seiner Dichtung viele Leser ganz unmittelbar ansprach, weil sie hier ausgedrückt fanden, was in ihnen selbst um Klärung rang. «Als ich zum ersten Mal ein Buch von Ihnen las, fand ich vieles, was ich selbst schon mehr oder weniger unbewußt empfunden hatte», erklärt etwa einmal eine deutsche Studentin, und ein Gymnasiast aus Tokio teilt dem Dichter mit: «... je mehr ich sie [die Bücher Hesses] lese, desto tiefer finde ich mich selbst in ihnen. Nun glaube ich fest, daß derjenige, der mich am besten versteht, in der Schweiz ist und mich immer ansieht ...»

In Tausenden von Briefen hat Hesse versucht, Antwort zu geben, und die Korrespondenz wurde immer mehr zum *Hauptteil des täglichen Arbeitspensums*. Er stöhnt darüber, räsoniert, ist oft voll des Überdrusses und Mißmutes, aber er trägt die Last pflichtgetreu weiter, läßt kaum einen Brief unbeantwortet und beginnt selbst am Tag nach seinem 85. Geburtstag früh um $1/2$ 8 Uhr mit der Beantwortung der rund 900 Glückwunschschreiben.

Ihr Brief ist an einen Augenleidenden und mit Post Überhäuften gerichtet, darum fasse ich mich kurz, aber eine Antwort scheint mir doch Pflicht, weil Ihr Ruf mir verständlich ist und mich getroffen hat. Hesse lehnt es immer wieder und mit Entschiedenheit ab, «Führer» zu sein, Lebensrezepte und Patentregeln für Lebensprobleme geben zu können. *Ich kann Ihnen keine Fragen beantworten, ich kann meine eigenen Fragen nicht beantworten. Ich stehe ebenso ratlos und ebenso bedrückt vor der Grausamkeit des Lebens wie Sie. Dennoch habe ich den Glauben, daß die Sinnlosigkeit überwindbar sei, indem ich immer wieder meinem Leben doch einen Sinn setze. Ich glaube, daß ich für die Sinnhaftigkeit oder Sinnlosigkeit des Lebens nicht verantwortlich bin, daß ich aber dafür verantwortlich bin, was ich mit meinem eigenen, einmaligen Leben anfange.*

Seine Antworten sind nicht selten unbequem, sie können, zumal aufdringlichen Schreibern gegenüber, sehr deutlich, derb und unwirsch sein, immer aber sind sie ehrlich, wird der Partner nicht mit konventionellen Floskeln abgefertigt, sondern als Person ernst genommen. Aus allen diesen Briefen der Hilfe und Belehrung, der Weisung und Zurechtweisung, spricht ein erzieherischer Wille, die Bereitschaft zur Hilfe, ein hohes Gefühl für Mitverantwortlichkeit.

Hesse hat seine Briefe auf die Empfänger hin und nicht mit dem Gedanken an eine spätere Veröffentlichung verfaßt. Sie sind keine Dich-

tung, aber sie bilden vor allem in der zweiten Lebenshälfte ein sehr
wesentliches Stück seiner Arbeit, sind Ausdruck seiner geistigen Haltung, seiner Lebensanschuung und seines Wirkenwollens.

*Seien Sie denn noch einmal gegrüßt von einem alten Individualisten,
der nicht im Sinne hat, sich einer der großen Maschinerien gleichzu-
schalten,* schrieb Hesse im Januar 1951 an André Gide, den französischen Kollegen, der seine Dichtungen verehrte. Bis zuletzt blieb er der
Einzelgänger, *dem sein Leben nie privat genug sein konnte.* Diese Zurückgezogenheit entsprach jedoch auch dem Wissen, daß das Dichten
Stille, geduldiges Warten und stete Bereitschaft erforderte, eine Arbeit
der Konzentration war, die der schützenden Hülle häuslicher Geborgenheit bedurfte. Hesses handschriftliche Manuskripte vor allem der
epischen Werke tragen erstaunlich wenig Korrekturen und beweisen,
wie konzentriert er arbeitete und daß er sich erst dann zur Niederschrift
entschloß, wenn die gedankliche Konzeption einer Dichtung klare Konturen gewonnen hatte. In der Regel schrieb er den Text zunächst mit
der Hand und anschließend selbst mit der Maschine. Bei dieser zweiten
Niederschrift wurde dann, soweit es notwendig schien, umgearbeitet,
geändert und verbessert. So war das große Maß an Einsamkeit und
Absonderung, das ihn vom öffentlichen Leben fernhielt, eine *physische,*

eine lebensökonomische Absonderung, nicht eine seelische. Er lebte abseits, doch mit einem sehr wachen Gewissen und einer zarten, reizbaren Sensibilität nahm er am Geschehen der Welt teil und litt unter allen Krisen und Katastrophen stärker, erregter und intensiver als viele, die unmittelbar von ihnen betroffen wurden.

Mit hoffnungsvollen Versen begrüßt Hesse im Frühjahr 1945 den Frieden. Der nun wieder mit Deutschland mögliche Briefverkehr bringt Berge von Post. In wenigen Monaten erhält er *weit mehr als tausend, zum Teil erschütternde Berichte von deutschen Schicksalen der letzten Jahre ... und jeder dieser Berichte fordert nicht nur die stets überanstrengten Augen, den stets übermüdeten Kopf, sie setzen auch Herz und Gemüt unter eine nie endende Flut von mitleidfordernden Klagen, Fragen, Bitten, Anklagen, Hilferufen.* Er versucht teilzunehmen und, soweit es ihm möglich, praktische Hilfe zu leisten. Aber er ist bald auch enttäuscht, verärgert und empört darüber, daß er bei den Deutschen so wenig Einsicht und Erkenntnis findet. *Das deutsche Volk als Ganzes hat für das, was es der Welt und sich selber angetan hat, keine Spur von Verantwortungsgefühl.*

Von öffentlichen Kundgebungen, Protesten und kollektiven Aktionen hält Hesse wenig, aber er fühlt sich verpflichtet, auf seine sehr persönliche Weise, eindeutig und klar Stellung zu nehmen. *Statt nach der eigenen Schuld zu fragen und den eigenen inneren Möglichkeiten zu Einkehr und Umkehr, urteilen Sie richterlich über die andern Völker*, erklärt er als Antwort auf eine Zuschrift. *Es geht auf diesem Weg nicht vorwärts. Sie sagen auch, Sie haben den Krieg verloren, weil Ihre Rüstung die schwächere gewesen sei. Das ist eine der deutschen Lügen, die noch heute gedeihen. Ihr habt den Krieg, diesen von Euch satanisch und wahnsinnig heraufbeschworenen Überfalls-Krieg auf Eure Nachbarländer, nicht deswegen verloren ... sondern Ihr habt ihn verloren, weil die deutsche Eroberungs- und Mordlust wieder einmal für die ganze Welt unerträglich geworden war. Und wenn man die ganze Welt gegen sich hat, verliert man eben. Und wenn man verloren hat, sucht man, statt etwas draus zu lernen, nun an den andern herum zu nörgeln ... Es ist mein erster und letzter Brief an Sie. Sie werden nichts daraus lernen, da Sie nicht wollen, aber ich war doch leider verpflichtet, ihn zu schreiben.*

Als Hesses *Brief nach Deutschland,* in dem er sich 1946 sehr kritisch über die Haltung vieler Deutscher geäußert hatte, gegen seinen Willen von der «Neuen Zeitung» veröffentlicht wurde, erhielt er eine Fülle verleumderischer, beleidigender und bösartiger Zuschriften. In seiner in der «Zürcher Zeitung» veröffentlichten *Antwort auf Schmähbriefe aus Deutschland* schreibt er erbittert: *Seit Deutschland im Jahr 1914 einen ungerechten Krieg und eine immer hemmungslosere Kriegspropaganda begann, habe ich je und je, zuerst im Herbst 1914, zuletzt im Frühling 1946, an die Besonnenen und anständig Gesinnten dort einen Anruf oder eine Mahnung gerichtet und bin seit 1914 bis heute dafür jedesmal teils ausgelacht, teils diffamiert und geschmäht worden. So ist Ihr Brief, der noch lang nicht zu den schlimmen zählt, einer von mehreren tausend Schmähbriefen, die ich seit 32 Jahren aus Deutschland erhalten habe ... Viele meinen, einem schwer leidenden Volk solle man nicht zumuten, etwas zu lernen. Ich wüßte aber nicht, welche Zeit der Einsicht und Einkehr bedürftiger wäre als gerade die der tiefsten Not und Demütigung.*

Im September 1946 wurde Hesse der Goethe-Preis der Stadt Frankfurt, im November der Nobelpreis für Literatur verliehen. Sein Gesundheitszustand verbot ihm, nach Schweden zu reisen, um den Preis persönlich entgegenzunehmen. Aber in seiner Dankadresse erklärt er: *Ich fühle mich mit Ihnen allen vor allem durch den Gedanken verbunden, welcher der Stiftung Nobels zugrunde liegt, den Gedanken von der Über-Nationalität und Internationalität des Geistes und seiner Verpflichtung, nicht dem Kriege und der Zerstörung, sondern dem Frieden und der Versöhnung zu dienen. Darin, daß der mir verliehene Preis zugleich eine Anerkennung der deutschen Sprache und des deutschen Beitrags an die Kultur bedeutet, sehe ich eine Gebärde der Versöhnlichkeit und des guten Willens, die geistige Zusammenarbeit aller Völker wieder anzubahnen.*

Weitere Ehrungen folgten. So bekam er 1947 den Ehrendoktor der

Großvater und Enkel David

Universität Bern und 1950 den Wilhelm-Raabe-Preis der Stadt Braunschweig. 1955 wurde Hesse in die Friedensklasse des Ordens «Pour le mérite» berufen, und im Herbst dieses Jahres erhielt er den Friedenspreis des Deutschen Buchhandels.

Seine Bücher wurden in zahlreiche Sprachen übertragen. In Japan, wo die Dichtungen Hesses eine besonders starke Resonanz finden, erschienen neben zwei vierzehn- und siebzehnbändigen Ausgaben der Gesammelten Werke allein 65 Einzelausgaben.

Während der letzten Jahre seines Lebens hat Hesse Montagnola kaum
mehr für längere Zeit verlassen. Nur die sommerliche Urlaubsreise ins
Oberengadin unterbrach den Rhythmus des Jahresablaufs. Doch sein
Haus wurde weder zum elfenbeinernen Turm noch zum bukolischen
Idyll, nicht einmal zum Alterssitz gelassener Zurückgezogenheit. Tausend Fäden verbanden den Dichter mit der Welt, und als nach dem
Krieg das Reisen einfach geworden war, setzte ein so großer Strom
von Besuchern ein, daß er sich seiner kaum erwehren konnte, ja nach-
drücklich darum bitten mußte, ihn mit Besuchen zu verschonen. An
die Tür seines Hauses heftete er ein Papier mit folgendem Text:

Worte des Meng Hsiä (alt chinesisch).

*Wenn Einer alt geworden ist und das Seine getan hat, steht ihm zu,
sich in der Stille mit dem Tode zu befreunden.*
*Nicht bedarf er der Menschen. Er kennt sie, er hat ihrer genug gesehen.
Wessen er bedarf, ist Stille.*
*Nicht schicklich ist es, einen Solchen aufzusuchen, ihn anzureden, ihn
mit Schwatzen zu quälen.*
*An der Pforte seiner Behausung ziemt es sich vorbeizugehen, als wäre
sie Niemandes Wohnung.*

Diese Form des Selbstschutzes galt den Neugierigen und Aufdringlichen und war notwendig geworden, um die persönliche Gastfreundschaft aufrecht zu erhalten. Denn frei von Gästen war das Haus selten. Verwandte aus Schwaben, vor allem die beiden Schwestern, Adele und Marulla, wurden eingeladen, Verwandte der Frau nach schweren Schicksalen in Rumänien als Flüchtlinge aufgenommen, Freunde und Besucher aus aller Welt willkommen geheißen. *Hat das Jahr 1947 wenig Erfreuliches gebracht*, heißt es in einem Brief vom Dezember, *einiges wirklich Schöne war dabei, vor allem das Wiedersehen mit Thomas Mann und etwas später das mit Martin Buber und Hans Carossa.*

Um Hesse zu porträtieren, weilte der Freund Ernst Morgenthaler für einige Wochen in Montagnola. Der Dichter wie der Maler haben sehr ergötzlich von diesen Sitzungen erzählt. Und dann kommt eines Tages überraschend André Gide, der während des zweistündigen Gesprächs fast ununterbrochen einen Korb in der Ecke des Zimmers betrachtet, in dem eine Katze mit ihrem vierzehntägigen Jungen lag. *Es war ein stiller Blick aus einem beherrschten und an Gesellschaft gewöhnten, wohlerzogenen Gesicht, aber in seinem Blick und der Beharrlichkeit, mit der er sein Ziel immer und immer wieder aufsuchte, lag die große Kraft, die sein Leben beherrscht, die ihn nach Afrika, nach England, nach Deutschland und Griechenland getrieben hatte. Dieser Blick, dies große Offenstehen und Angezogensein von den Wundern der Welt, war der Liebe und des Mitleids fähig, war aber durchaus unsentimental, er hatte bei aller Hingabe etwas Objektives, Durst nach Erkenntnis war sein Urgrund.*

Gides Schwiegersohn Jean Lambert übersetzte die *Morgenlandfahrt* ins Französische, und er selbst gab dieser Ausgabe als Vorwort einen Essay über Hesse bei. *Es ist ein Glück und Trost, in Ihnen noch einen Liebhaber und Verteidiger der Freiheit, der Persönlichkeit, des Eigensinns, der individuellen Verantwortung zu wissen,* schrieb Hesse in seinem letzten Brief an den französischen Dichter.

Eine besondere Freude war es für Hesse, nach 24 Jahren den japanischen Vetter Wilhelm Gundert wieder bei sich zu sehen; aber auch mancher der schwäbischen Jugendfreunde stellte sich wieder ein, unter ihnen als *treuester Freund* Otto Hartmann. Wenige Wochen nach seinem Besuch, einem *Tag voll herbstlicher Heiterkeit, voll teurer Erinnerungen, voll einer durch Spaß und Witz gedämpften Zärtlichkeit und Freundesliebe*, ist er im September 1952 gestorben.

Zu den Besuchern, die Hesse nach dem Krieg am sehnsüchtigsten erwartete, gehörte Peter Suhrkamp, der Verleger und Freund. Unsägliches hatte er im Gefängnis und Konzentrationslager erlebt. Nun war er dabei, den eigenen Verlag aufzubauen, nachdem er so lange und unter schwierigsten Bedingungen *Nachfolger und Statthalter* des alten S. Fischer gewesen war. Hesse hat ihm, als es 1950 zu einer gerichtlichen Auseinandersetzung mit Gottfried Bermann Fischer kam, die Treue gehalten und ist Autor des Suhrkamp Verlags geworden. In diesem Verlag erschien zu seinem 75. Geburtstag 1952 die schöne Ausgabe der *Gesammelten Dichtungen*, sechs Dünndruckbände, die 1957 um einen siebten Band erweitert wurden. In seinem Nachruf auf *Freund Peter*, der am 31. März 1959 starb, sagte Hesse: *Zwischen den beiden Polen einer kühnen Aktivität, eines schöpferischen und erzieherischen Wirkenwollens und einer Sehnsucht nach Weltflucht, Stille, Verborgenheit hat sein ganzes Leben sich abgespielt ... Wenn ich irgendwo in Gespräch oder Lektüre der zum Cliché gewordenen Phrase vom «wahren» oder «echten» oder «heimlichen» Deutschland begegne, dann sehe ich Peters hohe hagere Gestalt.*

In den Jahren nach dem Zweiten Weltkrieg verbrachte Hesse jeweils die heißesten Sommerwochen in Sils Maria. Das Engadin wurde ihm, dem nächst den Menschen und geistigen Erlebnissen das Erlebnis der Landschaft besonders gemäß und wichtig war, bald heimatlich vertraut. *Gesehen habe ich viele Landschaften und gefallen haben mir beinahe alle, aber zu schicksalhaft mir zugedachten, mich tief und nachhaltig ansprechenden, allmählich zu kleinen zweiten Heimatländern aufblühenden wurden mir nur ganz wenige, und wohl die schönste, am stärksten auf mich wirkende von diesen Landschaften ist das obere Engadin.*

Das *Glasperlenspiel* ist das bedeutendste und zugleich letzte größere dichterische Werk Hesses. Das Buch *Traumfährte*, das 1945 erschien und *dem Maler Ernst Morgenthaler in Dankbarkeit für schöne Stunden im Sommer 1945 gewidmet* wurde, schließt sich den früheren Sammel-

Verleger Peter Suhrkamp

bänden an und enthält Märchen, symbolische Erzählungen und Parodien aus den Jahren 1910 bis 1932. Hier finden sich die beiden autobiographischen Skizzen *Kindheit des Zauberers* und *Kurzgefaßter Lebenslauf*, die köstliche *Schwäbische Parodie* und das entzückende Märchen *Vogel*. Alle diese zwölf Prosastücke sind in ihrer Art biographische Selbstzeugnisse, in denen sich der Reiz persönlicher Intimität mit Tiefsinn und Ironie verbindet.

Kleine Erzählungen, Essays, einige wenige Gedichte, Rundbriefe, Tagebuchblätter, Betrachtungen, in Zeitschriften und Privatdrucken veröffentlicht, in dem Band *Späte Prosa* und den Ninon Hesse gewidmeten *Beschwörungen* gesammelt dargeboten, bilden die Frucht der schriftstellerischen Arbeit seit dem Ende des Krieges. In diesen Stücken gelassener, meisterlicher Prosa gehen Bericht, Erinnerung und Besinnung ineinander. *Die Beschreibung einer Landschaft*, ein sehr bescheiden nur als *Geistes-Handarbeit* bezeichneter Versuch, den Park und die Landschaft von Marin, wo er im Winter 1946/47 für einige Zeit zur Kur weilte, möglichst genau zu schildern, wird zu einer Prosastudie von klassischem Rang, die Geschichte vom *Bettler*, eine Erinnerung an frühestes Kindheitserleben, zur Probe subtiler Erzählkunst. Vergangenes und Gegenwärtiges verbindet und verschlingt sich in der Zusammenschau, und so vollendet sich auf dieser letzten Stufe des Lebens die Einheit des ganzen Lebens.

Hesses Werk und Leben kennt tiefgreifende Einschnitte, Krisen und Neuanfänge, aber dennoch ist es von einer erstaunlichen Konsequenz. Die dem Dichter wesensgemäße Grundlinie wurde mit beharrlicher Ste-

tigkeit verfolgt; sie führte bei allen Schwankungen und Katastrophen der äußeren Existenz mit innerer Folgerichtigkeit vom *Hermann Lauscher* bis zum *Glasperlenspiel*. Masken seiner selbst sind alle Hauptgestalten im vielräumigen Haus seiner Dichtung, Biographien der eigenen Seele die immer neuen Lebensläufe, die erfunden wurden. *Für mich ist der Knulp und der Demian, der Siddhartha, der Klingsor und der Steppenwolf oder Goldmund jeder ein Bruder des andern, jeder eine Variation meines Themas,* teilt er 1930 einem Leser mit, und als Thema, als gemeinsamen Sinn seiner Dichtung bezeichnet er 24 Jahre später die Verteidigung der Persönlichkeit. *Vom «Camenzind» bis zum «Step-*

penwolf» und «Josef Knecht» können sie alle als eine Verteidigung (zuweilen auch als Notschrei) der Persönlichkeit, des Individuums gedeutet werden. Verteidigung des Individuums, Wahrung des *hohen Eigensinns*, waren aber für Hesse nicht nur Aufgaben der Dichtung, sondern Grundprinzipien des eigenen Daseins. Mit seiner Existenz bürgte er für die Unzerstörbarkeit persönlichen und geistigen Lebens. Darin liegt ein Geheimnis seiner weiten Wirkung. Mag man mit Maßstäben literarischer Kritik Hesses Dichtung analysieren und zu beurteilen versuchen, seine Bedeutung läßt sich damit allein nicht bestimmen. Sie reicht weit über den literarischen Raum hinaus. Hesse hat die Fragwürdigkeit des eigenen Lebens und die Krisen der abendländischen Welt tief empfunden und nicht wenig darunter gelitten. Immer wieder fühlte er sich am Rande des Abgrunds stehen, der ihn zu verschlingen drohte. Doch um der chaotischen Mächte Herr zu werden, beschwor er in seinen letzten Dichtungen eine Welt der Ordnung und des Maßes, der Ehrfurcht und der Harmonie.

Zu den ordnenden Kräften gehörte für ihn die Sprache. Die Sprache seiner Dichtung bleibt stets klar, einfach und diszipliniert, verharrt in der Tradition, verzichtet auf den Reiz dunkler Chiffren und Hieroglyphen, geht ihren ruhigen gehaltenen Gang. Über diese Einfachheit des Ausdrucks, die so manchen Leser enttäuschen mag, der nicht ahnt, wie schwer sie zu erreichen ist, äußerte sich André Gide in seinem Vorwort zur *Morgenlandfahrt*: «Bei Hesse ist nicht die Gemütsbewegung oder der Gedanke, sondern allein der Ausdruck gemäßigt; und was den Ausdruck mäßigt, ist das erlesene Gefühl für das Schickliche, Zurückhaltende, Harmonische und – in bezug auf den Kosmos – für die Abhängigkeit der Dinge untereinander; eine verhaltene Ironie, deren, wie ich glaube, nur sehr wenige Deutsche fähig sind und deren absolutes Fehlen mir so oft die Werke vieler ihrer Autoren verdirbt, die sich so erschreckend ernst nehmen.»

In der Christnacht des Jahres 1961 schrieb Hesse ein Gedicht, das in der zweiten Fassung den Titel erhielt *Einst vor tausend Jahren*. Es beginnt mit der Strophe:

> *Unruhvoll und reiselüstern*
> *Aus zerstücktem Traum erwacht*
> *Hör ich seine Weise flüstern*
> *Meinen Bambus in der Nacht.*

Den Dichter hält es nicht auf der nächtlichen Ruhestätte. Es reißt ihn *aus den alten Gleisen*, er möchte ins Unendliche reisen und wünscht sich zurück in die alte schwäbische Heimat.

> *Vogelschwingen möcht ich breiten*
> *Aus dem Bann, der mich umgrenzt.*

Als er das Gedicht seiner Frau schenkt, erschrickt sie, denn sie fühlt, aus diesen Versen spricht die Sehnsucht nach dem Tod.

Krankheit beschattet die Wintermonate. Hesse fühlt sich jedoch in den Händen des Arztes Dr. Molo, der ihn seit elf Jahren behandelt, geborgen und weiß nicht, daß er seit langem an Leukämie leidet.

An seinem 85. Geburtstag wird er von der Gemeinde Montagnola zum Ehrenbürger ernannt. Diese Ehrung macht ihm Freude, und er erinnert in seiner italienisch gehaltenen Dankansprache an die mehr als vier Jahrzente, die er in Montagnola verbracht und in denen er so oft das Lob des Tessins und der Collina d'Oro gesungen hat. Der Geburtstag selbst wird im Kreise der engsten Familie und mit einigen Freunden in Faido am Gotthard gefeiert. Max Wassmer, treuester Freund seit vielen Jahren, ist der Gastgeber.

Der Plan, wie jeden Sommer auch in diesem Jahr nach Sils Maria zu reisen, wird zwar auf Wunsch des Arztes aufgegeben, doch scheint die winterliche Krankheit überwunden zu sein. *Noch einen Sommer / Noch einen Winter lang,* lauten die letzten Worte des letzten Gedichts *Das Knarren eines geknickten Astes,* das er in den ersten Augusttagen schreibt, das ihn stark beschäftigt und zweimal umgearbeitet wird. Am Abend des 8. August hört er eine Klaviersonate von Mozart und seine

Beim 85. Geburtstag

Frau liest vor wie jeden Abend. Am Morgen darauf stirbt Hesse an einer Gehirnblutung im Schlaf.

An dem heißen hellen Sommernachmittag des 11. August 1962 wurde Hermann Hesse auf dem Friedhof von S. Abbondio bestattet. Dekan Völter, ein Freund, der mit ihm zusammen vor siebzig Jahren in Maulbronn das Seminar besucht hatte, hielt die Trauerrede. Der Sindaco der Gemeinde, der Verleger und Vertreter der deutschen Heimat sprachen Worte des Dankes, der Verehrung und der Liebe. Dann nahmen zwei Söhne und zwei Enkel in der Uniform der Schweizer Bundeswehr den Sarg auf und trugen ihn von der Kapelle durch den Friedhof zum offenen Grab.

Wenige Wochen nach Hermann Hesse starben Rudolf Alexander Schröder und Louis Moilliet, im Herbst Ernst Morgenthaler. Die letzten der alten Morgenlandfahrer verließen die Welt, deren Kreise sie durchmessen hatten, und zogen neuen unbekannten Räumen entgegen.

Nachts im April notiert schrieb Hesse über ein Gedicht, das im Frühjahr vor seinem Tode entstand; es endet mit den Versen:

> *Was du liebtest und erstrebtest,*
> *Was du träumtest und erlebtest,*
> *Ist dir noch gewiß,*
> *Ob es Wonne oder Leid war?*
> *Gis und As, Es oder Dis –*
> *Sind dem Ohr sie unterscheidbar?*

WELTWEITE WIRKUNG

«Mit Hermann Hesse verliert die Literatur und Dichtung des deutschen Sprachbereichs eine ihrer lautersten Stimmen», schrieb Theodor Heuss nach dem Tode des Dichters an Ninon Hesse, und er entwarf auch die Gedenkrede für die Kapitelsitzung des Ordens «Pour le mérite». Aber wurde diese Stimme noch gehört – wie weit trug sie noch?

Nach den Jahren der großen Erfolge, nach der so viele Gemüter erregenden Diskussion um das *Glasperlenspiel*, war es um Hesse stiller geworden. Die Popularität, jene launische Göttin, um die er sich nie gemüht, war seit der Mitte der fünfziger Jahre immer mehr im Entschwinden, zu sinken begann auch die literarische Reputation: Hesse kam gewissermaßen aus der Mode. Mit eifernder Emsigkeit versuchte man seine Zweitrangigkeit als Schriftsteller zu beweisen, und es galt als fortschrittlich, mit geringschätzigem Mitleid über den Gärtner von Montagnola, den Epigonen in der Gartenlaube zu sprechen, jenen esoterischen Idylliker, der sich aus Enttäuschung über die Entwicklung der abendländischen Kultur auf eine romantische Oase der Literatur geflüchtet habe. Hesse «empfand ich immer als einen durchschnittlichen Entwicklungs-, Ehe- und Innerlichkeitsromancier – eine typisch deutsche Sache», hatte Gottfried Benn bereits 1950 einmal in einem Brief an Ernst

Robert Curtius geschrieben, und dieses vielbemühte und -zitierte Urteil wurde von nicht wenigen der sogenannten Intellektuellen geteilt. Das Interesse der professionellen Kritiker und Interpreten, aber auch der germanistischen Forschung kehrte von Hesse ab, wandte sich anderen Themen und Gestalten zu. Natürlich gab es nach wie vor zahlreiche Hesse-Leser, blieb seinem Werk eine große Lesergemeinde treu verbunden und hatten die Worte der Achtung und Bewunderung, gerade aus dem Kreis der Dichter und Künstler, nichts von ihrer Geltung verloren, aber dennoch – der Dichter von Montagnola stand nicht mehr auf der Tagesordnung, das Kapitel Hesse schien geschlossen. Die neuen Wirklichkeiten in der Literatur fanden, wie 1962 die Umfrage einer deutschen Tageszeitung ergab, ohne Hermann Hesse statt, und die Verkaufsziffern aller Hesse-Bücher bei Suhrkamp hatten 1965 den absoluten Tiefpunkt erreicht.

Daß Hesse nicht in Vergessenheit geriet, hat zunächst eine Reihe von Publikationen verhindert, in denen mit philologischer Sachlichkeit unbekannte Texte aus dem Nachlaß, zerstreut Erschienenes und längst Vergessenes, autobiographische Dokumente, vor allem Briefe, vorgelegt wurden. Die überaus umfangreiche literarische Hinterlassenschaft wurde von den Erben der 1963 gegründeten Hesse-Stiftung übertragen und von ihr dem Deutschen Literaturarchiv im Schiller-Nationalmuseum in Marbach zur Bewahrung, Sicherung und Auswertung übergeben. Dieses Hesse-Archiv erschloß den Nachlaß und entwickelte sich zum Mittelpunkt einer neuen Hesse-Forschung.

Die Veröffentlichungen, die zunächst Ninon Hesse, dann vor allem Volker Michels und Heiner Hesse und nicht zuletzt der Aktivität des Suhrkamp-Verlags und seinem Leiter, Siegfried Unseld, zu danken sind, haben die Grundlagen für eine objektive Beurteilung und Wertung des literarischen Werkes Hesses, aber auch für die Charakterisierung und Entschlüsselung seiner differenzierten Persönlichkeitsstruktur und seiner geistigen Haltung ganz erheblich verbreitert, ja bestimmte, bislang viel zu wenig bekannte und beachtete Bereiche seines Wirkens überhaupt erst allgemein zugänglich gemacht.

Prosa aus dem Nachlaß hieß der erste dieser Bände, 1965 von Ninon Hesse herausgegeben, der manches Unbekannte aus der Frühzeit des Dichters enthält, als gewichtigstes Stück aber die beiden bis dahin unpublizierten Fassungen des *vierten Lebenslaufs*. Zu den drei historischen Lebensläufen des *Glasperlenspiels* sollte ursprünglich dieser vierte, ins 18. Jahrhundert, in die Zeit des schwäbischen Pietismus verlegte Lebenslauf treten und Josef Knecht in der Existenz eines württembergischen Theologen aus der geistigen Nachbarschaft von Bengel und Oetinger zeigen. Die Arbeit blieb Fragment trotz intensiver Studien, die der Dichter darauf verwandt hatte. *Die allzu bekannte und allzu reich dokumentierte Welt jenes Jahrhunderts entzog sich*, so schrieb Hesse 1955 an Rudolf Pannwitz, *dem Einbau in die mehr legendären Räume der übrigen Leben Knechts*. Doch auch als Fragment, dem die letzte sprachliche Überarbeitung fehlt, ist diese Dichtung ein erstaunliches Stück lebendiger Erzählkunst.

Daß Hermann Hesse zu den großen Briefschreibern unter den Schriftstellern unseres Jahrhunderts gehört, wurde bereits erwähnt, auch jene Auswahl von Briefen der späteren Jahre, die noch zu seinen Lebzeiten erschienen ist. Welche Quantitäten seine Korrespondenz jedoch im Laufe der Jahre gewonnen hatte, wurde in vollem Umfang erst erkannt, seitdem man weiß, daß er von den an ihn gerichteten Briefen immerhin rund 35 000 für aufhebenswert hielt. Da er ein fleißiger und korrekter Briefschreiber war, und Briefe, die er bekam, in der Regel auch beantwortete, kann man sich dadurch wenigstens eine ungefähre Vorstellung vom äußeren Umfang seines Briefœuvres machen, mag sich davon auch längst nicht alles erhalten haben.

Das Bedürfnis, sich mitzuteilen, zu erzählen, sich Rechenschaft zu geben, Erlebtes aufzuzeichnen und brieflich miteinander in engem Kontakt zu bleiben, war in der Hesse–Gundertschen Familie seit eh und je lebendig, und da bei Hesse selbst wie auch im elterlichen Haus der Sinn für Überlieferung selbstverständlich war, blieb in Calw und später in Montagnola ein ungewöhnlich reicher Bestand von Familienbriefen und Tagebüchern erhalten, eine Sammlung, die Hesses Kindheit und Jugendjahre im Zeugnis der eigenen und im Bericht der Eltern-, Verwandten- und Freundesbriefe dokumentiert – dichter, aufschlußreicher, eindringlicher als je bei einem anderen Dichter.

Aus der Fülle dieses Quellenmaterials, aus Tausenden von Briefen, aus Tagebuchaufzeichnungen, Berichten und Notizen hat Ninon Hesse 1966 eine sorgfältig kommentierte Auswahl unter dem Titel «Kindheit und Jugend vor 1900» vorgelegt und damit eine erregende innere und äußere Biographie des jungen Hesse vorgestellt, die Geschichte seiner Entwicklung in schwierigen Jahren skizziert, zugleich aber ein Bild jener schwäbisch-protestantischen Welt entworfen, auf der sich sein gesamtes literarisches Werk im Widerspruch wie in der Abhängigkeit gründen sollte.

«Die Briefe», so bemerkt der Kritiker Rolf Michaelis, «die ein geistig gesunder Bursche von fünfzehn Jahren im Sommer 1892 aus einer Anstalt für Geisteskranke nach Hause geschrieben hat, zählen zum Ungeheuerlichsten, was die Geschichte der Erziehung in Deutschland zu bieten hat. Hesses Briefe, klar und kalt, überlegen und scharfsichtig, nehmen Abschied von der Kindheit, kündigen das traditionelle Kindschaftsverhältnis im deutschen Elternhaus auf und sagen den Formen routinierter Frömmigkeit im christlichen Heim ade. Diese Briefe einer Waise, deren ‹Eltern› leben, wie Hermann formuliert, sind unvergleichliche Zeugnisse der deutschen Geistesgeschichte am Ausgang des bürgerlichen Jahrhunderts.»

Die Dokumentation reicht von 1877 bis 1895. Der vorgesehene zweite Band kam infolge des überraschend plötzlichen Todes von Ninon Hesse im Jahre 1967 nicht mehr zustande. Doch findet sich für die folgenden Jahre eine gewisse Ergänzung in dem Briefwechsel Hesses mit der jungen Schriftstellerin Helene Voigt, die dann die Frau des Verlegers Eugen Diederichs wurde. Die eigentliche Fortsetzung bietet aber der erste Band der großen, auf drei Bände angelegten, von Ursula und Volker Michels in Zusammenarbeit mit Heiner Hesse edierten Ausgabe der *Gesammelten Briefe*. Der erste Band mit 392 Briefen reicht von

1895 bis 1921 und vergegenwärtigt in diesen Selbstzeugnissen die geistige Geschichte Hesses, seinen Weg zur Selbstverwirklichung, seine Stellung zur Welt und zur Gesellschaft in vielfachen Reflexen und Brechungen.

Briefwechsel, so die wichtigen Korrespondenzen mit Thomas Mann, mit dem Verleger und Freund Peter Suhrkamp und dann auch mit Karl Kerényi, erschließen weitere, für Hesses geistige Existenz wesentliche Quellen, beleuchten und erläutern menschliche Verbindungen ebenso wie seine sehr persönliche Stellung zu Fragen der Zeit. Für das Verständnis von Hesse und seiner Dichtung bieten diese Briefe, an deren Veröffentlichung die Verfasser beim Schreiben niemals gedacht hatte, einen wichtigen Schlüssel.

Im Laufe seines Lebens hat Hermann Hesse mehr als 3000 Rezensionen für mehr als 50 verschiedene deutschsprachige Zeitungen und Zeitschriften geschrieben. Die Beobachtung des literarischen Lebens seiner Gegenwart und die kritische Reflexion darüber gehörte zu den ständigen Geschäften und Tagespflichten seines Schriftstellerdaseins. Sie sind nicht zuletzt Beweis eines immensen Fleißes. Diese Arbeiten, keineswegs nur zur materiellen Sicherung betrieben, sind «Zeugnisse besonnener Humanität» (Minder) und bilden ein wesentliches Stück seines Literatentums. Hesses Vorstellung vom Dichter und der Dichtung, von den Aufgaben des Schriftstellers und seines Verhältnisses zur Umwelt, wird gerade in seinen Literaturberichten und Rezensionen deutlich; im Urteil erkennt man den Urteilenden, im Bericht spiegelt sich der Berichtende.

Die weite Streuung dieser literaturkritischen Arbeiten hat die Übersicht über ihren Umfang und ihre Bedeutung erschwert, ja nahezu verhindert. Daher wurden die beiden Bände *Schriften zur Literatur*, die 1970 als Schlußstein einer neuen Werkausgabe und dann auch als Sonderausgabe erschienen, für viele zur Neuentdeckung, obgleich sie nur etwa ein Zehntel der Besprechungen Hesses enthalten. Vom Gilgamesch und den Reden Buddhas bis in das Schrifttum der Gegenwart führt diese Auswahl, der Hesses größere Aufsätze und Betrachtungen zu literarischen Themen und Äußerungen über das eigene Werk vorangestellt sind.

Zu Recht betonte Werner Weber in seiner Besprechung der beiden Bände, daß das Schlüsselwort zur Eigenart von Hesses Literaturkritik «Gelten lassen» heißen müsse. «Radikale Ablehnung oder gar Haß trieben ihn selten an; Liebe und aus ihr das Vermögen, etwas gelten zu lassen, bestimmten viel mehr seine Äußerungen. Gelten lassen heißt auch, etwas bleiben lassen können; nur vornehmen, annehmen, was einen betrifft. Hesse antwortete auf Literatur, wie er auf die Welt geantwortet hat: aus dem meditativ-musikalischen Kern seiner Natur. Seine Urteile über denselben Gegenstand zu verschiedener Zeit sind meist so konstant wie jener Wesenskern.»

All diese Publikationen, die auf Hesses Nachlaß beruhen und in dem Jahrzehnt nach seinem Tode erschienen, haben die Vorstellung von seinem literarischen Wirken ergänzt, das biographische Wissen über ihn wesentlich erweitert, neue Elemente für die Beurteilung seiner Dichtung und seines geistigen wie politischen Weltbildes geliefert, aber sie können keineswegs die ungeheure Publizität erklären, die der Dichter seit

Mitte der sechziger Jahre zunächst vor allem in den USA gewonnen hat; genaugenommen sind einzelne der genannten Bücher erst die Folge dieser so völlig überraschenden Entwicklung.

Als Hesse 1946 mit dem Nobelpreis ausgezeichnet wurde, war er in den USA ein Unbekannter. Erste, zumeist sehr ungenügende Übersetzungen hatten kaum Erfolg, ohne besondere Ergebnisse bemühte sich Henry Miller noch 1957 bei amerikanischen Verlagen um Hesses Werk, und der Dichter selbst war davon überzeugt, im anderen Kontinent nicht verstanden und auch nicht gelesen zu werden. Daß seine Romane dem amerikanischen Leser weithin unzugänglich seien, heißt es noch 1962 anläßlich seines Todes auch in der «New York Times».

Doch Mitte der sechziger Jahre, fast über Nacht, wird nach Hesse gefragt, er wird zum Geheimtip, zum Verkaufsschlager, zum ungeahnten Kassenerfolg; ein Hesse-Boom setzt ein, und ohne Rücksichtnahme auf die zurückhaltende Bewertung Hesses in der offiziellen Literaturkritik wird er in wenigen Jahren zum meistgelesenen, zum meistübersetzten europäischen Schriftsteller der letzten hundert Jahre.

Nach den Berichten des Verlags wurden bis 1973 acht Millionen Exemplare seiner Werke in den USA verkauft. 1969 betrug die monatliche Verkaufsrate allein für die *Steppenwolf*-Taschenausgabe rund 360 000 Stück; zwei Millionen sind es bis heute, Einzelausgaben von *Siddhartha* brachten es sogar auf drei Millionen. Vor dem Vietnam-Krieg fand die auf Veranlassung von Henry Miller übersetzte Dichtung kaum Beachtung, doch dann eine plötzliche Resonanz ungeheuren Ausmaßes.

Diese schwer ganz erklärbare und vieldiskutierte, fast sintflutartige Rezeption beschränkt sich nicht auf die USA. Aus Japan werden nahezu ähnliche Verkaufserfolge gemeldet: sechs Millionen verkaufte Exemplare. In 49 Sprachen wurden die Bücher Hesses bisher übersetzt, und die Wellen gehen weiter und schlagen zurück. In Australien beherrscht Hesse das Schaufenster, 800 000 Bände wurden 1972 und 1973 im deutschsprachigen Gebiet verkauft; *Narziß und Goldmund* errang im August 1972 die Spitze der Bestsellerlisten in der DDR.

Daß ein Dichter wie Hermann Hesse, der stets im Widerspruch zu den Mächten seiner Zeit gestanden, der ein sensibler, eigensinniger Individualist, ja zeitlebens ein immer wieder aus den Bindungen der Gemeinschaft ausgebrochener Außenseiter der Gesellschaft war, der so schwer die Beziehung zu den Normalitäten der Wirklichkeit fand und dessen gesamtes Werk im Grunde nur eine einzige große Autobiographie darstellt, dieses weltweite Echo gewann, gehört zu den merkwürdigen Phänomenen literarischer Wirkungsgeschichte.

Die weitaus überwiegende Zahl all dieser Hesse-Leser sind Jugendliche, und diese junge Lesergeneration fragt nicht nach ästhetischen Normen, nach Kompositionsgesetzen oder Sprachstrukturen; sie fühlt sich in erster Linie von den Tendenzen und vom Inhalt der Schriften Hesses angesprochen, und sie hat einen sehr genauen Sensus für die Redlichkeit und die Glaubwürdigkeit der Aussagen ihres Autors. Der Standpunkt ihres Wertens und Urteilens liegt am Rande, zum Teil weit außerhalb des literarischen Bereichs.

Mit dem *Camenzind,* seinem ersten großen Roman, hatte Hermann Hesse zu Beginn des Jahrhunderts die damalige Jugend begeistert. *Demian* erregte die Generation der Heimkehrer aus dem Ersten Weltkrieg, und ein Vierteljahrhundert später faszinierten die geistige Disziplin Kastaliens, die Kräfte der Meditation und Humanität jene Menschen, die im Chaos eines zerbrochenen Staates und verlorenen Krieges nach neuen Ordnungen suchten.

Der jeweilige Erlebenshintergrund ist für die Bereitschaft zur Aufnahme einer Dichtung von entscheidender Bedeutung. Er beeinflußt ihre Resonanz sehr wesentlich – zumal bei Leserschichten, die die Dichtung als Lebenshilfe verstehen und den Poeten als eine Art Psychotherapeuten begreifen, als Wegweiser gleichsam, der bei der Suche nach der richtigen Richtung die richtige Antwort weiß.

Das amerikanische Echo auf Hesses Dichtung kam aus dem Amerika des Vietnam-Kriegs, kam von einer Generation, die sich gegen die Gewalt und Sinnlosigkeit des Kriegs, gegen die Allmacht des Staates, gegen die sich ständig steigernde Rationalisierung und Mechanisierung der modernen Welt und damit gegen ihre Entseelung wandte, eine Generation, die nicht verplant sein wollte, sondern an der Fortschrittsgläubigkeit des technischen Zeitalters zu zweifeln wagte.

Diese jungen Menschen, die sich als Außenseiter der Gesellschaft verstanden und in einen Protest flüchteten, der dann sehr verschiedene, exzentrische, seltsame, zum Teil auch gefährliche Formen annahm, entdeckten in Hesses Dichtung ihre eigenen seelischen Nöte, ihre Probleme, Träume und Sehnsüchte, sahen in ihm eine Persönlichkeit, die unabhängig von den festgemauerten Wertvorstellungen einer etablierten Gesellschaft der Bürgerlichkeit den Rücken gekehrt, die es gewagt hatte, sich selbst zu leben.

Die zentralen Punkte ihres Fühlens, ihres Denkens und Verhaltens hatten, so empfanden sie, bei Hesse in überzeugender Form Ausdruck erlangt. In seiner Zivilisationskritik, seinem Protest gegen alles Totalitäre, seiner Friedensliebe, seiner Skepsis gegen die Herrschenden und in seiner eigensinnigen Verteidigung der Persönlichkeit und des persönlichen, freien, einfachen Lebens, glaubten sie, ihre eigenen Ideen bestätigt zu finden. Dazu kam Hesses Liebe zur fernöstlichen Welt, die mit eigenen Vorstellungen verwandt schien, und seine Beschäftigung mit der in Amerika besonders populären Psychoanalyse.

In einem Essay der Universitätszeitschrift «Yale Review» werden Hermann Hesse und Herbert Marcuse als die beiden Autoren bezeichnet, die die amerikanische Jugend besonders faszinieren. Wie viele Mißverständnisse auch immer mitgespielt haben mögen, daß Hesse Einfluß auf die gesellschaftliche Neuorientierung der USA gewonnen hat: daß eine veränderte amerikanische Mentalität auch seine Spuren tragen wird, bestreiten selbst kritische Beobachter nicht mehr. Mag es zunächst mehr ein romantischer Mystizismus gewesen sein, der ihn zum Heiligen der Hippies, zum Idol der neuen Jugendbewegung, ja zum Guru für eine ganze Teenagergeneration werden ließ, so wird er doch bald auch zum Leitbild und Kronzeugen für schärfere Auseinandersetzungen, für die harte Kritik dieser Bewegung an Zivilisation, Gesellschaft und Staat.

Man erkennt in Hesse den Typ eines rebellierenden Menschen, der den Ausbruch erprobt, der in seiner Jugend gegen Elternhaus und Konvention, später gegen den Krieg und gegen die politischen Verhältnisse seiner Zeit revoltiert und protestiert hat und mit aller Konsequenz und ohne Konzessionen «die freie Verwirklichung der jedermann eigenen Individualität» erstrebt, gelehrt und gelebt hat.

Daß Hesse in den USA so bekannt wurde und seine Bücher ungeheure Verbreitung erfuhren, ist vor allem auf zwei Männer zurückzuführen: auf Colin Wilson und Timothy Leary. In seinem 1956 in Boston erschienenen Buch «Der Outsider», einer Folge von Schriftstellerporträts, hat Wilson ein bewunderndes Kapitel über Hesse publiziert. Das Buch, das ein Bestseller und dann zu einer Art Vademekum für die Beatniks und Hippies wurde, erweckte die Neugier auf den deutschen Dichter. «Steppenwolf» nannte sich bald auch eine berühmte Beatgruppe, die bei ihrer Tournee durch die USA diesen Namen im ganzen Kontinent bekannt machte.

Timothy Leary, der einflußreiche Harvard-Dozent, Apostel der Hippies, Schriftsteller und Gelehrter, der von seinem «Kastalia» genannten Landsitz im Hudson-Tal aus Bewußtseinserweiterung demonstrierte, durch seine Rauschgiftexperimente weiten, wenn auch zweifelhaften Ruhm erlangte (obwohl er nie für wahllosen Gebrauch von LSD eingetreten ist), erklärte den *Steppenwolf* zu seinem Lieblingsbuch und Hesse, für ihn «der größte Schriftsteller der Weltliteratur», zum Meisterführer für psychedelische Erlebnisse. Hesse wurde zum «Poet of Interior Journey» – so der Titel der von Leary und Metzner in «The Psychedelic Review» 1963 veröffentlichten Studie, in der es wörtlich heißt: « . . . vor deiner LSD-Sitzung solltest du *Siddhartha* und *Steppenwolf* lesen. Der letzte Teil des *Steppenwolfs* ist ein unschätzbares Lehrbuch.»

Hesse als «cult hero of the psychedelic generation», ein ebenso massives wie folgenreiches Mißverständnis! Mag auch das magische Theater im *Steppenwolf* mancherlei Verwandtschaft mit modernen psychedelischen Experimenten haben und Ideen dieser Art vorweggenommen haben: daß Hesse zur Bewußtseinserweiterung selbst Drogen gebraucht oder auch nur empfohlen hätte, läßt sich weder in seiner Dichtung noch an irgendeiner anderen Stelle nachweisen, ja der Gedanke, einmal zum Repräsentanten dieser neuen spirituellen Erlebnisse hochgespielt, zur Leitfigur der amerikanischen Sub- und Gegenkultur erkoren zu werden, wäre ihm völlig absurd erschienen. Den «Weg nach innen» verstand Hesse sehr anders: Nicht als Flucht aus der Welt in eine Irrationalität ohne Verantwortung, als Umgehung der Konflikte durch Illusion oder gar als LSD-Trip, sondern stets als Appell an die eigene Person. Hesse war Moralist; Veränderung der Welt hieß für ihn ihre Humanisierung. Sie muß vom Einzelmenschen ausgehen und vollzogen werden. Die Persönlichkeit des einzelnen, ihren Freibereich und ihre Unabhängigkeit gilt es zu behaupten und zu verteidigen. Dafür gibt es keine Patentrezepte. «Jeder Mensch ist etwas Persönliches, Einmaliges und an Stelle des persönlichen Gewissens ein kollektives setzen zu wollen, das heißt schon Vergewaltigung und ist der erste Schritt zu allem Totalitären . . .»

Daß die amerikanische Jugendbewegung, die, als Gesamtphänomen gesehen, der etablierten Kultur gegenüber eine Gegenkultur vertritt, sich gerade Hesse als ihren Lieblingsdichter erkor, ihn bei ihren Massenversammlungen, ihren Festivals und Zusammenkünften vorlas und vortrug, verschaffte ihm eine Wirkung, die weit über das Literarische im eigentlichen Sinne hinausreichte. Die vielfältigen Ursachen, die hier nur angedeutet und keineswegs ganz schlüssig gedeutet werden konnten, sind differenzierter Art. Die besessene Jüngergläubigkeit jedenfalls, die sich ihren Hesse nach ihrer Art aus- und zurechtlegte und seinen Schriften entnahm, was in das Konzept der eigenen Problemkreise paßte, wesentliche Eigenschaften Hesses aber, vor allem auch seinen Konservatismus, überhaupt nicht zur Kenntnis nahm, war natürlich von sehr erheblichen Mißverständnissen und Fehlinterpretationen belastet. Ein entscheidendes Moment für Hesses starke Resonanz war zweifellos die rückhaltlose Offenheit, die ihn auszeichnete und die seinen Aussagen Aufrichtigkeit, Glaubwürdigkeit und in einem hohen Grad Authentizität verlieh. Dazu kommt die leichte Verständlichkeit seiner Bilder- und Symbolwelt. Doch diese Simplizität darf nicht mit Vordergründigkeit oder Verharmlosung verwechselt werden. Sie ist vielmehr die schwer erreichbare Kunst, auch komplizierte Sachverhalte klar und einfach aussprechen zu können.

Die amerikanische Hesse-Rezeption wird wieder abflauen, aber sie hat von den Staaten aus in viele Länder weiter und in den deutschen Sprachraum zurückgewirkt. Mit Staunen bemerkte etwa Peter Handke, daß Hesse nicht einfach nur eine romantische Idee der Amerikaner ist, sondern «ganz gewiß ein vernünftiger, überprüfbarer, großer Schriftsteller». Das weltweite Interesse gab Anstoß zu zahlreichen neuen, nun sehr viel besseren Übersetzungen, und zugleich auch zu erneuter kritischer Auseinandersetzung und wissenschaftlicher Beschäftigung mit Hesses Werk. Hesse wurde Lese- und Übungsstoff in Colleges und Seminaren, und mit wichtigen Untersuchungen, darunter auch vielen Dissertationen, ist die Hesse-Forschung in Amerika, an ihrer Spitze Theodore Ziolkowski, hervorgetreten. Zu der amerikanischen Werkausgabe erschien der von Anna Otten herausgegebene, vor allem für studentische Leser gedachte Band «Hesse Companion» mit einer Sammlung von Arbeiten amerikanischer Germanisten über Leben und Werk Hesses. Aber auch in Japan und in der Sowjet-Union, wo Hesse als «progressiver Realist» angekündigt wurde, wird er nicht nur gelesen, sondern ist er ebenfalls schon zum Forschungsgegenstand geworden.

Ein neues, versachlichtes Verständnis seiner Dichtung bahnt sich an. Die ungeheure Verbreitung seines Werkes über die gesamte Welt aber stellt wieder einmal neu auch die alte Frage nach der Wirkung der Literatur auf die Wirklichkeit des Lebens.

ZEITTAFEL

1877	2. Juli: Hermann Hesse wird in Calw (Württemberg) als zweites Kind des Johannes Hesse und seiner Frau Marie, geb. Gundert, verw. Isenberg, geboren. Die väterliche Familie ist baltendeutscher, die mütterliche schwäbisch-schweizerischer Herkunft. Der Vater, ein ausgebildeter Missionar, ist nach kurzer missionarischer Tätigkeit in Indien als Gehilfe Hermann Gunderts, seines Schwiegervaters, im Calwer Verlagsverein beschäftigt.
1881–1886	Basel. Johannes Hesse ist Lehrer am dortigen Missionshaus.
1886	Rückkehr der Familie nach Calw.
1890–1891	Besuch der Lateinschule in Göppingen.
1891	Juli: Hesse besteht das schwäbische Landesexamen.
1891–1892	Seminarist im evangelisch-theologischen Seminar im Kloster Maulbronn.
1892	März: Flucht aus dem Seminar. – Ab Mai: Aufenthalt in verschiedenen Anstalten (Bad Boll, Stetten im Remstal, Basel).
1892–1893	Besuch des Gymnasiums in Bad Cannstatt.
1893–1894	Beschäftigung als Gehilfe des Vaters nach dem Scheitern einer Buchhändlerlehre in Eßlingen.
1894–1895	Mechanikerlehre in der Turmuhrenfabrik Perrot in Calw.
1895–1898	Buchhändlerlehre in der Heckenhauer'schen Buchhandlung in Tübingen. – Freundschaft mit Ludwig Finckh.
1898–1899	Sortimentsgehilfe bei Heckenhauer.
1899	*Romantische Lieder. Eine Stunde hinter Mitternacht.*
1899–1903	Buchhändler und Antiquar in Basel. – Reisen durch die Schweiz.
1901	Erste Italien-Reise (Florenz, Ravenna, Venedig). *Hinterlassene Schriften und Gedichte von Hermann Lauscher.*
1902	Tod der Mutter. *Gedichte.*
1903	Zweite Italien-Reise.
1904	*Peter Camenzind.* Großer Erfolg und erster Ruhm. – Eheschließung mit Maria Bernoulli. Bauernfeld-Preis.
1904–1912	Gaienhofen am Bodensee. Freier Schriftsteller und Mitarbeiter an zahlreichen Zeitschriften («Simplicissimus», «Rheinlande», «Neue Rundschau» u. a.). – Italien-Reisen. Verschiedene Vortragsreisen. Freundschaft mit Othmar Schoeck.
1905	Geburt des Sohnes Bruno.
1906	*Unterm Rad.*
1907	Bau eines eigenen Hauses in Gaienhofen. *Diesseits.*
1907–1912	Mitherausgeber der Zeitschrift «März».
1908	*Nachbarn.*
1909	Geburt des Sohnes Heiner. Besuch bei Wilhelm Raabe in Braunschweig.
1910	*Gertrud.*
1911	*Unterwegs.* Geburt des Sohnes Martin. Reise nach Indien mit Hans Sturzenegger.
1912	*Umwege.*
1912–1919	Bern. Hesse bewohnt das Haus des verstorbenen Malers Albert Welti. – Freundschaft mit Romain Rolland.

1913	*Aus Indien.*
1914	*Roßhalde.*
1914–1919	Tätigkeit in der «Deutschen Gefangenenfürsorge Bern». Herausgeber des «Sonntagsboten für die deutschen Kriegsgefangenen» (1916 bis 1919), Mitherausgeber der «Deutschen Interniertenzeitung» (1916 und 1917) und der «Bücherei für deutsche Kriegsgefangene» (1918 und 1919).
1915	*Knulp. Am Weg. Musik der Einsamen.*
1916	Tod des Vaters. Ernste Krankheit der Frau und des Sohnes Martin. – Aufenthalt im Kurhaus Sonnmatt bei Luzern. *Schön ist die Jugend.*
1919	*Demian,* zunächst unter dem Pseudonym «Emil Sinclair» veröffentlicht. Rückgabe des «Sinclair» verliehenen Fontane-Preises. *Kleiner Garten. Märchen. Zarathustras Wiederkehr.*
1919–1922	Mitherausgeber der Zeitschrift «Vivos voco».
1919	Übersiedlung von Bern nach Montagnola (Tessin) ohne die Familie. Vorher kurzer Aufenthalt in Minusio und Sorengo. Wohnung in der Casa Camuzzi in Montagnola. – Erste malerische Betätigung.
1920	*Gedichte des Malers. Klingsors letzter Sommer. Wanderung. Blick ins Chaos.* Freundschaft mit Hugo und Emmy Ball.
1921	*Ausgewählte Gedichte.*
1922	*Siddhartha.*
1923	*Sinclairs Notizbuch.* Hesse wird Schweizer Staatsbürger. Seit dem Frühjahr regelmäßige Kuraufenthalte in Baden b. Zürich.
1924	Januar: Eheschließung mit Ruth Wenger.
1925	*Kurgast.*
1925–1931	Während des Winters wohnt Hesse jeweils in Zürich.
1926	*Bilderbuch.* Aufnahme in die Preußische Dichterakademie.
1927	*Die Nürnberger Reise. Der Steppenwolf.* Erste Hesse-Biographie (von Hugo Ball) zum 50. Geburtstag.
1928	*Betrachtungen. Krisis.*
1929	*Trost der Nacht. Eine Bibliothek der Weltliteratur.*
1930	*Narziß und Goldmund.* – Austritt aus der Preußischen Akademie der Künste.
1931	November: Eheschließung mit Ninon Dolbin, geb. Ausländer. Einzug in ein neues Haus am Rand von Montagnola, das Hans C. Bodmer für Hesse bauen ließ und ihm auf Lebenszeit zur Verfügung stellte. Erste Arbeit am *Glasperlenspiel.*
1932	*Die Morgenlandfahrt.*
1936	*Stunden im Garten.* Gottfried-Keller-Preis.
1937	*Gedenkblätter. Neue Gedichte.*
1942	*Die Gedichte.*
1943	*Das Glasperlenspiel.*
1945	*Traumfährte.*
1946	Frankfurter Goethe-Preis. Nobelpreis. *Dank an Goethe. Krieg und Frieden.*
1947	Ehrendoktor der Universität Bern.
1950	Wilhelm-Raabe-Preis.
1951	*Späte Prosa. Briefe.*

ZEUGNISSE

THEODOR HEUSS

Hesses landschaftliche Kunst ist von erster Hand. Sie unterscheidet sich innerhalb der übrigen zeitgenössischen deutschen Dichtung durch eine sozusagen größere Körperlichkeit. Wir sind etwas durch «Stimmung» verwöhnt und verweichlicht. Auch Hesse gibt Töne und Stimmung, aber er füllt sie mit Konturen, festen und gewissen Strichen. Aus seinem Schildern kommt kräftige Anschauung. Mit einer großen sprachlichen Disziplin zwingt er Gehalt und Form einer Landschaft, eines Naturbildes in unsere Vorstellung. Als zweites nannte ich: Erinnerung. Das eigene Leben, Erfahrungen, Eindrücke der Jugend, die Jahre der Heimat bieten sich seiner Dichtkunst als Material. Dies ist sehr wesentlich, denn davon erhalten seine Werke die Gebärde vertrauter Wahrheit. Man kann ja nach solchen Werten die Dichter scheiden. Hesse gehört zu denen, die aus dem eigenen Leben gestalten: ihre Phantasie ist gezügelt, alle dichterische Energie strömt in die Darstellung.

Das literarische Echo. 15. September 1907

KLABUND

Ich bewundere Hermann Hesse, daß er, ein Mann in den Vierzigern, es aus eigenster Kraft über sich gebracht hat, noch einmal von vorn anzufangen, noch einmal ein neuer, ein junger Mensch zu werden. Er ist der einzige von den Dichtern seiner Generation, der das zustande gebracht hat. Er hat mit einem entschiedenen Ruck sein altes Gewand von sich abgeworfen. Er hat den Mut, neu zu beginnen, eingedenk des alten Tao-wortes, daß der Weg, nicht das Ziel den Sinn des Lebens mache.

Die Neue Rundschau. 1920

Ein mit tiefer Innenschau begabter Deuter menschlichen Wesens hat heute die Theorie aufgestellt, daß jeder Mensch in einem bestimmten Lebensalter seine eigentliche Wesenheit und Erfüllung erreiche und innerlich sich dieses Lebensalter bewahre, auch wenn er äußerlich darüber hinaus altere. Hermann Hesse hat sich den Jüngling in seiner Seele bewahrt, den Zwanzigjährigen, den unbürgerlich Schweifenden, Sehnsüchtigen, den ewigen Sucher. Aber ein Dichter hat viele Seelen. Den unsterblichen Jüngling in sich hütend, wuchs die seine zugleich erlebend und erleidend zur geklärten Reife des Mannes und sah aus Reife auf ihre eigene Frühe zurück, deutete ihren Weg und erkannte ihr Gesetz.

Die Tat. 1922

Alfred Wolfenstein

Dies Werk [«Der Steppenwolf»] spricht in scharfen, erschütternden, phantastischen und klaren Worten zu uns, es hat eine wunderbare Höhe über jener einst seinen Dichter umfangenden Sentimentalität erreicht (die ihm jetzt nur wertvoller scheint als etwa überhaupt keine Gefühle zu haben). Der Tumult der Gegenwart zeichnet sich deutlicher als an den mitschwankenden Gestalten an solchem Werk eines überragenden redlichen Dichters ab. Es ist, glaubt man sagen zu dürfen, ein willkommener Vorstoß zur immer noch so schwachen Front aller Freunde einer zukunftsreichen Auflösung, aller Feinde dieser alten, in ihrem Gegeneinander wie in ihrer Ordnung gleich falschen Welt ... Der Steppenwolf ist eine Dichtung des gegenbürgerlichen Mutes.

In: Die Weltbühne 29 vom 19. Juli 1927

Stefan Zweig

Die merkwürdige Reinheit der Prosa, die Meisterschaft des Aussagens gerade der unsagbarsten Zustände gibt Hermann Hesse ... einen ganz besonderen Rang in der deutschen Dichtung ... Seine Sphäre ist heute noch nicht ganz zu umgrenzen und ebenso wenig seine letzten Möglichkeiten. Aber dies ist gewiß, daß alles dichterische Werk, das heute nach solcher innerer, gleichzeitig entsagender und beharrender Verwandlung von Hermann Hesse ausgeht, Anspruch auf äußerste moralische Geltung und unsere Liebe hat, daß man ihm, bei aller Bewunderung für das meisterlich Getane, noch die gleiche Erwartung wie einem Beginnenden entgegenbringen darf und soll.

In: Neue Freie Presse, Wien, 6. März 1932

André Gide

Bei Hesse ist nur die Ausdrucksform temperiert, keineswegs aber Empfindung und Gedanke. Und was den Ausdruck des Empfindens und des Denkens mäßigt, das ist ein erlesenes Gefühl für das Angemessene, für Zurückhaltung, für Harmonie und – in bezug auf das Universum – für den inneren Zusammenhang der Dinge. Und ferner ist es eine Art latenter Ironie – eine Gabe, die, wie mir scheint, nur sehr wenigen Deutschen verliehen ist. Es gibt bittere Sorten von Ironie: Ergießungen der Galle und der bösen Säfte. Die andere, so reizvolle Spezies jedoch, über die Hesse verfügt, scheint mir ein Ergebnis zu sein der Fähigkeit, von sich selbst abzusehen, seines Wesens innezuwerden, ohne nach sich hinzusehen, zur Selbsterkenntnis zu gelangen ohne Selbstgefälligkeit. Diese Art Ironie ist eine Form der Bescheidenheit – einer Haltung, die um so liebenswerter erscheint, von je höheren Gaben und inneren Werten sie begleitet wird.

Vorwort zu einer französischen Übersetzung der
«Morgenlandfahrt». 1942

Thomas Mann

Für mich gehört dies im Heimatlich-Deutsch-Romantischen wurzelnde Lebenswerk bei all seiner manchmal kauzigen Einzelgängerei, seiner bald humoristisch-verdrießlichen, bald mystisch-sehnsüchtigen Abgewandtheit von Zeit und Welt zu den höchsten und reinsten geistigen Versuchen und Bemühungen unserer Epoche. Unter der literarischen Generation, die mit mir angetreten, habe ich ihn, der nun das biblische Alter erreicht, früh als den mir Nächsten und Liebsten erwählt und sein Wachstum mit einer Sympathie begleitet, die aus Verschiedenheiten so gut ihre Nahrung zog wie aus Ähnlichkeiten.

Neue Zürcher Zeitung. 2. Juni 1947

Manfred Hausmann

Wem nicht deutlich geworden ist, daß das Leidenmüssen und Leidenkönnen Hermann Hesses Wesen bestimmt, der vermag weder seine menschliche Haltung noch seine dichterische Hervorbringung noch auch seine Neigung zu den Weisheiten des Ostens zu verstehen, die für ihn im Alter so bedeutsam geworden sind. Nicht, als ob er sich zum Leiden drängte oder im Leiden ein Verdienst sähe oder gar sein Leiden kultivierte. Er nimmt es hin, das körperliche wie das seelische, als etwas, das untrennbar zu ihm gehört, auch zu seinem Dichtertum.

Jahrbuch der Akademie der Wissenschaften und der Literatur.
1957

MARTIN BUBER

Hermann Hesse hat dem Geiste gedient, indem er als Erzähler, der er ist, vom Widerspruch zwischen Geist und Leben und vom Streit des Geistes gegen sich selber erzählte. Eben dadurch hat er den hindernisreichen Weg wahrnehmbarer gemacht, der zu einer neuen Ganzheit und Einheit führen kann. Als der Mensch aber, der er ist, als der homo humanus, der er ist, hat er den gleichen Dienst gedient, indem er stets, wo es galt, für die Ganzheit und Einigkeit des Menschenwesens eintrat.

Neue deutsche Hefte. August 1957

PETER HANDKE

Ich habe die Bücher mit großem Staunen und immer mehr Neugierde gelesen. Dieser Hermann Hesse ist nicht nur eine romantische Idee der Amerikaner, sondern ganz gewiß ein vernünftiger, überprüfbarer großer Schriftsteller.

1970

JEAN AMÉRY

Hesse ... war bisweilen so etwas wie ein Dichter «fürs deutsche Haus», jenes gemütlich-unheimliche Haus, in dem man schlecht zu unterscheiden wußte zwischen lauterem Gold (ich denke hier an die früheren, sauberen, kühlen Schwabennovellen und den sehr schönen Roman «Unterm Rad») und flimmerndem Talmi. Zu anderen Zeiten, während des Ersten und Zweiten Weltkriegs, war er ein halber Landesverräter in den Augen seines bürgerlichen Publikums. Man hat seinen «Demian», hat den «Steppenwolf» und namentlich «Narziß und Goldmund» überschätzt und danach ihn als Kitsch-Konfektionär abgefertigt, was er nun auch wieder nicht verdiente – ebensowenig wie die neueste Überschätzung, die via USA, Fernostphilosophie-Inflation, Zen-Buddhismus, Drogenfreude seit etwa 1968 Deutschland heimsuchte zur Freude seines Verlegers.

Merkur. 1978

Mancher, der ein Buch liest, murrt ...

...wenn er Werbung findet, wo er Literatur suchte. Reklame in Büchern!!!? Warum nicht auch zwischen den Akten in Bayreuth oder neben den Gemälden in der Pinakothek?

«Rowohlts Idee mit der Zigarettenreklame im Buch (finde ich) gar nicht anfechtbar, vielmehr sehr modern. Hauptsache, es hat Erfolg und nützt dem Buch, was die deutsche Innerlichkeit dazu sagt, ist allmählich völlig gleichgültig, die will ihren Schlafrock und ihre Ruh und will ihre Kinder dußlig halten und verkriecht sich hinter Salbadern und Gepflegtheit und möchte das Geistige in den Formen eines Bridgeclubs halten – dagegen muß man angehen...»

Das schrieb Ende 1950 – Gottfried Benn.

An Stelle der «Zigarettenreklame» findet man nun in diesen Taschenbüchern Werbung für Pfandbriefe und Kommunalobligationen. «Hauptsache, es hat Erfolg und nützt dem Buch.» Und es nützt auch dem Leser. (Für die Jahreszinsen eines einzigen 100-Mark-Pfandbriefs kann man sich beispielsweise zwei Taschenbücher kaufen.)

BIBLIOGRAPHIE

Von den Werken Hesses sind außer den Gesamtausgaben und den neueren Sammelausgaben die Erstauflagen der Buchpublikationen aufgeführt. Auf die Verzeichnung von Hesses Veröffentlichungen in Zeitschriften und Zeitungen sowie der von ihm – vor allem in seinen späteren Lebensjahren – zahlreich herausgebrachten kleineren Privatdrucke muß in diesem Rahmen verzichtet werden. Genaue Überblicke über Hesses Gesamtwerk mit Angaben der Erst- und Wiederabdrucke der einzelnen Schriften sowie über seine umfangreiche Herausgebertätigkeit bieten die in Abschnitt 1 genannten Bibliographien von Waibler und Mileck. – Von der Sekundärliteratur sind – bis auf wenige Ausnahmen – nur in Buchform veröffentlichte Darstellungen, Dokumentationen, Aufsatzsammlungen und Studien berücksichtigt, nicht jedoch Einzelaufsätze und Dissertationen, die nicht im Buchhandel erschienen sind. Vollständigere Auskunft über die Hesse-Literatur vermitteln die Bibliographien von Waibler, Bareiss und Pfeifer sowie die Einführung von Koester.

1. Bibliographien, Hilfsmittel

KLIEMANN, HORST, und KARL H. SILOMON: Hermann Hesse. Eine bibliographische Studie. Frankfurt a. M. 1947. 95 S., Abb. [Vorwiegend Hesses Buchwerk] – Verbesserungen und Ergänzungen. München 1948. 12 S.

WAIBLER, HELMUT: Hermann Hesse. Eine Bibliographie. Bern 1962. 350 S. [Bibliographie der Werke Hesses und der Literatur über Hesse]

BAREISS, OTTO: Hermann Hesse. Eine Bibliographie der Werke über Hermann Hesse. Mit einem Geleitwort von BERNHARD ZELLER. 2 Teile. Basel 1962–1964. XI, 116 S.; II, 227 S.

BENTZ, HANS W.: Hermann Hesse in Übersetzungen. Frankfurt a. M. 1965. VIII, 38 S. (Weltliteratur in Übersetzungen. 1,3)

PFEIFER, MARTIN: Hermann-Hesse-Bibliographie. Primär- und Sekundärschrifttum in Auswahl. Berlin 1973. 104 S.

MILECK, JOSEPH: Hermann Hesse. Biographie and bibliography. 2 Bde. Berkeley 1977. XXIV, VIII, 1402 S. [Umfassende Bibliographie der Werke Hesses]

PFEIFER, MARTIN: Hermann Hesse 1977. Bibliographie im Jahr seines 100. Geburtstages. In: Literaturwissenschaftliches Jahrbuch 20 (1979), S. 317–387

Hermann Hesse-Literatur. Zusammengestellt von MARTIN PFEIFER. Folge 1 ff. Mittelbuchen, [später:] Hanau 1964 bis lfd.

UNSELD, SIEGFRIED: Hermann Hesse, eine Werkgeschichte. Frankfurt a. M. 1973. 321 S. (suhrkamp taschenbuch. 143)

KOESTER, RUDOLF: Hermann Hesse. Stuttgart 1975. VI, 79 S. (Sammlung Metzler. 136)

FIELD, GEORGE W.: Hermann Hesse. Kommentar zu sämtlichen Werken. Stuttgart 1977. 245 S.

PFEIFER, MARTIN: Hesse-Kommentar zu sämtlichen Werken. München 1980. 420 S.

2. Werke

I. Gesamtausgaben

Gesammelte Werke [in Einzelausgaben]. 19 Bde. Berlin (S. Fischer) 1927–1939
Gesammelte Werke [in Einzelausgaben]. 23 Bde. Zürich (Fretz & Wasmuth) 1942–1965
Gesammelte Werke in Einzelausgaben. 26 Bde. Berlin, Frankfurt a. M. (Suhrkamp) 1946–1965

> Das Glasperlenspiel – Der Steppenwolf – Die Gedichte – Die Morgenlandfahrt – Narziß und Goldmund – Weg nach Innen – Demian – Knulp – Krieg und Frieden – Gedenkblätter – Peter Camenzind – Siddhartha – Briefe – Späte Prosa – Unterm Rad – Kurgast. Die Nürnberger Reise – Diesseits. Kleine Welt – Beschwörungen – Gertrud – Märchen – Roßhalde – Bilderbuch – Traumfährte – Frühe Prosa – Stufen – Prosa aus dem Nachlaß

Gesammelte Dichtungen. 6 Bde. Frankfurt a. M. (Suhrkamp) 1952

> Bd 1: Frühe Prosa. Peter Camenzind. Unterm Rad. Diesseits. Berthold – Bd 2: Gertrud. Kleine Welt. Roßhalde. Fabulierbuch – Bd 3: Knulp. Demian. Märchen. Wanderung. Klingsor. Siddhartha. Bilderbuch – Bd 4: Kurgast. Die Nürnberger Reise. Der Steppenwolf. Traumfährte. Gedenkblätter. Späte Prosa – Bd 5: Narziß und Goldmund. Stunden im Garten. Der lahme Knabe. Die Gedichte – Bd 6: Die Morgenlandfahrt. Das Glasperlenspiel

Gesammelte Schriften. 7 Bde. Frankfurt a. M. (Suhrkamp) 1957

> Bd 1–6: Nachdruck der «Gesammelten Dichtungen», 1952 – Bd 7: Betrachtungen. Briefe. Rundbriefe. Tagebuchblätter

Gesammelte Werke. 12 Bde. Frankfurt a. M. (Suhrkamp) 1970 (werkausgabe edition suhrkamp)

> Bd 1: Stufen. Die späten Gedichte. Frühe Prosa. Peter Camenzind – Bd 2: Unterm Rad. Diesseits – Bd 3: Gertrud. Kleine Welt. – Bd 4: Roßhalde. Fabulierbuch. Knulp – Bd 5: Demian. Klingsor. Siddhartha – Bd 6: Märchen. Wanderung. Bilderbuch. Traumfährte – Bd 7: Kurgast. Die Nürnberger Reise. Der Steppenwolf – Bd 8: Narziß und Goldmund. Die Morgenlandfahrt. Späte Prosa – Bd 9: Das Glasperlenspiel – Bd 10: Betrachtungen. Aus den Gedenkblättern. Rundbriefe. Politische Betrachtungen – Bd 11–12: Schriften zur Literatur

II. Teilsammlungen und neuere Auswahlausgaben

Die Erzählungen. Zusammengestellt von VOLKER MICHELS. 2 Bde. Frankfurt a. M. (Suhrkamp) 1972
Gesammelte Erzählungen. Zusammengestellt von VOLKER MICHELS. 4 Bde. Frankfurt a. M. (Suhrkamp) 1977 (suhrkamp taschenbuch. 347. 368. 384. 413)

> Bd 1: Aus Kinderzeit – Bd 2: Die Verlobung – Bd 3: Der Europäer – Bd 4: Innen und Außen

Die Romane und die großen Erzählungen. Jubiläumsausgabe zum 100. Geburtstag. 8 Bde. Frankfurt a. M. (Suhrkamp) 1977
Die Gedichte. 1892–1962. Neu eingerichtet und um Gedichte aus dem Nachlaß erweitert von VOLKER MICHELS. 2 Bde. Frankfurt a. M. (Suhrkamp) 1977 (suhrkamp taschenbuch. 381)

Schriften zur Literatur. Hg. von VOLKER MICHELS. 2 Bde. Frankfurt a. M. 1972

Politik des Gewissens. Die politischen Schriften. Hg. von VOLKER MICHELS. Vorwort von ROBERT JUNGK. 2 Bde. Frankfurt a. M. (Suhrkamp) 1977 – Rev. und erw. Taschenbuchausg.: 1981 (suhrkamp taschenbuch. 656)

Lektüre für Minuten. Gedanken aus seinen Büchern und Briefen. Ausgewählt und zusammengestellt von VOLKER MICHELS. 2 Bde. Frankfurt a. M. (Suhrkamp) 1971–1975 (suhrkamp taschenbuch. 7. 240) – Sonderausg.: 1977

Mein Glaube. Eine Dokumentation. Auswahl von SIEGFRIED UNSELD. Frankfurt a. M. (Suhrkamp) 1971

Eigensinn. Autobiographische Schriften. Frankfurt a. M. (Suhrkamp) 1972 (Bibliothek Suhrkamp. 353)

Die Kunst des Müßiggangs. Kurze Prosa aus dem Nachlaß. Hg. und mit einem Nachwort versehen von VOLKER MICHELS. Frankfurt a. M. (Suhrkamp) 1973 (suhrkamp taschenbuch. 100)

Siddhartha. Hermann Hesse und der ferne Osten. Erzählungen, Legenden, Tagebücher, Essays. Hg. und mit einem Essay von VOLKER MICHELS. Frankfurt a. M. (Suhrkamp) 1973

Eine Literaturgeschichte in Rezensionen und Aufsätzen. Hg. von VOLKER MICHELS. Frankfurt a. M. (Suhrkamp) 1975 (suhrkamp taschenbuch. 252)

Dank an Goethe. Betrachtungen, Rezensionen, Briefe. Neu zusammengestellt von VOLKER MICHELS. Frankfurt a. M. (Insel) 1975 (insel taschenbuch. 129)

Die Märchen. Zusammengestellt von VOLKER MICHELS. Frankfurt a. M. (Suhrkamp) 1975 (suhrkamp taschenbuch. 291)

Legenden. Zusammengestellt von VOLKER MICHELS. Frankfurt a. M. (Suhrkamp) 1975 (Bibliothek Suhrkamp. 472) – Neuausg.: 1983 (suhrkamp taschenbuch. 909)

Musik. Betrachtungen, Gedichte, Rezensionen und Briefe. Eine Dokumentation. Ausgewählt und zusammengestellt von VOLKER MICHELS. Frankfurt a. M. (Suhrkamp) 1976 (Bibliothek Suhrkamp. 483)

Kleine Freuden. Verstreute und kurze Prosa aus dem Nachlaß. Hg. und mit einem Nachwort von VOLKER MICHELS. Frankfurt a. M. (Suhrkamp) 1977 (suhrkamp taschenbuch. 360)

Die Welt der Bücher. Betrachtungen und Aufsätze zur Literatur. Zusammengestellt von VOLKER MICHELS. Frankfurt a. M. (Suhrkamp) 1977 (suhrkamp taschenbuch. 415)

Bodensee. Betrachtungen, Erzählungen, Gedichte. Hg. und eingel. von VOLKER MICHELS. Mit einem Nachwort von LOTHAR KLEIN. Sigmaringen (Thorbecke) 1977

Aus Indien. Aufzeichnungen, Tagebücher, Gedichte, Betrachtungen und Erzählungen. Neu zusammengestellt und ergänzt von VOLKER MICHELS. Frankfurt a. M. (Suhrkamp) 1980 (suhrkamp taschenbuch. 562)

Italien. Schilderungen, Tagebücher, Gedichte, Aufsätze, Buchbesprechungen und Erzählungen. Hg. und mit einem Nachwort von VOLKER MICHELS. Frankfurt a. M. (Suhrkamp) 1983 (suhrkamp taschenbuch. 689)

Hermann Hesse als Maler. 44 Aquarelle. Ausgewählt von BRUNO HESSE und SANDOR KUTHY. Mit Texten. Zusammengestellt von VOLKER MICHELS. Frankfurt a. M. (Suhrkamp) 1977

Magie der Farben. Aquarelle aus dem Tessin. Mit Betrachtungen und Gedichten. Zusammengestellt und mit einem Nachwort von VOLKER MICHELS. Frankfurt a. M. (Insel) 1980 (insel taschenbuch. 482)

III. Erstausgaben der Einzelwerke und Sammelbände

a) Gedichte

Romantische Lieder. Dresden (Pierson) 1899
Gedichte. Berlin (Grote) 1902 – 2. veränd. Aufl. 1906
Unterwegs. Gedichte. München (G. Müller) 1911 – Verm. Aufl. 1915
Musik des Einsamen. Neue Gedichte. Heilbronn (Salzer) 1915
Gedichte des Malers. Bern (Seldwyla) 1920
Ausgewählte Gedichte. Berlin (S. Fischer) 1921
Krisis. Ein Stück Tagebuch. Berlin (S. Fischer) 1928
Trost der Nacht. Neue Gedichte. Berlin (S. Fischer) 1929
Jahreszeiten. Zürich (Gebr. Fretz) 1931
Vom Baum des Lebens. Ausgewählte Gedichte. Leipzig (Insel) 1934
Neue Gedichte. Berlin (S. Fischer) 1937
Die Gedichte. Zürich (Fretz & Wasmuth) 1942
Der Blütenzweig. Eine Auswahl aus den Gedichten. Zürich (Fretz & Wasmuth) 1945
Die Gedichte. Erw. Ausg. Berlin (Suhrkamp) 1947 – Erw. Neudruck 1953
Letzte Gedichte. In: Bericht an die Freunde. Letzte Gedichte. Olten (Bücherfreunde) 1960
Stufen. Alte und neue Gedichte in Auswahl. Frankfurt a. M. (Suhrkamp) 1961
Die späten Gedichte. Frankfurt a. M. (Insel) 1963

b) Romane

Peter Camenzind. Berlin (S. Fischer) 1904
Unterm Rad. Roman. Berlin (S. Fischer) 1906
Gertrud. Roman. München (Langen) 1910
Roßhalde. Roman. Berlin (S. Fischer) 1914
Demian. Die Geschichte einer Jugend. [Unter dem Pseudonym: Emil Sinclair.] Berlin (S. Fischer) 1919 – Zuerst unter Hesses Namen: Demian. Die Geschichte von Emil Sinclairs Jugend. 1920
Siddhartha. Eine indische Dichtung. Berlin (S. Fischer) 1922
Der Steppenwolf. Berlin (S. Fischer) 1927
Das Glasperlenspiel. Versuch einer Lebensbeschreibung des Magisters Ludi Josef Knecht samt Knechts hinterlassenen Schriften. 2 Bde. Zürich (Fretz & Wasmuth) 1943
Vgl. ergänzend:
Der vierte Lebenslauf Josef Knechts. Zwei Fassungen. Hg. von NINON HESSE. Frankfurt a. M. (Suhrkamp) 1966 (Bibliothek Suhrkamp. 181)
Von Wesen und Herkunft des Glasperlenspiels. Die vier Fassungen der Einleitung zum Glasperlenspiel. Hg. und mit einem Essay «Zur Entstehung des Glasperlenspiels» von VOLKER MICHELS. Frankfurt a. M. (Suhrkamp) 1977 (suhrkamp taschenbuch. 382)
Berthold. Ein Romanfragment. Zürich (Fretz & Wasmuth) 1945

c) Erzählungen, Aufzeichnungen

Eine Stunde hinter Mitternacht. Leipzig (Diederichs) 1899

Hinterlassene Schriften und Gedichte von Hermann Lauscher. Basel (Reich) 1901 – Erw. Ausg.: Hermann Lauscher. Düsseldorf (Verlag der Rheinlande) 1907

Diesseits. Erzählungen. Berlin (S. Fischer) 1907 – Erw. Ausg. 1930

Nachbarn. Erzählungen. Berlin (S. Fischer) 1908

Umwege. Erzählungen. Berlin (S. Fischer) 1912

Aus Indien. Aufzeichnungen von einer indischen Reise. Berlin (S. Fischer) 1913

Knulp. Berlin (S. Fischer) 1915

Am Weg. Konstanz (Reuß & Itta) 1915 – Erw. Ausg.: Zürich (W. Classen) 1946

Schön ist die Jugend. Zwei Erzählungen. Berlin (S. Fischer) 1916 [Später in: Diesseits, 1930]

Kleiner Garten. Erlebnisse und Dichtungen. Wien (Tal) 1919

Märchen. Berlin (S. Fischer) 1919 – Erw. Ausg.: Berlin (Suhrkamp) 1955

Im Pressel'schen Gartenhaus. Novelle. Dresden (Lehmann) 1920

Klingsors letzter Sommer. Erzählungen. Berlin (S. Fischer) 1920

Wanderung. Aufzeichnungen. Berlin (S. Fischer) 1920

Kurgast. Aufzeichnungen von einer Badener Kur. Berlin (S. Fischer) 1925

Piktors Verwandlungen. Ein Märchen. Chemnitz (Ges. der Bücherfreunde) 1925

Bilderbuch. Schilderungen. Berlin (S. Fischer) 1926 – Erw. Ausg.: Berlin (Suhrkamp) 1958

Die Nürnberger Reise. Berlin (S. Fischer) 1927

Narziß und Goldmund. Erzählung. Berlin (S. Fischer) 1930

Weg nach Innen. Vier Erzählungen. Berlin (S. Fischer) 1931

Die Morgenlandfahrt. Erzählung. Berlin (S. Fischer) 1932

Kleine Welt. Erzählungen. [Auswahl.] Berlin (S. Fischer) 1933

Fabulierbuch. Erzählungen. [Auswahl.] Berlin (S. Fischer) 1935

Das Haus der Träume. Eine unvollendete Dichtung. Olten (Bücherfreunde) 1936

Stunden im Garten. Eine Idylle. Wien (Bermann-Fischer) 1936

Der lahme Knabe. Eine Erinnerung aus der Kindheit. Zürich (Gebr. Fretz) 1937

Der Novalis. Aus den Papieren eines Altmodischen. Olten (Bücherfreunde) 1940

Der Pfirsichbaum und andere Erzählungen. [Auswahl.] Zürich (Büchergilde Gutenberg) 1945

Traumfährte. Neue Erzählungen und Märchen. Zürich (Fretz & Wasmuth) 1945

Feuerwerk. Olten (Bücherfreunde) 1946

Legende vom indischen König. Burgdorf (Jenzer) 1948

Frühe Prosa. [Eine Stunde hinter Mitternacht. Der Novalis. Hermann Lauscher.] Zürich (Fretz & Wasmuth) 1948

Gerbersau. [Prosaauswahl.] 2 Bde. Tübingen (Wunderlich) 1949

Aus vielen Jahren. Gedichte, Erzählungen und Bilder. [Auswahl.] Bern (Stämpfli) 1949

Freunde. Eine Erzählung. Zürich (Neue Zürcher Zeitung) 1949

Späte Prosa. Berlin (Suhrkamp) 1951

Glück. [Prosaauswahl.] Wien (Amandus-Verl.) 1952

Zwei Idyllen. [Stunden im Garten. Der lahme Knabe.] Berlin (Suhrkamp) 1952

Beschwörungen. Späte Prosa, neue Folge. Berlin (Suhrkamp) 1955

Zwei jugendliche Erzählungen. Olten (Bücherfreunde) 1956

Aus einem Tagebuch des Jahres 1920. Zürich (Arche) 1960

Ärzte. Ein paar Erinnerungen. Olten (Bücherfreunde) 1963
Geheimnisse. Letzte Erzählungen. Frankfurt a. M. (Suhrkamp) 1964 (edition suhr-
    kamp. 52)
Erwin. Olten (Bücherfreunde) 1965
Prosa aus dem Nachlaß. Hg. von NINON HESSE. Frankfurt a. M. (Suhrkamp) 1965

d) Essays, Aufsätze

Boccaccio. Berlin (Schuster & Loeffler) 1904
Franz von Assisi. Berlin (Schuster & Loeffler) 1904
Faust und Zarathustra. Vortrag. Bremen (Melchers) 1909
Zarathustras Wiederkehr. Ein Wort an die deutsche Jugend. Von einem Deutschen.
    Bern (Stämpfli) 1919 – Zuerst unter Hesses Namen: Berlin (S. Fischer) 1920
Blick ins Chaos. Drei Aufsätze. Bern (Seldwyla) 1920
Sinclairs Notizbuch. Zürich (Rascher) 1923
Betrachtungen. Berlin (S. Fischer) 1928
Eine Bibliothek der Weltliteratur. Leipzig (Reclam) 1929
Gedenkblätter. Berlin (S. Fischer) 1937 – Erw. Ausg.: Berlin (Suhrkamp) 1950
Kleine Betrachtungen. Sechs Aufsätze. Bern (Stämpfli) 1941
Dank an Goethe. Zürich (W. Classen) 1946
Der Europäer. Berlin (Suhrkamp) 1946
Krieg und Frieden. Betrachtungen zu Krieg und Politik seit dem Jahr 1914.
    Zürich (Fretz & Wasmuth) 1946 – Erw. Ausg.: Berlin (Suhrkamp) 1949
Stufen der Menschwerdung. Olten (Bücherfreunde) 1947
Musikalische Notizen. Zürich (Conzett & Huber) 1948
Abendwolken. Zwei Aufsätze. St. Gallen (Tschudy) 1956
An einen Musiker. Olten (Bücherfreunde) 1960
Bericht an die Freunde. Letzte Gedichte. Olten (Bücherfreunde) 1960
Tractat vom Steppenwolf. Nachwort: BEDA ALLEMANN. Frankfurt a. M. (Suhrkamp)
    1961 (suhrkamp texte. 7)
Neue deutsche Bücher. Literaturberichte für Bonniers Litterära Magasin, 1935–1936.
    Hg. von BERNHARD ZELLER. Marbach a. N. (Schiller-Nationalmuseum) 1965
    (Turmhahn-Bücherei. NF. 7)

3. Briefe

Hermann Hesse: Briefe. Berlin (Suhrkamp) 1951. 431 S. – Erw. Ausg.: Frankfurt
    a. M. 1964. 567 S. – Taschenbuchausg. u. d. T.: Ausgewählte Briefe. 1974 (suhr-
    kamp taschenbuch. 211)
Hermann Hesse: Briefe an Freunde. Rundbriefe 1946–1962. Zusammengestellt von
    VOLKER MICHELS. Frankfurt a. M. (Suhrkamp) 1977 (suhrkamp taschenbuch. 380)
Hermann Hesse: Gesammelte Briefe. In Zusammenarbeit mit HEINER HESSE hg. von
    URSULA und VOLKER MICHELS. 4 Bde. Frankfurt a. M. (Suhrkamp) 1973–1984
    Bd 1: 1895–1921 – Bd 2: 1922–1935 – Bd 3: 1936–1948 – Bd 4: 1949–1962

Hermann Hesse und Romain Rolland. Briefe. [1915–1940.] Vorwort von ALBRECHT
    GOES. Zürich (Fretz & Wasmuth) 1954. 118 S.
Hermann Hesse – Thomas Mann. Briefwechsel. [1910–1955.] Hg. von ANNI CARLS-

son. Frankfurt a. M. (Suhrkamp; S. Fischer) 1968. 239 S. – Erw. Ausg.: Erw. von VOLKER MICHELS. 1975. XVII, 315 S. (Bibliothek Suhrkamp. 441)

Hermann Hesse – Peter Suhrkamp. Briefwechsel 1945–1959. Hg. und mit einem Nachwort versehen von SIEGFRIED UNSELD. Frankfurt a. M. (Suhrkamp) 1969. 512 S.

Hermann Hesse – Helene Voigt-Diederichs. Zwei Autorenporträts in Briefen, 1897 bis 1900. Düsseldorf (Diederichs) 1971. XII, 184 S.

Hermann Hesse – Karl Kerényi. Briefwechsel aus der Nähe. [1943–1956.] Hg. und kommentiert von MAGDA KERÉNYI. München (Langen-Müller) 1972. 204 S.

Hermann Hesse – R. J. Humm. Briefwechsel. [1929–1959.] Hg. von URSULA und VOLKER MICHELS. Frankfurt a. M. (Suhrkamp) 1977. 345 S.

Hermann Hesse: Briefwechsel mit Heinrich Wiegand. 1924–1934. Hg. von KLAUS PEZOLD. Berlin (Aufbau-Verl.) 1978. 512 S.

BALL-HENNINGS, EMMY: Briefe an Hermann Hesse. [1920–1948.] Hg. und eingel. von ANNEMARIE SCHÜTT-HENNINGS. Frankfurt a. M. 1956. 442 S.

BALL, HUGO: Briefe. 1911–1927. Hg. von ANNEMARIE SCHÜTT-HENNINGS. Zürich 1957. 315 S.

MORGENTHALER, ERNST: Briefe an Hermann Hesse. In: MORGENTHALER, Ein Maler erzählt. Zürich 1957. S. 147–187

4. Lebenszeugnisse

Hermann Hesse. Eine Chronik in Bildern. Bearb. und mit einer Einl. versehen von BERNHARD ZELLER. Frankfurt a. M. 1960. XXIV, 215 S. – Erw. Aufl. 1977. XXV, 222 S.

Hermann Hesse. Leben und Werk im Bild. Von VOLKER MICHELS. Frankfurt a. M. 1973. 235 S. (insel taschenbuch. 36)

Hermann Hesse. Sein Leben in Bildern und Texten. Hg. von VOLKER MICHELS. Frankfurt a. M. 1979. 363 S.

Hermann Hesse. 1877–1977. Stationen seines Lebens, des Werkes und seiner Wirkung. Gedenkausstellung zum 100. Geburtstag im Schiller-Nationalmuseum, Marbach a. N. (Katalogbearb.: FRIEDRICH PFÄFFLIN.) München 1977. 423 S. (Marbacher Kataloge. 28)

Kindheit und Jugend vor Neunzehnhundert. Hermann Hesse in Briefen und Lebenszeugnissen. Ausgewählt und hg. von NINON HESSE. Fortgesetzt und erw. von GERHARD KIRCHHOFF. 2 Bde. Frankfurt a. M. 1966–1978. 599; 689 S.

GREINER, SIEGFRIED: Hermann Hesse. Jugend in Calw. Berichte, Bild- und Textdokumente und Kommentar zu Hesses Gerbersau-Erzählungen. Mit einem Geleitwort von VOLKER MICHELS. Sigmaringen 1981. XVI, 254 S.

Marie Hesse. Ein Lebensbild in Briefen und Tagebüchern. Ausgewählt von ADELE GUNDERT. Stuttgart 1934. 253 S. – 5. Aufl. 1953 – Lizenzausg.: Frankfurt a. M. 1977. 260 S. (insel taschenbuch. 261)

KLEINE, GISELA: Ninon und Hermann Hesse. Leben als Dialog. Sigmaringen 1982. 556 S., Taf.

HESSE, MARTIN: Besuch bei Hermann Hesse. Bilder aus Montagnola. Konstanz 1957. 28 S. – 3. erw. Aufl. 1976. 31 S.

ADOLPH, RUDOLF: Montagnola. Begegnungen und Erinnerungen. St. Gallen 1957. 44 S.

ADOLPH, RUDOLF: In Hesses Palazzo Camuzzi. In: ADOLPH, Schatzgräbereien. Bücher, Briefe, Begegnungen. Nürnberg 1959. (Musikalische Bibliothek. 5) S. 58–71

ADOLPH, RUDOLF: Hermann Hesse, Freund der Bücher. Erinnerung und Dank. München 1959. 19 S.

SERRANO, MIGUEL: Meine Begegnungen mit C. G. Jung und Hermann Hesse in visionärer Schau. Zürich 1968. 150 S. [Darin: Hermann Hesse. S. 9–57]

LEE VAN DOWSKI [d. i. HERBERT LEWANDOWSKI]: Persönliche Erinnerungen an Thomas Mann und Hermann Hesse. Mit unveröffentlichten Briefen beider Dichter. Darmstadt 1970. 72 S.

VOIT, FRIEDRICH: Der Verleger Peter Suhrkamp und seine Autoren. Seine Zusammenarbeit mit Hermann Hesse, Rudolf Alexander Schröder, Ernst Penzoldt und Bertolt Brecht. Kronberg/Ts. 1975. V, 409 S. (Theorie, Kritik, Geschichte. 6)

UNSELD, SIEGFRIED: Begegnungen mit Hermann Hesse. Frankfurt a. M. 1975. 270 S. (suhrkamp taschenbuch. 218)

UNSELD, SIEGFRIED: Hermann Hesse und seine Verleger. In: UNSELD, Der Autor und sein Verleger. Vorlesungen in Mainz und Austin. Frankfurt a. M. 1978. S. 67–113

FINCKH, LUDWIG: Gaienhofener Idylle. Erinnerungen an Hermann Hesse. Reutlingen 1981. 128 S., Abb.

Hermann Hesse: Piktors Verwandlungen. Ein Liebesmärchen. Vom Autor handgeschrieben und illustriert. Mit ausgewählten Gedichten und einem Nachwort versehen von VOLKER MICHELS. Frankfurt a. M. 1975. 90 S. (insel-taschenbuch. 122)

Hermann Hesse: Der Zauberer. Faksimile der Handschrift. Hg. von BERNHARD ZELLER. Stuttgart 1977. 91 S. (Marbacher Schriften. 14) 2. Aufl. 1978

GOTTSCHALK, GÜNTHER: Dichter und ihre Handschriften. Betrachtungen zu Autographen des jungen Hermann Hesse im Marbacher Archiv. Stuttgart 1979. 106 S. (Stuttgarter Arbeiten zur Germanistik. 59)

5. Gesamtdarstellungen

BALL, HUGO: Hermann Hesse. Sein Leben und sein Werk. Berlin 1927. 243 S., Abb. – Erw. Ausg.: Mit einem Anhang von ANNI CARLSSON. Berlin 1947. 306 S. – Im Fortsetzungsteil abweichende Ausg.: Fortgef. von ANNI CARLSSON und OTTO BASLER. Zürich 1947. 351 S., Abb. – Neudruck der Ausg. von 1927: Frankfurt a. M. 1977. 193 S. (suhrkamp taschenbuch. 385)

SCHMID, HANS RUDOLF: Hermann Hesse. Frauenfeld 1928. 218 S. (Die Schweiz im deutschen Geistesleben. 56/57)

HAFNER, GOTTHILF: Hermann Hesse. Werk und Leben. Umrisse eines Dichterbildes. Reinbek b. Hamburg 1947. 87 S. – 3. erg. Aufl. mit dem veränd. Untertitel: Ein Dichterbildnis. Nürnberg 1970. 199 S.

GNEFKOW, EDMUND: Hermann Hesse. Biographie 1952. (Mit einem Beitrag von GERHARD KIRCHOFF.) Freiburg i. B. 1952. 143 S., Abb.

BAUMER, FRANZ: Hermann Hesse. Berlin 1959. 95 S. (Köpfe des 20. Jahrhunderts. 10) – 3. Aufl. 1968. 54 S.

FIELD, GEORGE W.: Hermann Hesse. New York 1970. XII, 198 S.

CASEBEER, EDWIN F.: Hermann Hesse. New York 1972. 206 S.

MIDDELL, EIKE: Hermann Hesse. Die Bilderwelt seines Lebens. Leipzig 1972. 376 S.

(Reclams Universal-Bibliothek. 169) – 4. Aufl. 1982 – Westdt. Ausg.: Frankfurt a. M. 1975

BÖTTGER, FRITZ: Hermann Hesse. Leben, Werk, Zeit. Mit einem Essay von HANS-JOACHIM BERNHARD. Berlin/DDR 1974. 550 S., Taf. – 5. Aufl. 1982

SORELL, WALTER: Hermann Hesse. The man who sought and found himself. London 1974. 144 S. (Modern German authors)

FREEDMAN, RALPH: Hermann Hesse. Pilgrim of crisis. A biography. New York 1978. XII, 432 S. – Überarb. dt. Fassung: Hermann Hesse. Autor der Krise. Eine Biographie. Frankfurt a. M. 1982. 539 S.

MILECK, JOSEPH: Hermann Hesse. Life and art. Berkeley 1978. XIII, 397 S., Abb. – Dt.: Hermann Hesse. Dichter, Sucher, Bekenner. Biographie. München 1979. 397 S., Abb.

PONZI, MAURO: Hermann Hesse. Firenze 1980. 136 S.

6. Aufsatzsammlungen

Dank an Hermann Hesse. Reden und Aufsätze. Frankfurt a. M. 1952. 122 S.

Zum 75. Geburtstag von Hermann Hesse. [Verschiedene Beiträge.] In: Neue Schweizer Rundschau NF. 20 (1952/53), S. 129–192

Hermann Hesse. Vier Ansprachen anläßlich der Verleihung des Friedenspreises des Deutschen Buchhandels. Frankfurt a. M. 1955. 37 S.

Hermann Hesse. [Verschiedene Aufsätze.] In: Monatshefte für deutschen Unterricht, deutsche Sprache und Literatur 53 (1961), S. 147–210

Hesse. A collection of critical essays. Ed. by THEODORE ZIOLKOWSKI. Englewood Cliffs 1973. 184 S.

Über Hermann Hesse. Hg. von VOLKER MICHELS. 2 Bde. Frankfurt a. M. 1976–1977. 473; 523 S. (suhrkamp taschenbuch. 331. 332)

Hermann Hesse. München 1977. 122 S. (Text + Kritik. 10/11) – 2. erw. Aufl. 1983. 132 S.

Hermann Hesse. A collection of criticism, ed. by JUDITH LIEBMANN. New York 1977. 146 S. (Contemporary studies in literature)

Hesse companion. Ed. by ANNA OTTEN. Albuquerque 1977. XII, 324 S.

Suche nach Einheit. Hermann Hesse und die Religionen. Hg. von WOLFGANG BÖHME. Stuttgart 1978. 83 S. (Herrenalber Texte. 1)

ZIOLKOWSKI, THEODORE: Der Schriftsteller Hermann Hesse. Wertung und Neubewertung. Frankfurt a. M. 1979. 271 S.

Hermann Hesse heute. Hg. von ADRIAN HSIA. Bonn 1980. IX, 285 S. (Abhandlungen zur Kunst-, Musik- und Literaturwissenschaft. 299)

Hermann Hesse und seine literarischen Zeitgenossen. 2. Internationales Hermann-Hesse-Kolloquium in Calw. Referate. Hg. von FRIEDRICH BRAN und MARTIN PFEIFER. Bad Liebenzell 1982. 125 S.

7. Untersuchungen

a) Allgemeines

ENGEL, OTTO: Hermann Hesse. Dichtung und Gedanke. Stuttgart 1947. 94 S.

HEILBUT, IVAN, ANNA JACOBSON und GEORGE N. SCHUSTER: Die Sendung Hermann Hesses. Drei Beiträge zur Würdigung des Dichters. New York 1947. 24 S.

MATZIG, RICHARD BLASIUS: Hermann Hesse in Montagnola. Studien zu Werk und

Innenwelt des Dichters. Basel 1947. 119 S. – Lizenzausg.: Stuttgart 1949. 147 S.

SCHMID, MAX: Hermann Hesse. Weg und Wandlung. Zürich 1947. 288 S.

WÜSTENBERG, HANS LOUIS: Stimme eines Menschen. Die politischen Aufsätze und Gedichte Hermann Hesses. Konstanz 1947. 23 S. (Schriften des Südverlags. 5)

BODE, HELMUT: Hermann Hesse. Variationen über einen Lieblingsdichter. Frankfurt a. M. 1948. 169 S.

HUBER, HANS: Hermann Hesse. (Vortrag.) Heidelberg 1948. 72 S. (Die gelben Bücher)

BUCHWALD, REINHARD: Hermann Hesse. In: BUCHWALD, Bekennende Dichtung. Zwei Dichterbildnisse. Stuttgart 1949. S. 31–72

HECKER, JOACHIM F. VON: Hermann Hesse. Zwei Vorträge. Murnau 1949. 64 S.

SCHMID, KARL: Hermann Hesse und Thomas Mann. Zwei Möglichkeiten europäischer Humanität. Olten 1950. 51 S. (Sonder-Publikation für die Vereinigung Oltner Bücherfreunde. 8) – Wiederabdruck in: SCHMID, Aufsätze und Reden. Bd 4. Hg. von HERMANN BURGER. Zürich 1977. S. 117-147

ANGELLOZ, JOSEPH-FRANÇOIS: Das Mütterliche und das Männliche im Werke Hermann Hesses. (Vortrag.) Saarbrücken 1951. 31 S. (Schriftenreihe der Saarländischen Kulturgesellschaft. 2)

BOLLNOW, OTTO FRIEDRICH: Hermann Hesses Weg in die Stille. In: BOLLNOW, Unruhe und Geborgenheit im Weltbild neuerer Dichter. Acht Essays. Stuttgart 1953. S. 31–69 – 3. Aufl. 1968

KONHEISER-BARWANIETZ, CHRISTA M.: Hermann Hesse und Goethe. Berlin 1954. 100 S.

WEIBEL, KURT: Hermann Hesse und die deutsche Romantik. Winterthur 1954. 146 S.

LORENZEN, HERMANN: Pädagogische Ideen bei Hermann Hesse. Mühlheim/Ruhr 1955. 72 S. – Lizenzausg.: Essen 1956

MAYER, GERHART: Die Begegnung des Christentums mit den asiatischen Religionen im Werk Hermann Hesses. Bonn 1956. 181 S. (Untersuchungen zur allgemeinen Religionsgeschichte. NF. 1)

NADLER, KÄTE: Hermann Hesse. Naturliebe, Menschenliebe, Gottesliebe. Leipzig 1956. 143 S. – 4. Aufl. 1958

DÜRR, WERNER: Hermann Hesse. Vom Wesen der Musik in der Dichtung. Stuttgart 1957. 120 S.

PANNWITZ, RUDOLF: Hermann Hesses West-östliche Dichtung. Frankfurt a. M. 1957. 59 S.

COLBY, THOMAS: Hermann Hesse's attitude towards authority. A study. Princeton 1960. 252 S.

FREEDMAN, RALPH: The lyrical novel. Studies in Hermann Hesse, André Gide, and Virginia Woolf. Princeton/NJ. 1963. XII, 294 S.

ROSE, ERNST: Faith from the abyss. Hermann Hesse's way from Romanticism to Modernity. New York 1965. VII, 175 S.

ZIOLKOWSKI, THEODORE: The novels of Hermann Hesse. A study in theme and structure. Princeton/NJ. 1965. XII, 375 S.

VALENTIN, ERICH: Die goldene Spur. Mozart in der Dichtung Hermann Hesses. Augsburg 1966. 25 S.

BOULBY, MARK: Hermann Hesse. His mind and art. Ithaca/NY. 1967. XII, 338 S.

LÜTHI, HANS JÜRG: Hermann Hesse. Natur und Geist. Stuttgart 1970. 158 S. (Sprache und Literatur. 61)

BEAUJON, EDMOND: Le métier d'homme et son image mythique chez Hermann Hesse. Genève 1971. 239 S.

STOLTE, HEINZ: Hermann Hesse. Weltscheu und Lebensliebe. Hamburg 1971. 287 S.

REICHERT, HERBERT W. The impact of Nietzsche on Hermann Hesse. Mt. Pleasant / Mich. 1972. 93 S.

VÖLKER-HEZEL, BARBARA: Hermann Hesse und die Welt des Mittelalters. In: Festschrift für Kurt Herbert Halbach zum 70. Geburtstag. Göppingen 1972. (Göppinger Arbeiten zur Germanistik. 70) S. 307–325

SCHNEIDER, CHRISTIAN IMMO: Das Todesproblem bei Hermann Hesse. Marburg 1973. 360 S. (Marburger Beiträge zur Germanistik. 38)

GANESHAN, VRIDHAGIRI: Das Indienerlebnis Hermann Hesses. Bonn 1974. 132 S. (Abhandlungen zur Kunst-, Musik- und Literaturwissenschaft. 169)

HSIA, ADRIAN: Hermann Hesse und China. Darstellung, Materialien und Interpretation. Frankfurt a. M. 1974. 339 S.

WILSON, COLIN: Hermann Hesse. London 1974. 43 S.

LEE, INN-UNG: Hermann Hesse und die ostasiatische Philosophie. In: Colloquia Germanica 1975, S. 26–68

WINTER, HELMUT: Zur Indien-Rezeption bei E. M. Forster und Hermann Hesse. Heidelberg 1976. 280 S. (Anglistische Forschungen. 111)

KÖHLER, KARL-HEINZ: Poetische Sprache und Sprachbewußtsein um 1900. Untersuchungen zum frühen Werk Hermann Hesses, Paul Ernsts und Ricarda Huchs. Stuttgart 1977. 292 S. (Stuttgarter Arbeiten zur Germanistik. 36)

SÖRING, JÜRGEN: Über die «Grenze der Anstellbarkeit». Novalis und Hermann Hesse. In: Jahrbuch der Deutschen Schillergesellschaft 21 (1977), S. 468–516

VÖLPEL, CHRISTIANE: Hermann Hesse und die deutsche Jugendbewegung. Eine Untersuchung über die Beziehungen zwischen dem Wandervogel und Hermann Hesses Frühwerk. Bonn 1977. 315 S. (Studien zur Literatur der Moderne. 4)

ANTOSIK, STANLEY J.: The question of elites. An essay on the cultural elitism of Nietzsche, George, and Hesse. Bern 1978. 204 S. (New York University Ottendorfer Series. NF. 11)

BÖCKMANN, PAUL: Die Bedeutung der Bewußtseinskrise für Hermann Hesses Literatur- und Zeitverständnis. In: Jahrbuch der Deutschen Schillergesellschaft 22 (1978), S. 589–609

DAVID, CLAUDE: Hermann Hesses Beziehungen zu Frankreich. In: Text und Kontext 6 (1978), S. 335–354

KIM-PARK, YOUNSOON: Die Beziehungen der Dichtung Hermann Hesses zu Ostasien. Rezeption, Einflüsse und Parallelen. Diss. München 1978. 303 S.

FICKERT, KURT J.: Hermann Hesse's quest. The evolution of the «Dichter» figure in his work. Fredericton 1978, 159 S.

MÜLLER, HERMANN: Der Dichter und sein Guru. Hermann Hesse – Gusto Gräser, eine Freundschaft. Wetzlar 1978. 271 S., Abb.

RÖTTGER, JÖRG: Die Gestalt des Weisen bei Hermann Hesse. Bonn 1980. 180 S. (Abhandlungen zur Kunst-, Musik- und Literaturwissenschaft. 316)

KARALASCHWILI, RESO: Der Romananfang bei Hermann Hesse. Die Funktion des Titels, des Vorworts und des Romaneinsatzes in seinem Schaffen. In: Jahrbuch der Deutschen Schillergesellschaft 25 (1981), S. 446–473

SECKENDORFF, KLAUS VON: Hermann Hesses propagandistische Prosa. Selbstzerstörerische Entfaltung als Botschaft in seinen Romanen vom «Demian» bis zum «Steppenwolf». Bonn 1982. VIII, 218 S. (Abhandlungen zur Kunst-, Musik- und Literaturwissenschaft. 326)

CREMERIUS, JOHANNES: Schuld und Sühne ohne Ende. Hermann Hesses psychotherapeutische Erfahrungen. In: Literaturpsychologische Studien und Analysen. Hg. von WALTER SCHÖNAU. Amsterdam 1983. (Amsterdamer Beiträge zur neueren Germanistik. 17) S. 169–204

HUCKE, KARL-HEINZ: Der integrierte Außenseiter. Hesses frühe Helden. Frankfurt a. M. 1983. 191 S. (Europäische Hochschulschriften. 1, 508)

KARSTEDT, CLAUDIA: Die Entwicklung des Frauenbildes bei Hermann Hesse. Frankfurt a. M. 1983. 298 S. (Berliner Beiträge zur neueren deutschen Literaturgeschichte. 3)

KYM, ANNETTE: Hermann Hesses Rolle als Kritiker. Eine Analyse seiner Buchbesprechungen in «März», «Vivos Voco» und «Bonniers Litterära Magasin». Frankfurt a. M. 1984. 285 S. (Europäische Hochschulschriften. 1, 607)

b) Zu einzelnen Werken

SCHINK, HELMUT: Sinnsuche und lyrische Skepsis. Hermann Hesses Romane «Peter Camendzind» und «Demian». In: SCHINK, Jugend als Krankheit? Linz 1980. (Linzer philosophisch-theologische Reihe. 13) S. 9–40

WHITON, JOHN: Hermann Hesse's Demian. A critical commentary. New York 1973. 84 S.

NEIS, EDGAR: Erläuterungen zu Hermann Hesse, «Demian», «Siddhartha», «Der Steppenwolf». Hollfeld/Obfr. 1975. 88 S. (Königs Erläuterungen und Materialien, 138/139) – 2. neubearb. Aufl. 1977. 104 S.

WOLFF, UWE: Hermann Hesse. Demian, die Botschaft vom Selbst. Bonn 1979. 71 S. (Abhandlungen zur Kunst-, Musik- und Literaturwissenschaft. 216)

KUNZE, JOHANNA MARIA LOUISA: Lebensgestaltung und Weltanschauung in Hermann Hesses «Siddhartha». Diss. Amsterdam 1946. 84 S. – 2. Aufl. 's-Hertogenbosch 1949

Materialien zu Hermann Hesses «Siddhartha». Hg. von VOLKER MICHELS. 2 Bde. Frankfurt a. M. 1975–1976. 350; 387 S. (suhrkamp taschenbuch. 129. 282)

LEQUEN, FRANZ: Hermann Hesse, Der Steppenwolf; Siddhartha. Zum Verständnis seiner Prosa. Hollfeld/Obfr. 1977. 103 S. (Analysen und Reflexionen. 24) – 2. Aufl. 1980

MATZIG, RICHARD BLASIUS: Der Dichter und die Zeitstimmung. Betrachtungen zu Hermann Hesses Steppenwolf. St. Gallen 1944. 51 S. (Veröffentlichungen der Handels-Hochschule St. Gallen. B, 8)

LANGE, MARGA: «Daseinsproblematik» in Hermann Hesse's «Steppenwolf». An existential interpretation. Brisbane/Australia 1970. 85 S. (University of Queensland studies in German language and literature)

Materialien zu Hermann Hesses «Der Steppenwolf». Hg. von VOLKER MICHELS. Frankfurt a. M. 1972. 420 S. (suhrkamp taschenbuch. 53) – 7. Aufl. 1981

SIMONS, JOHN D.: Hermann Hesse's Steppenwolf. A critical commentary. New York 1972. 82 S.

MEINICKE, SUSANNE: Hermann Hesse. Der Steppenwolf. Diss. Zürich 1973. V, 114 S.

Hermann Hesses «Steppenwolf». Hg. von EGON SCHWARZ. Königstein/Ts. 1980. VII, 240 S. (Texte der deutschen Literatur in wirkungsgeschichtlichen Zeugnissen. 6 – Athenäum-Taschenbücher. 2150)

PFEIFER, MARTIN: Erläuterungen zu Hermann Hesse, Narziß und Goldmund. Hollfeld/Obfr. 1964. 56 S. (Königs Erläuterungen zu den Klassikern. 86) – 4. neubearb. und erw. Aufl. 1982. 71 S.

Friedrichsmeyer, E. S.: Hermann Hesse's Narcissus and Goldmund. A chritical commentary. New York 1972. 95 S.

Fludas, John: Hermann Hesse's The Journey to the East. A critical commentary. New York 1974. 69 S.

Ruprecht, Erich: Wendung zum Geist? Gedanken zu Hermann Hesses «Glasperlenspiel». In: Ruprecht, Die Botschaft der Dichter. Zwölf Vorträge. Stuttgart 1947. (Schriftenreihe der Universitas. 1) S. 443–474

Kohlschmidt, Werner: Meditationen über Hermann Hesses «Glasperlenspiel». In: Zeitwende 19 (1947/48), S. 154–170; 217–226 – Wiederabdruck in: Kohlschmidt, Konturen und Übergänge. Zwölf Essays zur Literatur unseres Jahrhunderts. München 1977. S. 86–115

Kramer, Walter: Hermann Hesses «Glasperlenspiel» und seine Stellung in der geistigen Situation unserer Zeit. (Vortrag.) Wilhelmshaven 1949. 22 S. (Wilhelmshavener Vorträge. 2)

Norton, Roger C.: Hermann Hesse's futuristic idealism. «The Glass Bead Game» und its predecessors. Bern 1973. 149 S. (European University papers. 1, 80)

Materialien zu Hermann Hesses «Das Glasperlenspiel». Hg. von Volker Michels. 2 Bde. Frankfurt a. M. 1973–1974. 386; 376 S. (suhrkamp taschenbuch. 80. 108)

Müller, Ingrid: Das Problem der Elitebildung. Dargestellt an Hermann Hesses «Glasperlenspiel». Bielefeld 1975. 54 S.

Chi, Ursula: Die Weisheit Chinas und «Das Glasperlenspiel». Frankfurt a. M. 1976. 236 S.

Pfeifer, Martin: Erläuterungen zu Hermann Hesse, Das Glasperlenspiel. Hollfeld/Obfr. 1977. 132 S. (Königs Erläuterungen und Materialien. 316/317 a) – 2. neubearb. Aufl. 1983. 198 S.

8. Zur Wirkung

Mileck, Joseph: Hermann Hesse and his critics. The criticism and bibliography of half a century. Chapel Hill 1958. XIV, 329 S. (University of North Carolina studies in the Germanic languages and literatures. 21)

Hermann Hesse im Spiegel der zeitgenössischen Kritik. Hg. von Adrian Hsia. Bern 1975. 561 S.

Hermann Hesses weltweite Wirkung. Internationale Rezeptionsgeschichte. Hg. von Martin Pfeifer. 2 Bde. Frankfurt a. M. 1977–1979. 355; 285 S. (suhrkamp taschenbuch. 386. 506)

Khera, Astrid: Hermann Hesses Romane der Krisenzeit in der Sicht seiner Kritiker. Bonn 1978. 216 S. (Abhandlungen zur Kunst-, Musik- und Literaturwissenschaft. 253)

Freese, Wolfgang: Hermann Hesses Wiederkehr. Rezeption. Wirkung und politische Dimension. In: Acta Germanica 14 (1981), S. 111–129

Marrer-Tising, Carlee: The reception of Hermann Hesse by the youth in the United States. A thematic analysis. Bern 1982. V. 477 S. (European University studies. 1, 502)

Abboud, Abdo: Deutsche Romane im arabischen Orient. Eine komparatistische Untersuchung zur Rezeption von Heinrich Mann, Thomas Mann, Hermann Hesse und Franz Kafka. Frankfurt a. M. 1984. 303 S. (Analysen und Dokumente. 18)

NAMENREGISTER

Die kursiv gesetzten Zahlen bezeichnen die Abbildungen

QUELLENNACHWEIS DER ABBILDUNGEN

HESSE

EINE CHRONIK IN
BILDERN
SUHRKAMP

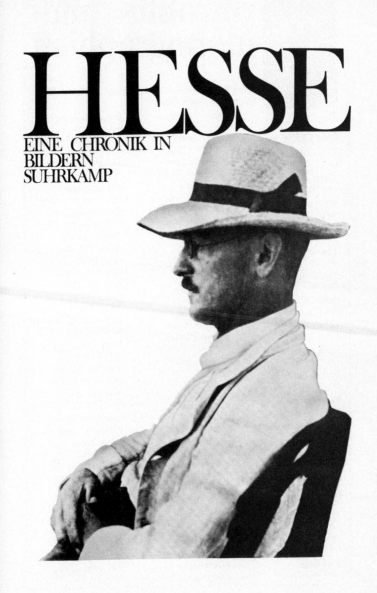

rowohlts bild-monographien

Jeder Band mit etwa 70 Abbildungen, Zeittafel, Bibliographie und Namenregister.

rowohlts bild-monographien

Jeder Band mit etwa 70 Abbildungen, Zeittafel, Bibliographie und Namenregister.

rowohlts bild-monographien

Jeder Band mit etwa 70 Abbildungen, Zeittafel, Bibliographie und Namenregister.

Betrifft:
Philosophie

P 2054/4